かがわけん

袁也 著

中小城镇发展
与区域振兴成功之路

以日本香川县为例

ZHEJIANG UNIVERSITY PRESS
浙江大学出版社

序 一

日本区域发展理念和实践的借鉴意义

不久前我看到一位年轻学者袁也先生写的一本关于日本地域发展问题的书稿，他希望我提供一些相关的意见。我看过后，觉得这本书对日本区域发展有相当深入的研究，对我国各类区域的发展也有重要的借鉴意义，所以我写了这篇短序，希望能够得到从事区域发展的工作人员和学者的重视和借鉴。

袁也先生曾到日本对其区域发展进行了多年的深入研究，阅读了大量的文献，访问了众多学者，特别是到濑户内海的新星——香川县——进行了全方位和多领域多角度的调研，因此，这个调研具有明显的借鉴意义。

说来也凑巧，20世纪80年代末和20世纪90年代初，我和日本地域研究所所长、庆应义塾大学（庆应义塾大学在日本的大学排名中，属于前三，日本财界人员大多数毕业于这个大学）经济系主任高桥润二郎教授（后来升任庆应义塾大学校长），美国哈佛大学区域研究中心主任布朗教授合作开展三国区域发展比较研究。20世纪六七十年代，中国的经济和城市发展规划面临百废待兴的局面，如何解决这些问题，亟须吸收国外的经验。当时担任中国科学院科技政策与管理科学研究所区域发展研究室主任的我承担了这个课题。三国的合作研究进行了5年。当时不管是日本还是美国，区域发展研究都处于早期阶段，他们有一些成果，主要表现在日本工业园地即科技工业园的初始阶段和城市规划方面，如横滨的城市规划，另外还有美国第128号公路、硅谷工业园区等概念和实践。至于对整个区域的全面发展，虽然有一些研究，但不是很成熟。看了袁也先生的著作，我觉得他对日本区域发展从理念发展到实践路线，都取得了重大的发现——从日本已经从发展了几十年的"地域振兴"项目中，总结出大量的成功案例。这些成功案例对我们中国一些地区的"振兴"需求，如东北老工业基地振兴、中部崛起、海南自由贸易港建设，甚至对一些原有的以工矿产业为主的城市所面临的转型发展关键战略期等都有借鉴意义。在这样的环境下，学习日本积累的经验，了解日本一些成熟项目的开展方式，对于我国这些地区的经济发展，特别是建设经济持续发展的战略支持体系，有着重要的参考意义。

一、整合发展和绿色经济

日本农业发展的"六次产业化"战略，可以说为我国区域农业的发展提供了可借鉴的经验。本书提到的香川县橄榄种植业就是其中的代表。将种植业、加工业、旅游和服务业全部串起来，在打造本土品牌的基础上实现了产业链的全盘利润创造。而更具有创造性的，是将制作橄榄油的油渣制成渔牧业中使用的饲料，在"零浪费"的基础上，提升了渔牧业产品的品质。这样的创举，不但能够有效提升本地产业利润，更能够打造本地"低浪费""低消耗""高循环"的绿色经济体系。

这样的产业模式，在我国很多地区也是可以借鉴的。例如海南的椰子产区、河北的雪花梨产区、浙江的竹笋产区等，利用我国多样的农作物产品体系结合各地独特的文化体系，也能够实现具有我国特色的"农业产业化"和"农林绿色经济"，从而提升本地产业附加值。

二、本地特色的发现和产业规划

书中提到的香川的产业发展，立足于香川县的传统文化，传承了本地的传统工艺，并在此基础上，通过传统与现代的本地化结合，打造"艺术之县"的招牌，打造了包括濑户内国际艺术节、源平合战史话、栗林公园、四国八十八所等具有本地特色的历史文化旅游产业，并依托这些产业进一步发展本地的其他产业，从而构成了以"特色文化观光"为牵引、多种产业交织发展的完整区域产业发展网。这对于历史文化悠久、传统工艺众多的中国大多数地区，均有着思维上的借鉴意义。

三、基础设施建设打造人才吸引的基础

任何地区的发展,都需要道路交通、医疗服务、教育发展、生活购物等基础设施的支持。书中介绍了香川县在基础设施建设上的成果,特别是香川县便利的交通体系、独创性的医疗服务网络、被称为"教育县"的精品教育体系等基础民生体系的构造,这些成为香川县吸引众多人才和投资的关键。基础设施建设具有非常重要的意义,我国很多地区和城市,在投资建设"新区"的时候,如果能够将这些体系进行优先考虑和布局,也一定能将"新区"建设成为本地经济的新增长点,从而促进本地经济腾飞。

四、多种力量结合和新产业布局

本书中提到的"产学官"体系的应用,以及在这个体系下,众多新产业、新技术在香川县的产生与发展,还有在政府主导下专门的社会经济组织的作用发挥下的区域工商业振兴等,都是具有多种社会角色参与的成果。政府是主导,社会组织和经济组织是中坚,大学和研究机构是关键推动力,只有将全社会的力量都结合起来,才能够更快和更有效地推动本地经济的发展。这也为我们的政府机构在促进本地经济发展时,提供一些可行性思路。我们也可以通过这样的体系形成我们的独特产业和产品,像香川县的"稀少糖"等健康产业、新能源产业一样,形成本地经济的新的持续增长点。

近年来日本"地域振兴"取得的成果,再一次吸引了国际研究者的目光。本书则通过对日本相关经济政策的研究、相关人士的访问,以及相应效果的调查,展现了香川县这个日本小地方从不知名到世界知名的过程。这个过程为我们提供了值得借鉴的经验。我想,这些路径、经验如果能够和我们国家的本地经济发展情况结合,一定能为我国区域经济的发展创造价值。因此,这本书的出版是及时的,也是必要的。

希望阅读了本书的各位,能够从中发现本地经济发展的战略思考方向,从而为本地经济的发展构建持续的推动力。这也是袁也先生撰写本书的真正用意。

中国科学院科技发展战略咨询研究院资深研究员　李秀果

2019 年 8 月于北京

序　二

香川县地域振兴事业的特色

本书是袁也先生针对中国区域经济发展的现状,并对日本濑户内地区的香川县的地域振兴事业进行深度的研究分析后取得的成果。

袁先生所研究的对象香川县,位于最早被日本评定为国立公园的濑户内海国立公园的正中心,在四国地区的东北部。香川县面积虽是全国最小,但管辖着濑户内海中的诸多岛屿,风景优美。四季温暖少雨,气候温和,受濑户内海气候的影响,自然资源丰富,自然灾害较少。同时,香川县政府所在地高松市,作为四国地区的中枢都市,除了有日本政府的重要机关事务处以及日本国内制造业、金融业、贸易行业和服务业等行业的主要企业在濑户内地区的分公司外,还聚集了诸多如国际会议中心、多功能集会场地、住宿设施等会展和观光相关设施。本地的跨国运输线路不仅开设了往来上海、青岛、大连等世界知名海港的国际集装箱定期海上航路,还有空中航线,除与东京等日本国内主要都市外,还开通了以上海、香港等为主要目的地的 4 条定期航线。此外,香川县在利用现有的自然观光资源的同时,巧妙结合了本地艺术和文化资源,并将以赞岐乌冬为代表的特色食材与饮食文化进行了完美融合,从而进一步增加了前来本地观光和进行经济、文化交流的客商人数,并有效地促进了香川县地域振兴事业的发展。

袁先生把在香川县实施的各项地域振兴活动,从自然条件和产业(包括农林水产业、制造业、交通运输业、观光产业等)的发展特性入手进行研究分析,得出"国家政府的政策引导"、"香川县的特色战略"、"针对性的顾客吸引策略"、"以交通设施为代表的基础设施的建设推动"、"人才吸引"和"对本地观光资源的深度应用"等 6 点重要经验。此外,袁先生推测认为日本的地域发展是通过将"日本政府政策引导"与"地方政府针对本地实际情况主导实施"相结合的方式来推动工作。

日本政府在 2014 年发布了"地方创生"政策,宗旨在于扭转日本经济发展过程中累积形成的东京都地区"一极集中"的过度集中问题,并遏制其他地区人口减少的情况,从而提升日本全国整体活力。

地方创生政策的代表是与"城镇、人才、工作创生"综合战略相关的一系列政策。在"城镇、人才、工作创生的长期展望"中,将"扭转东京都地区一极集中的问题""实现年轻一代的就业、结婚和养育孩子的愿望""立足于地区特性,实际解决地区切身问题"等 3 个基本要点作为政策推进的基础,提出了今后应该明确的目标和将来的发展方向。

"城镇、人才、工作创生"综合战略的基础思考模式为明确城镇、人才和工作创生的良性循环,即"工作"会吸引"人才","人才"可以带来"工作",以此形成互相吸引的良性循环并为支撑该良性循环的"城镇"重新找回活力。

需要特别强调的是,地方创生成功的关键在于"提高地区收入",而提高地区收入的关键并不仅是由政府行政主导的收入转移(补助金、拨款等)制度,更为不可或缺的还是本地民间对于地域振兴事业的支持。

被袁先生作为案例提到的香川县的地域振兴事业,以日本国家政府主导的"地方创生"政策为基础,在工作创生方面,是以为年轻一代创造能够安心工作、获得与工作付出相匹配的工资、拥有稳定的雇佣形态以及在岗位上从事有价值的工作为目标,并进行持续努力和探索。而在人才创生方面,香川县为了吸引外部人才迁入,在促进年轻人就业的同时,为促进外部居民的移居和定居,不断努力创造可以安心结婚,生育、养育孩子的生活环境。在城镇创生方面,为了能让人们在本地安心生活,香川县政府充分利用本地特有的资源,积极拓展地方政府和民间企业合作渠道,为建设有本地特色的香川县而努力。

希望本书能够激发中国朋友对日本,特别是香川县的兴趣,从而推动两国经济文化交流得到进一步的发展。

高松商工会议所事业推进部次长　大西理之

2019 年 8 月

自 序

小地方带来了大启发

在过去几年中,虽然中国经济存在增速放缓的趋势,但是整体形势仍然较好,GDP 增长符合每年的预期,这说明中国经济在全球竞争的背景下,依然具有较好的竞争水平。同时,中国的区域间经济差异呈现出由东南沿海向西北内陆 GDP 递减的趋势,且在近年来并未呈现明显的改善状况,东南沿海的广东、浙江、江苏、福建、上海四省一市仍然是中国经济活力最大的地区;而新疆、青海、宁夏、甘肃这四个西北地区的省份,则常年在国内省级行政单位 GDP 排名的末尾。同时,一直以来倡导振兴东北老工业基地战略的东北三省在 GDP 增长方面,并未表现出明显的增速,2018 年中国各省级行政单位 GDP 增速排名中,东北三省的增速依然位列倒数。此外,在经济发展较好的区域,也存在着一些发展模式同质化的趋势,导致在一些行业内各地的招商和企业孵化存在一定程度的红海竞争。

与此同时,区域经济发展不平衡的问题也困扰与我国一海之隔的日本。日本各地经济发展的不平衡性主要体现在东京都市圈占日本 GDP 的份额过大,并极大地影响了日本其他地区的发展,甚至出现了东京都的区域 GDP 总额是最末位地区的 53.4 倍的极大差异。为了扭转这样的局面,日本开展了持续的旨在促进非核心地区发展,促进区域间经济平衡的"地域振兴"活动。经过几十年的努力,日本已经初步完成了从国家政府鼓励到地方政府引导,充分发挥本地企业、研究机构和各种社会组织作用的"地域振兴"活动推动组织体系。从 2007 年开始,在"观光立国"国策的带动下,日本各地逐步形成了以观光产业为牵引,多种本地特色经济同步发展的本地经济发展模式,在地域振兴的过程中还创造出了农业的"六次产业化"的发展模式。这些组织体系和策略的成绩推动了地域振兴活动,并在日本各地创造出了不同风格的地域发展成功案例。

在这样的政策引导下和经济氛围中,作为日本第一个以"艺术之县"作为地区招牌的行政区,香川县近年来在东北亚地区的知名度日益提升,在2016年甚至成为访日游客增长数量最大的地区。除了观光行业之外,香川县的工业和农业产品,也在世界范围内逐渐拥有了较高的知名度。作为日本面积最小的行政区域,同时也是四大岛屿中知名度最低的四国岛上的一部分,香川县在地域振兴活动中取得的成果有目共睹。

在近5年时间中,笔者所在的公司与香川县的多个组织和企业均产生过诸多的互动。笔者也在中国部分地区的跨境商务活动中,作为活动负责人促成了香川县与中国部分地区企业的交流互动。在这些互动过程中,笔者对香川县的了解日益深入,包括政策引导、组织模式、产业发展、本地民生等诸多领域。特别是在与香川县各类商务机构的交流中,笔者找到了一些可以适用于中国区域经济发展的经验。基于上述原因,笔者写作此书,希望能够通过对日本,特别是香川县的"地域振兴"成功经验的介绍,为中国各个地区的快速发展,提供一些有效的战略思考角度和产业发展模板,并探索出适合中国各地实际情况、能够促进本地经济发展的有效区域发展道路。

最后,对本书的写作予以帮助的各位,特别是在诸多信息方面给予极大帮助和支持的中国科学院科技发展战略咨询研究院李秀果教授,以及香川县高松商工会议所大西理之先生,表达由衷的谢意。

袁　也

2019 年 6 月 1 日

目 录

第一章 地域振兴事业的缘起和概述

第一节 区域间经济发展差异和非核心区域经济发展概述

提到"地域振兴"这个话题，就必须提到日本全国经济发展的区域间差异，在 2018 年日本总务省统计局发布的《2018 日本的统计》年刊中，公布了平成 26 年（2014 年）的全国 GDP（国内生产总值）和各都道府县的 GDP 数字。在以 10 亿日元为单位的统计中，日本当年全国的 GDP 总额为 514296，而在全部 47 个都道府县中，东京都的数字为 94902，占全国 GDP 的 18.45％，接近全国总量的 1/5，是第二名大阪府的 2.5 倍，是最后一名鸟取县的近 53.5 倍；但是从行政区域的面积来看，东京都的面积为 2106 平方千米，位列 47 个都道府县的倒数第三位，而 GDP 倒数第一名的鸟取县的面积则为 3507 平方千米。从单位面积产生的产值总额来说，东京都相比其他地区也是遥遥领先的。

同时，从人口的移动角度来看，同样摘自《2018 日本的统计》中的人口迁移数字，平成 28 年（2016 年），迁入东京都的人口数量为 413444 人，是第二名神奈川县的 2 倍，全年由人口区域间迁移导致的人口数量变动，东京都为净增 74177 人，在全日本仅有 6 个行政区域人口迁移变动为正值的前提下，其迁移净增人口数是第二名千叶县的 4.6 倍。由此可见，东京都在日本社会中的人才吸引力仍然远高于其他地区。

而从企业数量来看，参考《2018 日本的统计》和东京都总务局统计部发布的《东京都统计年鉴 平成 28 年》中的数字，在平成 24 年（2012 年），日本全国各产业从业企业总数为 5768489 家，而同年东京都各类企业总数为 627357 家，占全国的 10.88％。同样参考上述两个报告，在平成 26 年（2014 年），日本全国各类企业的总就职人数为 57428000 人,其中东京都的企业就职人数为 8655267 人,为全国总数的 15.1%。从这一组数字可见,东京都的企业能够提供的就业岗位数量领先于日本其他地区。而东京都政府官方网站上的数字显示,在日本国内资本金超过 10 亿日元的 5919 家企业中,有 2964 家企业位于东京都,占总数的 50.1%;在日本的外资企业总部中,也有 76.6% 设立在东京都。从这个角度可以看出,东京都的经济吸引力及其创造就业机会的能力很强,这也可以说明从东京都外迁移至东京都内的人口较其他地区多很多的理由是十分充分的。

从其他数据来看,平成 28 年(2016 年)日本国家旅游局(JNTO)统计的访日游客总数为 24039700 人,其中至少在东京入境的人数,根据《东京都统计年鉴 平成 28 年》发布的数据来看,为 10086896 人,占总访日人数的 42%。东京都在国际旅游行业中,相对日本其他地区也有极大的优势。此外,《2018 日本的统计》显示,东京都还在各类学校数量、护理设施数量等方面与其他地区相比有明显的差异。

通过上述数字可以判断:东京都在日本占有经济上的绝对领先地位,在与其他地区的对比中,东京都几乎遥遥领先于其他行政区域。作为世界第一大城市圈,东京都在国际上的影响力更是远远领先于其他地区。

地位差异进一步影响着海外投资、跨国旅游、文化交流等与经济发展直接相关的领域,而不同领域间的相互作用,将东京都引向了一个快速发展的良性循环。相对东京都的强势,其他地区,特别是远离东京都的地区,则成为资本、人才、技术的输出地区,逐步进入了一个相对缓慢的发展循环,甚至出现了发展停滞的问题。

相较于其他地区,东京都经济发展有以下四点优势:

一、地理优势

日本国领土狭长,且位于亚欧大陆的大陆架边缘,为地壳板块碰撞挤压而成的火山岛——此类型岛屿的特点是地形崎岖多山,山地和丘陵地形占领土总面积的约 71%,平原面积小且集中在河流下游近海的一侧,随着地理成因的影响,日本仅有的平原大多集中在国土中朝向太平洋的河口区域。其中比较大的平原包括石狩平原、越后平原、十胜平原等,而平原面积最大的,就是东京都所在的关东平原。

面积较大的平原为人类提供了更多的耕地和生产生活开展所需的空间,利于人口定居和生产,平原地形成为最初吸引人口、构筑经济基础、开展各项产业建设的基础性地理优势;同时,沿海平原也为优良港口的建设提供了先天的优势条件。在日本,几乎所有的著名港口都建设在太平洋沿岸一侧,在东京都内和周边建设有东京港、横滨港、千叶港日本三大著名港口。在以海运为主的历史阶段中,良港的存在是经济发展的基础性促进条件之一。

二、历史影响

东京都,特别是东京都的核心区域都内 23 区,古称江户,是在庆长 8 年(1603 年)德川幕府开幕以来就作为日本的政治、经济中心重点发展的区域,并在 18 世纪中叶就已经成为人口百万级的大都市。而在江户时代后期,日本政治家佐藤信渊又提出了以江户为东京,大阪为西京并与当时的都城京都并列的设想。在明治维新时期,政治家大久保利通继承了这个想法,并将江户改名为"东京",并在这个设想下,逐步开始构建日本的经济核心区域,到 1920 年前后,东京已经成为拥有 300 万以上人口的大型都市。

而在第二次世界大战之后,根据日本《国土综合开发法》,东京都的核心地位得到了明显增强。同时,日本政府在 1958 年和 1968 年先后颁布了《第一次首都圈建设规划》和《第二次首都圈建设规划》,以防止"一极集中"的发展结果(游宁龙等,2017),重点打造以东京 23 区为核心并辐射周边地区的"首都圈"经济区域。但是因为种种原因,该规划并未有效实施(张良等,2009)。而在 20世纪 70 年代日本经济腾飞的背景下,东京都更成为经济发展的最直接受益地区,成为与纽约、伦敦、巴黎并列的世界顶级都市。像中央区银座作为日本知名的中央商务区,至今仍是日本顶级的繁荣街区。除此之外,像新宿区等新兴中央商务区也逐渐成为日本乃至国际知名的商务中心(见图 1-1)。

图 1-1　东京繁华区:银座和新宿

资料来源:笔者摄影①。

国土厅东京都市圈整备局在 1976 年和 1986 年又分别提出了《第三次首都圈建设规划》和《第四次首都圈建设规划》(游宁龙等,2017),在原有基础上提出了"多心多核"的开发模式,将东京都的发展重点从东京湾沿岸的中心部逐步扩展到东京都多摩地区甚至周边临近区域。这样的建设规划一方面将东京都内的经济发展区域进行了多层次的扩展,建立了延伸发展的基础,提升了城市的经济容量;另一方面则在东京都周边建立了与东京都经济产业相连接的区域,在工业型企业转移的基础上实现了东京都的经济转型和产业升级,同时为东京都的总部研发型经济搭建了支持性区域。1999 年,《第五次首都圈建设规划》的提出,则进一步加强了对周边区域的支持,以"分散型网结构"为方向,进一步分散东京都心地区的经济作用,并进一步构成都心与周边地区的互动性经济网络(杜德彬等,2004)。

三、基础设施建设

东京都的基础设施建设水平很高(见图 1-2),以交通为例,东京都拥有的交通出行手段包含公路、铁路、轮渡、航空等,其城市铁路建设水平和城市地下铁路服务水平被评为世界第一;属于东京都的羽田、成田两大国际机场,在2017 年国际最佳机场排名中均位列世界前 15 名;而东京港也是世界排名前15 名的国际级大型港口。在日本国内地面交通方面,从东京站出发搭乘 JR

————————————

①　书中提供的图片,除特别注明外,均由本书作者所摄。

（日本铁道）的所属线路，可以不换乘直达绝大多数的行政区域，即使暂时无法直达的区域，也可以通过长途巴士或者一次换乘抵达；而日本全部的新干线线路均可以抵达东京都。这样的交通基础设施水平，足以为东京都的物资集散、人口流动、信息交换提供有效的交通物流保障。中国人常说"要致富，先修路"，这句话放诸四海而皆准，日本也是一样。

图 1-2　东京羽田机场和新宿站 JR 中央线站台

此外，东京都还拥有顶尖的医疗、教育资源。东京都的医疗保障水平在国际上也是具有领先地位的，无论资源分配的科学性还是应用医疗技术的尖端程度，均为世界上佳水平，这为各类人才在东京都的生活，提供了充分的健康保障。而东京都拥有的教育资源，特别是以东京大学、庆应义塾大学、东京工业大学、一桥大学、早稻田大学、上智大学等为代表的国际一线大学资源，为在东京立业的各类企业提供了顶级人才供应保障和技术产品研发保障。

四、国际领先的商业环境

东京都，特别是都内 23 区，拥有门类齐全的工商业部门，特别是位于东京都中心的千代田区、港区和中央区，是世界级的商业中心。大量日本大型企业的总部，跨国公司日本分公司的总部均设置在这些区域。而与这些商业机构总部配套的第三产业，包含餐饮、购物、物流、通信等服务机构，也在这些区域蓬勃发展并形成了世界著名的商圈，如银座、台场、新桥、秋叶原等。除此之外，新宿区、涩谷区、丰岛区、文京区、品川区等也逐步形成了具有本区域特色的完备商圈。全面、便捷、时尚，是东京商业环境的特色。而在东京的著名商业中心开设旗舰店或开设办公机构,也成了评价品牌价值的判断标准之一。

相较于东京具备的优势,日本其他地区,特别是位于四国地区、中国地区、东北地区和北海道的行政区域,则需要面对相对弱势的经济发展环境。

首先是劳动力情况。从人口数字来看,在日本全国人口呈现负增长的大趋势下,四国地区、中国地区和东北地区的人口减少速度也是明显的。根据《2018 日本的统计》计算,从平成 22 年(2010 年)到平成 27 年(2015 年),四国地区四县、中国地区五县、东北地区六县累计 15 个县人口全部为负增长,其中东北地区的秋田县、四国地区的高知县、东北地区的青森县、东北地区的山形县、四国地区的德岛县,是 5 年内县人口数量下降比例最大的。从县人口数量上看,鸟取县则是全日本所有 47 个都道府县中最后一名。从人口密度上来看,除了北海道之外,东北地区的岩手县和秋田县、四国地区的高知县、中国地区的岛根县以及东北地区的山形县成为 46 个都府县内人口密度最低的地区。这样的人口情况,在日本全国老龄化程度接近 30％的前提下,劳动力显得尤为紧缺,这成为制约这些地区经济发展的直接因素。

其次是自然地理条件。众所周知,2011 年东日本大地震主要影响的区域就是日本的东北地区,其中福岛县、宫城县、岩手县是受灾最严重的地区,加上一系列叠加的灾难,这些区域特别是福岛县至今还处在重建过程中。而四国地区的高知县,则是日本降水量最多的地区,这里除了降水多,台风也多,几乎每年影响日本的台风都会从高知县登陆,频繁的台风和降水对高知县的经济发展带来了比较大的影响。而对于鸟取县和岛根县,在其自然地理环境中,日本岛朝向日本海的一侧几乎没有大面积的平原,且沿海地区也无天然良港,这一区域地势环境和沿海自然条件制约了这一区域的经济发展。

最后是基础设施建设水平。除了在灾后恢复期的东北地区,很明显的存在临海基础设施需要重建的劣势之外,四国地区和中国地区也存在一定的基础设施建设的弱点。比如四国地区的主要部分四国岛是日本现在唯一未通新干线的主要岛屿,虽然四国岛可以通过三座桥梁(爱媛县的岛波海道、香川县的濑户大桥和德岛县的大鸣门桥)与本州岛相连,但是能够同时运行铁路和公路的,仅有香川县的濑户大桥。大量的商旅和物资通过铁路需要先抵达香川县的高松站,再从高松站进行集散,再去往四国岛的其他三个县。而受地理条件影响,四国岛内四县间的联络交通,也大多需要在山区进行道路和铁路的修建,这也在一定程度上影响了高速公路和新干线的修建。相应地,在此区域进行驾驶也需要保持较为平缓的车速。从这个角度来说,四国地区的物流效率存在较日本其他地区更慢的可能性。

正是因为上述问题,在东京都之外的大量地区,存在着区域经济发展的瓶颈,并导致这些地区的经济发展、城市建设出现了一些不乐观的现象。

以北海道的夕张市(孙悦,2011)、室兰市(中华网,2018)的衰落为代表,在东京都之外的很多区域都存在着一定程度的城镇衰落现象。根据日本政府总务省地方行政局在平成29年(2017年)发布《过疏地城市町村一览》的统计数字,截止到2017年4月1日,日本全国共有817个市町村处于"过疏"状态,其中比较严重的区域包括北海道、东北地区、四国地区、中国地区等。

这些"过疏"地区的含义,即相对于"过密"而言,其特点在于人口向大城市流出,人口老龄化严重,出生率降低,社会经济事务主要靠留在区域内的人口维持,对正常的区域社会经济运行造成了一定的阻碍。在近年来的新闻中,也提到过在这些"过疏"地区,存在大量的空置房屋,住户在承诺永久居住的前提下,可以获得赠送。由此可见,在非核心地区,经济发展已经面临着较为严峻的局面。

从上述角度来说,如果对比东京都以及日本的其他地区,除了少数几个经济核心区域之外,大多数非核心地区均存在着经济社会发展速度与核心区域差距较大的问题。除东京都外,经济发展状况较好且人口处于增长的区域,仅有千叶县、神奈川县、埼玉县、爱知县、大阪府、福冈县以及近年来在物流、旅游、健康产业有极大发展的冲绳县。

在上述区域中,千叶县、神奈川县和埼玉县作为东京城市圈的一部分,成为1985年《第三次首都圈建设规划》颁布后"多心多核"建设战略的受益区域和东京都经济发展的外部核心区域,随着与东京都的关系日益紧密,其城市吸引力和经济社会容量也将逐步上升(张良等,2009)。而爱知县、大阪府、福冈县则是因为分别处在日本国家的中部、西部和九州地区,作为周边区域的交通中枢城市,并且在日本战后经济发展过程中,作为区域核心城市进行建设,进而成为与东京都类似,但规模较小的经济中心城市,其对周边地区居民的吸引力较高,如在四国地区的居民倾向迁移去较近的大阪府工作和生活。

从社会经济发展的角度来说,这样的区域差异是城市化发展的必然结果,不只是日本,在中国类似的情况也在接连不断地上演。但是,从区域发展的平衡性来说,这样的现象势必会导致部分区域间差异过大,发展相对缓慢的区域逐渐衰落。

从社会学和人类学角度来说,一个区域的衰落不只是城区的消失,更是文化的消失。而对于人类社会来说,文化消失损失相对经济衰退的损失来说会更大。正是因此,对于经济发展相对落后区域进行"地域振兴"活动具有极其重要的意义;而从人权的角度来说,保障住在"过疏"区域的人口的生存和发展权利,也是社会文明的必然选择。更何况,区域全面发展对一国经济具有全面的推动力。

第二节 少子化、高龄化与人口减少的影响

影响非核心地区经济发展的重要原因,也是非核心区域与东京都相比经济发展处于劣势的最大问题,就是近些年在日本影响极其严重的高龄化及导致高龄化的主要原因少子化。

相对于东京都,以及其他区域核心地区,非核心地区在人口和劳动力方面表现出的特点包含:①少子化日益严重,适龄女性生育率逐步下降;②高龄化日益严重,老年人口在区域人口结构中占据较大部分,有些地区甚至超过30%;③人口逐年减少,存在生育率下降的因素,也存在劳动力外迁的因素。

而根据鸟取县县厅发布的《平成 30 年度 从 100 个指标看鸟取县》中的统计数据来看,之前提到的一些明显经济发展相对缓慢的区域,在出生率、高龄化、人口外迁比例等均相对东京都、大阪府、神奈川县等经济发展相对较快的区域有明显差距。

从出生率来看,平成 29 年(2017 年),东北地区的秋田县以 0.544% 位列全国 47 个都道府县的倒数第一位,而青森县、北海道、岩手县、山形县等,也是位列出生率倒数五位之内。而从高龄化角度来看,平成 29 年(2017 年),秋田县再次以 35.5% 位列全国所有行政区第一,而位于中国地区和四国地区的高

知县、岛根县、山口县,以及德岛县,分别排在第二位到第五位。在同一年的社会增加率[(迁入人数－迁出人数)/县内总人数]的排名上,这些区域的社会增加率均为负数,相应各县在全国的社会增加率排名中,也均靠后。

这些信息说明了这些非核心区域较为严重的人口问题。而总务省在平成29 年(2017 年)3 月修订的日本《过疏地区自立促进特别措施法》中,对于过疏地区的评估标准做了最新的说明(见表 1-1)。

表 1-1　过疏地区评估标准

项目	评估年份区间	指标
经济指数	平成 25 年(2013 年)—平成 27 年(2015 年)	3 年间平均财政力指数低于 0.5 公营竞技收益 40 亿日元以下
人口要素	昭和 45 年(1970 年)—平成 27 年(2015 年)	人口减少率到达或超过 32％(①)
		人口减少率到达或超过 27％ 65 岁以上人口比例超过 36％(②)
		人口减少率到达或超过 27％ 15 岁至 30 岁人口比例低于 11％(③)
	平成 2 年(1990 年)—平成 27 年(2015 年)	人口减少率到达或超过 21％(④)
排除条件	平成 2 年(1990 年)—平成 27 年(2015 年)	在①②③情况下 评估年份内人口增长率超过 10％

注:财政力指数＝基准财政收入额/基准财政需要额(3 年内平均值)。
资料来源:総務省地域力創造グループ過疎対策室(总务省地域力创造 group 过疏对策室)。

基于上述评估标准,总务省在平成 29 年(2017 年)发布了截止到 2017 年4 月 1 日全国过疏市町村的统计信息,在总计 817 个被评估为"过疏"区域的市町村中,东京都、大阪府、神奈川县、千叶县、埼玉县、爱知县和福冈县累计"过疏"区域仅为 45 个,而接近 95％的"过疏"区域均分布在除这些核心区域之外的区域。

在安里昌利先生写作的《未来经济都市冲绳》一书中有一个论断,日本经济的最大牵引力就是人口的增加。通过上述数据也可证明,在现今的日本国内,人口问题是与经济发展直接相关的,人口问题较为突出的地区,经济发展的速度相应较慢;相反地,如果人口尚能呈现正向增长的话,经济发展速度也会得到相应的提升。

推测的非核心地区少子化和高龄化的成因：

一、女性生产年龄的后移

根据总务省统计局发布的《2018 日本的统计》来看，从昭和 45 年（1970年）到平成 27 年（2015 年）日本女性的生产年龄从 20 岁至 29 岁区间后移到 25 岁至 34 岁区间，其中生产最集中的年龄区间从 25 岁至 29 岁区间后移至 30 岁至 34 岁区间；此外 35 岁以上的女性产妇比例也有了明显的提升。生产年龄的推迟，导致容纳第二胎的时间空间被压缩，第一代人的子女数量下降；而第二代出生时间的推迟则会进一步推迟第二代的生产年龄，进而导致一定时间内的家庭数减少，造成长久的少子化情况。

二、人口迁移导致的新生儿在核心区域集中生产

随着非核心区域人口向着核心区域的迁移，特别是非核心区域的适婚年龄人口向核心区域的迁移，势必会产生部分迁移人口在核心区域定居的情况，而随着这类人群在核心区域的定居，其新生儿的生产也将在核心区域进行；这样的现象将导致非核心区域本地的新生儿数量降低，并造成非核心区域本地的少子化现象加剧。

三、全日本社会的婚姻率降低

根据日本厚生劳动省在平成 30 年（2018 年）12 月发布的《人口动态统计年间推计》，预计截至 2018 年 12 月底，日本全国的婚姻率将降至 0.47%，而在昭和 22 年（1947 年）日本的婚姻率达到统计峰值 1.2%，而从昭和 47 年（1972年）开始，婚姻率逐年下降，而新婚夫妇数量也从 1972 年全年的 1099984 对下降到 2018 年推算的 590000 对，新婚夫妇数量减少了近 50%。在这样的婚姻率情况下，少子化问题的根源已经被种下。

四、健康保障水平提升导致死亡率平稳

近年来，日本的健康福祉保障机构建设水平日渐提升，医疗水平、护理服务水平均获得了极大的发展，日本国内健康相关产业和产品的广泛普及等，均

为日本老年人的长寿做出了相应的贡献。据多家媒体报道,日本人的平均寿命已经达到 83.7 岁,女性的平均寿命为 86.8 岁,男性的平均寿命为 80.5 岁。而根据厚生劳动省的统计,平成 30 年(2018 年)日本的百岁老人数量已经接近 7 万人,这个数字还在持续增长中。这样的健康保障水平虽然彰显了日本的社会福利和医疗事业处于国际领先地位,但也为日本带来了一定的高龄的问题。

五、老龄群体向非核心区域迁移

除了医疗健康保障水平的影响之外,还存在一部分退休后返回家乡生活的老年人群体,这部分老年人在其作为社会中坚劳动力的年龄迁移到了核心区域,以谋求更多的发展机遇和更高的薪酬待遇,而在其退休之后,又产生了"叶落归根"的想法,因此迁移回非核心区域养老。这样的现象也导致了非核心区域劳动力流失的同时,高龄化加剧。

可以说,少子化和高龄化是相伴出现的,从新生人口数量下降,到适龄劳动力数量下降,再到老年人数量上升,这样此消彼长的结果,就是严重的高龄化。可以说少子化现象是高龄化出现的根本动因,而高龄化现象则是加剧少子化现象的关键动力。这样的人口问题恶性循环在日本很多非核心区域持续发生着。而这样的恶性循环给本地经济带来的影响也基本上是负面的。

一是市场活性下降,经济活力下降。少子化和高龄化现象的直接影响就是市场活性下降,在社会消费活动中,最核心的消费群体是 20 岁至 65 岁之间的人群,这个人群的社会劳动属性决定了其在时尚品、社交消费,家庭生活消费,子女教育和健康消费,房屋和车辆消费等领域,均为市场消费主要力量,其消费行为影响的行业多,消费量带来的效益规模大,直接影响整个区域市场的活性。随着少子化和高龄化现象的加剧,消费主力群体在市场中的比例下降,直接影响着区域消费总量,进而导致市场的活性下降,对区域经济活力产生较大影响。多家媒体也在近些年报道过日本部分进入衰退期的城区,出现了城区中心部位的商店停业,商店街逐步萧条之类的情况,有些衰退严重的区域甚至出现了购物中心整体关闭的现象。这些都是少子化和高龄化带来的经济活性问题,这样的现象不但影响本地市场经济的发展,对吸引投资和观光客也会产生不利的影响,进而对区域整体经济发展带来难以估量的损失。

　　二是劳动力缺乏，各项社会事业、经济机构遇到运转问题。少子化和高龄化的另一直接影响就是区域劳动力的缺乏，这一问题对于区域内各项社会事业、参与市场经营的各类机构均带来了严重的影响。一方面，由于劳动力缺乏，社会事业机构如福祉设施、教育设施、体育和艺术设施等公共事业会因为缺乏服务、维护、管理和运营的人员而陷入运营危机，对区域的公共服务和社会发展带来不利影响；另一方面，对于参与市场经营的机构来说，将会产生更严重的问题，如工厂无人工作，销售无人进行，管理无法推进等，这样的现象持续下去将会出现没有收入也无法开工的情况，最终导致本地机构停业，国内或国际连锁机构搬迁，对本地经济的破坏性极大。近些年来，一些区域学校关停、企业迁移等现象，也逐步被报道出来，在日本国内外均引起了极大的反响。

　　三是社会养老负担加重，对相关经费的考验加剧。一方面，高龄化的加剧，导致了区域内的养老设施面临扩建、新建、翻新和升级的需求，政府运营的养老机构的建设需要由本地财政收入支持，而养老机构相关工作人员的薪酬也应当从政府财政预算中予以发放。这些投资将随着高龄化的不断加剧而逐渐提升，而当经济发展速度放缓，财政收入增长速度下降的区域经济环境产生时，这样的开支将逐步成为本地政府的重大负担。另一方面，随着少子化问题的严重化，无论政府主持的养老设施还是企业兴建的经营养老服务的机构，也将面临从其他区域获取人才的可能性，这样的人才获取成本的提升，人才留用成本的产生，也会在运营层面上对养老相关的支出产生影响，导致相应的运营总成本增加，设施盈利难度增加。

　　少子化和高龄化带来的社会问题是深刻而影响广泛的，受其影响，劳动力的减少对于社会经济带来的破坏是极其严重的。现在非核心地区的经济发展遇到的困境，都伴随着这个现象。

　　因此，非核心地区的经济和社会发展，推进"地域振兴"活动，最关键的方向就是促进区域劳动力数量的增长，并在区域劳动力数量增长的同时，降低高龄化比例。虽然针对这个问题，至今尚未找到较为彻底的解决方案；但是通过引进人才提升产业发展水平，进而保障更多的本地居民容纳度，能够促进在本地形成经济发展和劳动力数量上升的良性循环。基于这个理念，大量非核心地区开展了外向型经济和全球化人才引进活动，并且取得了一定的成果。

香川县的高松市,在近年来呈现出了明显的人口迁入趋势,并在地域振兴活动中初见成效,这正是本书将香川县作为核心讨论对象进行研究的原因。

第三节　地域振兴活动与关键政策

日本的地域振兴活动从 20 世纪 50 年代就已经开始,该活动致力于将日本众多的非核心地区的经济和民生带动起来并实现与核心区域同步发展,包含相关的法律规则、税收管理制度、财政分配制度、志愿项目、经济促进措施等,由日本国家政府牵头,相关专项政府机构配合,各个地方政府制定本地的发展规划,形成一套由中央政权到地方执行的完整体系。现在日本国内和世界各地被提到的日本地域振兴的典型案例地区,或多或少都受益于地域振兴活动。

根据总务省对"过疏"应对政策的概述,对"过疏"的重视最早始于昭和 30 年(1955 年)。由于城市化的发展,当时已经开始出现了发展"过密"和相对"过疏"的区域,在此阶段已经出现了针对"过疏"地区的自发的保障制度。

从昭和 45 年(1970 年)开始,日本陆续制定针对"过疏"地区的振兴法案,以维持"过疏"地区的民生和福利,并试图提振"过疏"地区的经济发展水平。在这个过程中,昭和 55 年(1980 年)出现了"过疏地域振兴"的说法,"地域振兴"正式成为一个社会性课题,开始在日本社会中得到广泛和全面的关注。同年,《过疏地区振兴特别措施法》被制定出来,此后累计 4 次根据社会经济发展情况进行重新制定,并且在平成 12 年(2000 年)4 月 1 日开始进行时限 10 年的施行。当年施行的发展针对 21 世纪的经济社会发展情况,针对"过疏"地区的社会福利、工作机会增长,地域文化振兴以及符合新世纪特色的,与自然环境共生的生活环境等方面的全面提升,进行了明确的规划;并在此基础上形成了以"过疏"地区的市町村政府为核心,综合所属县政府和国家政府力量的"三位一体"的"过疏"地区的振兴工作体系,共同应对"过疏"地区的财政、高龄化、公共设施建设等问题。

此后,在平成 22 年(2010 年)4 月 1 日,《过疏地区振兴特别措施法修订法案》也获得通过和施行,此后该法案又历经了 3 次修正,现在施行的版本是在平成 29 年(2017 年)3 月修改确定的。该法案现在已经成为日本全国针对"过疏"地区的问题和"过疏"地区的地域振兴而进行活动的纲领性法案。

在这个法案的基础上,在国家层面上形成了以内阁府地方创生推进事务局牵头,专项执行权分属与总务省、经济产业省、国土交通省、财务省等国家专职部门的地域支持性政策和法律体系。而其中影响力最大的包含内阁府牵头的地方创生关系交付金体系和"故乡税"政策、总务省牵头的地域经济好循环项目、经济产业省的地域未来关联型企业的扶助政策、国土交通省的全国土地综合开发计划和全国土地利用计划,以及财务省负责根据《地方交付税法》而执行的财政转移支付制度。

一、地方创生关系交付金和"故乡税"政策

地方创生关系交付金项目是内阁府在地域振兴活动中较有代表性的项目。日本内阁府作为日本国家行政机构,在地域振兴活动中扮演着最关键的引导者的角色,内阁府对于地方经济的支持政策,也将影响到各个机构和各地方的行动。作为日本地域振兴活动的倡导者,内阁府通过每年超过 1000 亿日元(约 60 亿人民币)的"地方创生关系交付金",对各地的地域振兴相关项目进行直接支持。

地方创生关系交付金体系一共有四个主要的交付金类别,包括地方创生先行性交付金、地方创生加速化交付金、地方创生推进交付金、地方创生抛点整备交付金;除此之外还有地域消费唤起生活支援交付金。主要的四种交付金类别,均是针对各地的地域振兴相关的项目进行针对性支援,例如高知县黑潮町的"黑潮町移住·定住促进事业"、长崎县对马市的"对马市雇佣创出综合对策项目"、青森县弘前市的"弘前版生涯活跃街区推进事业"等。而地域消费唤起生活支援交付金则是针对地区消费进行的消费补贴型支援,如利用补贴在当地进行消费折扣的促销活动、针对游客的本地消费折扣活动、针对特定人群的消费补贴政策等;通过对地域内居民和观光者的消费促进,提升非核心地区的消费规模,进而促进地域振兴。

交付金项目的特色在于以地区政府为主导进行主动申请,同时根据申请

时设定的 KPI(关键绩效指标)在交付金支付后进行支持效果的考察,并对地区实践进行一定程度的指导。在内阁层面上形成的 PDCA 循环,既保证了地域振兴项目的资金稳定,又保障了资金支持的严肃性和资金使用效果的可追溯性;同时在维持地方对项目的主导性的基础上,保障了地方的执行力,对地域振兴活动的推动力可谓极大。

同时,内阁府在地方推行了针对本地企业和个人的"故乡税"政策,该政策鼓励地方企业或个人通过向本地地域振兴项目进行捐款从而获得税务的减免以及部分旅游、生活的补贴。通过"故乡税"政策,地方政府获得了大量本地企业和个人的捐款。这些也成为地方地域振兴项目的资金来源之一,有效地支持了地域振兴项目的实施。

二、地域经济好循环推进项目

作为总务省主导的重点项目,该项目的目标在于解决"过疏"地区的就业问题和创造就业机会,构建"能够抵御变动的地域经济体系"。这个项目包含四个部分:

(1)挑战·在故乡工作。包含年轻一代利用假日在故乡工作的"故乡工作假日"和利用地区环境特色而鼓励企业创办"卫星办公室",并借这两个策略为地方创造出"人和信息"的流动。

(2)本地 10000 项目。通过产学金官(企业、大学、金融机构、政府)四方联动,利用本地资金和多样化资源,建设具有雇员吸引力的"地域密着"企业。

(3)分散性能源基础设施建设。以地方公共团体为核心,集合需求方、区域能源企业和金融机构的力量,利用生物和微生物、生活废弃物等资源发展本地清洁能源事业,对本地能源进行补充供应。

(4)地域经济全球化循环事业。与日本贸易振兴机构(JETRO)合作,开拓有魅力的地域产品和海外销路,并吸引海外投资。

除了地域经济好循环项目之外,总务省也在积极推进地域振兴协力队活动,该活动还包含集落志愿队、复兴志愿队、专家团队和企业家支援队。截止到平成 29 年(2017 年),地域振兴协力队已经有队员 4976 人,已经在 985 个市町村进行了活动。

同时,人才活性化政策、地域经营讲座等项目也在总务省推进。总务省在国家层面上对地域振兴活动的推动力度可谓极大。

三、地域未来牵引型企业的扶助政策

该政策是由经济产业省主导的政策,主要实施纲领为《地域未来牵引型企业事业扩大的应对支援措施》,该政策包含三个支持方面:①新增建筑物;②新增机械装置等大型设备;③研究开发和事业化计划。针对这三个方面,通过税收、融资、补助金和委托金等方式进行针对企业的支持。该计划会从各个地区筛选本地企业,形成"地域未来牵引型企业"企业名单,并以此名单为依据,进行针对性支持。

四、全国土地综合开发计划及国土利用计划

全国土地综合开发计划和国土利用计划是相关联的。在全国土地综合开发计划的基础上,制订国土利用计划,是国土交通省在地域振兴和地域振兴项目上的重要职责。该计划从土地利用的角度,对日本全国各都道府县的土地利用方式进行了方向性规划,并指导各都道府县根据其规划的内容方向进行本区域土地的使用,从政策上形成对区域发展的指导。

全国土地综合开发计划在日本历史上发生过六次,最早从昭和 37 年(1962 年)开始,具体目标可概括如下:

第一次全国土地综合开发计划。昭和 37 年(1962 年),在已经出现地域间发展不平衡的前提下,以促进地域间平衡发展为目标,主张资源的分配公平化以及多核心城市建设(蔡玉梅等,2008)。

第二次全国土地综合开发计划。昭和 44 年(1969 年),面对经济高速发展,土地供需关系不平衡的问题,主张以土地综合开发为手段,解决区域发展"过密"和"过疏"的问题(蔡玉梅等,2008)。

第三次全国土地综合开发计划。昭和 52 年(1977 年),日本经济步入稳定增长时期,经济发展出现资源短缺现象,在这种经济发展的背景下,土地规划以提高国民生活水平为目标,以"示范定居圈"和"技术聚集城市"为主要建设目标(蔡玉梅等,2008)。

第四次全国土地综合开发计划。昭和 62 年(1987 年),在这个阶段日本国内多种职能开始向东京都聚集,而新产生的国际化需求和地方就业问题成为困扰区域发展的重点问题;以此为背景,提出了由广域区域构建包含且不只是城乡交流的全国性合作网络,以期分散东京都的城市功能,实现"多极分散国土结构"(毛汉英,2000)。

第五次全国土地综合开发计划。平成 10 年(1998 年),包含五个重点课题,即:①区域自立;②国土安全和生活安定以及老龄化对策;③自然环境可持续利用;④建设有竞争力的活性社会面貌;⑤建设国际交流圈(毛汉英,2000)。

第六次全国土地综合开发计划。平成 17 年(2005 年),以"美丽国土"为最终目标,通过构建可持续发展、抗灾害能力、与亚洲发展连接、"美丽国土"的管理与继承和"新公众"成为地区建设中坚力量(蔡玉梅,2008)。

通过这六次土地综合开发计划以及与之关联的国土利用计划,再通过地方政府形成本地的国土开发和利用计划,共同构成了地域振兴中基础性的支持政策。这些政策体系的落实,是从基础规划角度,为地域振兴打造经济发展的基础。同时在地方制定政策的过程中,逐步实现对本地自然环境和人文环境的理解,也能够在更多经济层面上制定更合适本地人文地理环境的经济发展政策。

五、财政转移支付制度

财政转移支付制度作为财务省执行的对地方财政帮助最大的制度,主要作用是将国家收入与地方收入进行平衡,保障地方的财政收入,进而保障地方用于本地经济发展的资金数量符合本地的建设需要。财政转移支付制度包含地方交付税、国库金支出和地方让与税三种形式。

地方交付税:根据《地方交付税法》第六条规定,国税收入中,个人所得税和酒类税的 32%,法人税的 34%,消费税的 22.3%,烟税的 25%估算构成地方交税总额,由中央政府向都道府县政府和市町村政府无条件拨付。

国库支付金:中央政府为实施特定政策,对地方政府进行补贴,包括国库负担金、国库补助金和国库委托金三部分。国库负担金用于支持国家与地方共同承担的公共事业;国库补助金用于地方特定事业奖励;国库负担金用于地方代为执行权力的费用。

　　地方让与税：中央政府为补充地方建设而征收的特定税种，全部返回给地方。

　　财政转移支付制度，是通过国家权力，将国家收入"取之于地方，用之于地方"的模式，通过这样的方式为地方建设提供足够的财政保障，构建地域振兴的基础性财务保障。从某种程度上说，财政转移支付制度是地域振兴的真正基础性保障。

　　上述政策和项目说明日本在国家层面对地域振兴的重视程度。而这些政策与本地政府针对地域特色的措施相结合，能够形成自上而下的协调与配合，并有效推动地域振兴活动在各地的有效开展，从而孕育了众多地域振兴的成功案例。

第四节　与地域振兴相关联的非政府组织

　　非核心地区的地域振兴，作为日本国家级的重要课题，受到日本全社会的重视。在国家层面上，除了与经济、财税、规划和民生直接相关的政府机构，通过政策引导、资金支援和专题活动推动之外，多个政府或非政府主导的全国性社会组织，在地域振兴课题领域，发挥着重要的作用，特别是一些直接参与到经济活动中的组织，其影响力就更加强大。还有一些非专门针对地域振兴建立的机构，因为其在经济活动中的重要作用，使其在地域振兴项目中发挥了极其重要的作用。从影响力角度来说，这些机构虽然不是政府机构，没有政府机构的绝对权力，但是却因为其专业性和长期运营积累下的在经济领域的影响力和在日本经济社会中的独特公信力，成为地域振兴相关项目的关键性支持组织。

　　关于这些非政府组织的背景，可以归类为政府主导的非政府组织和自发形成的非政府组织。政府主导的组织，可以理解成政府职能的延伸，作为政府与社会经济生活的媒介，在经济活动的一线进行直接的推动；自发形成的组织，则存在于行业共识、从业者共识的基础上，以"工会"或"协会"的形态出现，其创建和运营过程具有民间组织的特性，但是由于其长期运营的经验和广泛的影响力,对于政府机构的行政决策能够起到一定的影响。通常,两类组织在经济活动中,扮演着不同类型的角色:一方面,政府主导的组织在跨领域协调方面,能够起到更为有效的作用,特别是在跨境协调方面,拥有先天的优势,也因此可以在更高的层面上进行广域协调;另一方面,自发型组织由于其在行业内的专业度和影响力,能够针对行业发展趋势和运营需求,通过与政府主导型组织合作或与政府机构直接交涉的方式,促成相关行业的发展具有本地识别度、社会影响力和国际知名度。

大多数非政府组织的组织结构,以总部和分支机构的两层体系为主,总部作为组织行动计划于对外应用政策的决策发布机构,对各个分支机构起到引导作用;各个分支机构则针对组织划分的业务范围,根据本地情况进行针对性业务开展。在这些非政府组织中,日本全国农业协同组合(简称 JA)、日本商工会议所(简称日商)、特定非营利活动法人地域活性化支援机构(NPO-RISA)、株式会社地域经济活性化支援机构(REVIC)等,均是由这样的组织形式构成。这样的组织体系设置,更便利地将地域振兴的现实条件、发展目标和产业需求进行收集,并在组织方针基础上形成有效的针对性措施,在促进地域振兴推进方面,有较为有效的推动效果。同时,以一般社团法人日本观光地域活性化机构(J-TLAC)、一般财团法人地域活性机构和一般财团法人地域活性化中心为代表的核心型机构,则在集中性项目研究和支援方向,体现出高效性、资金集中性和支援全面性的特点,针对地域振兴课题下的重点项目,有着很强的支持影响力。

一、日本商工会议所

在日本经济社会中,历史最悠久、影响力最大的组织就是日本商工会议所。该组织根据日本《商工会议法》,最早成立于明治 11 年(1878 年),最初名为"商业会议所联合会",此后于大正 11 年(1922 年)将全国各处的"商业会议所联合会"进行整合,并设立了"日本商工会议所"。截止到平成 28 年(2016年)日本全国已经有 515 个商工会议所在日本各地进行地域内商业活动。"谋求本地区内工商业的综合发展,兼顾增进社会一般福利"是各地商工会议所的活动宗旨。在这个基础上,日本商工会议所形成了具有地域性、综合性、公共性和国际性的组织活动面貌：①地域性，以本地区为基础进行活动；②综合性，会员包括本地各个工商行业领域，涉及多种业态；③公共性，作为公益法人，在组织包容度和活动组织方面具备强大的公共影响力；④国际性，能够与世界各国的商业组织进行联系。

日本商工会议所的特性，使得商工会议所在本地企业的整合中具有足够的优势，本地企业能够在较少负担的基础上，获得更多的商业发展机遇。笔者所在的公司与香川县高松市的商工会议所有过一些往来，在过程中切身体会到商工会议所对本地企业的号召力和影响力。

从业务职能来看，商工会议所具有明确的地域振兴职能，在日商的官方网站醒目的位置上，介绍了日商在地域振兴事业中的工作。包括地域和本地产业发展的信息服务、地域观光促进服务和地域发展战略咨询等业务，均是商工会议所在地域振兴方面的直接工作。此外，在针对本地中小企业发展方面，商工会议所也具有融资中介、技术革新支持、财务服务等职能。这些对本地经济的发展，拥有极大的推动作用。此外，商工会议所还具有组织本地企业进行海内外交流的职能。

可以说日本商工会议所体系，形成了日本各地地域振兴的基层推动力，通过对本地企业的直接作用，对地域振兴起到了直接的推动作用。

二、日本全国农业协同组合

成立至今有60多年的日本全国农业协同组合（JA）是日本影响力最大的行业组织。作为成立于昭和29年（1954年）的全国性农业领域专门工会组织，JA在现在日本农业领域的影响力，已经是数一数二的。作为日本的自发型全国组织，因为其在行业内的影响力和专业性，JA对日本各级政府的农业发展政策已经能够起到一定程度的影响。特别是在农业品牌化和农业"六次产业化"（农产品生产、加工和深度开发结合的产业发展模式）的过程中，JA发挥的作用可谓是极其重要。

经过60多年的发展，JA的业务已经从单纯的农民利益的维护机构，发展成为涵盖农业技术发展、农业产业化、农产品品牌化、针对农业的金融服务、农民保险服务、农业关联人士社会福利和生活保障支持甚至多种类型的产业活动等综合性农业产业中枢性机构。

农业技术指导：作为 JA 的基础性事业，JA 为会员提供免费的农业生产技术培训、农业经营培训和农村生活教育，提升农民的生产技术水平、农场经营水平和生活质量。这是 JA 赖以生存的根本，也是 JA 几乎获得日本农民全员支持的关键。

经营事业：包含"贩卖"和"购买"两部分，"贩卖"指的是通过 JA 将会员生产的产品进行集中售卖；而"购买"则是通过 JA 为会员提供批量的农业生产和农村生活所需的设备和物料，降低会员的购买成本。通过这项业务，JA 为本地农民提供了更多的贩卖收益和更低的生产生活成本，直接为农民生活创造了更多的可支配收入。

信用事业：以 JA 为担保，通过吸收会员的储蓄，向其他会员提供低息专项贷款，同时 JA 通过对会员储蓄金的金融操作，实现资金的增值并为会员支付利息收益。

保险事业：JA 推出针对农业人群的专项保险服务，包含财产、生命、医疗、意外等多个险种，为 JA 的会员提供多种人身和财产的保障，现在已经成为日本最受欢迎的保险。

厚生事业：JA 牵头为会员提供医疗保健服务和医疗培训服务。

养老事业：JA 针对会员开展针对老年人的养老服务，一方面通过 JA 培训能够为老年人生活提供服务的专业人士；另一方面通过 JA 的投资和运营，逐步在农村地区建成针对老年生活的活动中心和服务中心，在丰富老年人群体的生活的同时，提升老年人的健康水平，为农村老人提供全面生活保障。

农村规划和资产管理事业：JA 通过专业人士为农村土地应用、农村建设进行有效的规划，并对农田的休耕和高效生产提供专业支持。

公共设施运营事业：JA 建设和运营了大量本地公共设施，包括磨坊、水闸、自来水供应机构等，在降低农民生产生活成本的基础上实现本地运营的高效化。

加工服务：JA 通过对本地农产品的加工，在品牌化的基础上，形成农业深加工产品，通过提升产品附加值，进行本地产品的品牌化建设和销售，为本地农业发展赚取更多专项资金。

受托经营:JA 在会员委托的前提下,协助会员进行农园和农产品的经营。

农村土地改良:JA 利用自身的专业技术优势,对农村土地和水利设施进行改良,提升土地的农用价值和用水便利性,提升农村土地的生产使用效率。

旅游服务:JA 建立了观光机构,针对本地会员和本地观光资源、农业资源,进行观光业务运营,为会员提供廉价的旅游服务的同时,促进本地农业的"六次产业化"。

上述 12 项业务,已经是 JA 在日本各地开展的全面业务了。通过这些业务的发展,JA 形成了对本地农业发展强大的支持力度,包括生产力提升、品牌化打造、产业化完善甚至经营能力的全面提高等,均是 JA 工作的结果,现在日本著名的水果夕张蜜瓜、白凤蜜桃、佐藤锦樱桃等,均是 JA 打造的地域品牌。随着 JA 网络商城的建立和线上销售和覆盖日本全国的线下物流体系建设,在农业产业化和农产品销售领域,JA 还将发挥更重要的作用,对于本地农业发展的促进和地域振兴事业的提升,均有着极大的推动效果。

三、特定非营利活动法人地域活性化支援机构

具有一定程度政府背景的特定非营利活动法人地域活性化支援机构(NPO-RISA),是针对地域振兴的主体机构,包括区域政府、企业甚至本地居民,提供各种可行性方案的机构。作为策略支持性机构,该组织还为地域振兴主体提供市场调查、消费者研究以及公益活动策划等服务,协助地域振兴的主体将本地打造成富有魅力的活跃地区。

从该组织披露出的信息发现,NPO-RISA 的核心成员大多具有政府任职背景或企业核心决策岗位背景。同时,在组织内成员的筛选上,NPO-RISA 也着重选择具有地域经济发展经验和高等学术背景的人员;目的是在组织内部实现将政府资源和信息、学术理论支持与一线实践经验结合,帮助地方相关机构形成可行的有效政策。

四、株式会社地域经济活性化支援机构

株式会社地域经济活性化支援机构(REVIC)由创建于 2009 年的株式会社企业再生支援机构在 2013 年改组成立。该机构是依据《株式会社地域经济

活性化支援机构法》设立的,其主要作用在于针对拥有有效业务渠道和经营资源,但是因债务负担面临经营困难的中坚型企业或中小型企业进行支持的政府与民间资本结合的经营支援型基金会。现在也针对一些新兴企业或成长型企业提供经营支持。

REVIC针对各地步入衰退期的企业,通过整合管理咨询、经营决策、金融投资、财务管理、基金管理、法律事务、税务筹划、固定资产鉴定、金融管理等专业人士,针对企业衰退期经营改善、业务重建和企业重组进行针对性的策略建议、人才支援、管理辅助和资金支持等服务。同时,针对尚在成长期的企业,REVIC针对其成长期的经营优化和长期稳定经营目标的实现,也提供上述服务。

REVIC的业务重点针对分布于日本众多非核心地区的企业,旨在通过这些区域的企业业务再生或企业重建,以及新兴企业的扶持,促进地域经济的发展,形成与本地实际情况相符的企业发展战略,帮助企业形成平稳的发展状况,进而为当地建立起能够持续经营的企业经营氛围。

作为活跃在地域振兴课题最前端的基金运营机构,REVIC在日本地区"衰退"和"过疏"过程中起到的中流砥柱作用日益显现出来,其业务影响范围包括新潟县、福冈县、茨城县、冲绳县、北海道、熊本县、岐阜县、群马县、福岛县、秋田县、鸟取县等众多地区。通过REVIC的项目工作,相关地区的企业也得到了有效的支持,有些则实现了"复活"。这对于当地经济的发展,促进当地建立良性经济循环有明显的促进作用。在地域振兴获得广泛认知的情况下,REVIC的作用正在更大范围地得到展现。

五、一般社团法人日本观光地域活性化机构及其他机构

一般社团法人日本观光地域活性化机构(J-TLAC)是在日本"观光立国"的国策号召下,于2017年成立的年轻化的地域振兴关联组织。该组织是以提升日本各地的观光交流顾客人数为目标,以各地的媒体机构为核心建立起来的地域振兴针对性机构。该组织的意义在于通过媒体机构的融合,在与地区观光相关的报道、服务质量提升的促进活动以及观光信息杂志制作与发布等3个领域上,实现整合媒体力量实现舆论造势的目标,从而促进以观光业为核心

的地域振兴项目能够有效发展并对当地实现活性化带动效果。

　　一般财团法人地域活性机构和一般财团法人地域活性化中心相比 J-TLAC 则更为全面地致力于地域振兴的地方项目支持、产业研究、地域调查和委托经营等业务上。两个机构均通过与当地机构的深度合作,在综合应用自身资源和关联资源的基础上,为地域振兴的主题提供多种多样的服务。其中一般财团法人地域活性化中心在地域发展的研究方面有更为重大的投入;一般财团法人地域活性机构则更倾向于承接项目委托,利用项目的形式对地域振兴提供有效的支持。

　　上述 3 个机构均在各自擅长的领域发挥自身的作用。在地域振兴项目中,上述 3 个机构与当地政府机构,特别是相关领域管理机构的配合,能够更为有效地推进该领域的发展,协助当地建成完整的产业发展氛围。

　　在日本,与上述非政府组织类似的地域振兴关联机构还有很多,在国家全局层面上的组织和地方性组织均在不同的层面上发挥着其各自实实在在的作用。这些非政府组织与政府机构的合作,以及这些非政府组织自身作用的影响,都在为非核心区域的经济发展塑造良性经营环境、稳定民生环境、广阔国际市场环境和全面支持保障环境。对于非核心地区的经济发展来说,这些经过专业机构优化的发展环境至关重要,随着这些区域企业的逐步发展,当地的经营状况也出现向好的转变。对于大多数非核心地区,这些非政府组织存在具有必要性和关键性,甚至是当地地域振兴的重要因素;这些非政府组织在地域振兴专项课题推动过程中的作用不可被忽视。

第二章 "濑户内海新星"香川县

第一节 香川县的自然与人文环境

随着香川县的高松市与上海市之间的直飞开通,香川县在中国逐渐知名;而随着香川县的知名度越来越高,这里很多的风景,也开始日益吸引更多的游客前来观光(见图2-1)。香川县俨然成为濑户内海沿岸的新星,并且随着地域经济发展水平的提升,越来越具有濑户内海沿岸地区核心区域的潜力。

图 2-1 香川县高松市高松港区域

香川县位于四国岛的东北角,西部与爱媛县接壤,东部和南部与德岛县相接,北边则通过濑户大桥跨越濑户内海与本州岛上中国地区的冈山县连接。香川县是四国岛上唯一可以通过火车运输与本州岛相连的地方,四国岛内的铁道线路起点也为香川县厅所在地高松市,高松市因此被称为"四国的门扉",在濑户内区域享有较高的知名度。

但是,相比其现在的知名度,香川县却是日本不折不扣的小地方,这个"小"不只是相比东京、大阪、北海道这样的地方,知名度相对较小,更是指这里是日本最小的县。根据《2018日本的统计》,截止到平成28年(2016年)10月

1 日,香川县的土地面积只有 1863 平方千米(县厅的官方统计则是 1876.73 平方千米),为日本土地面积最小的县。一度被认为是"小岛"的冲绳县的土地面积则为 2281 平方千米。而上海市的面积是 6340.5 平方千米,约是 3.5 个香川县。

在面积上,香川县是日本土地面积最小的县,但是在其辖区分布上,却并不像想象中的集中,香川县除了管辖四国岛最北部的地区之外,还管辖着濑户内海上的 110 多座小岛,而这些小岛间的交通,基本上都需要通过船运才能实现。此外,香川县在四国岛上的部分,则是沿赞岐山脉的北麓展开,山地面积接近县辖土地面积的一半,从县厅所在地高松市的海港向南开车约 30 分钟,就进入赞岐山脉,而散布在平原中的山地和丘陵,也将原本平坦的赞岐平原分割成小块。

此外,香川县还是日本降水量较少的县之一,在《2018 日本的统计》中,从昭和 56 年(1981 年)到平成 22 年(2010 年)香川县的年均降水量为 1082 毫米,仅次于长野县,为全日本 47 个都道府县的倒数第二名。与之相对的,在香川县内会建设一些蓄水池以保障在降水较少的时间里,居民和社会事业所需的水力供应。

香川县并没有非常明显的优越的地理环境。从平原面积、县内区域间交通等角度来说,虽然高松市被称为"四国的门扉",但县内的交通受山地影响严重,区域间公路和铁路的道路建设的宽度和可以接受的最高速度均受到影响。此外,香川县虽然面积小、山地多,但是人口密度却是四国地区 4 个县中最大的[根据《2018 日本的统计》,平成 27 年(2015 年)香川县的人口密度为每平方千米 520.2 人,是爱媛县的 2 倍、德岛县的 3.5 倍、高知县的 5 倍]。香川县的人口集中度相对较高,县内的主要沿海地区均为重要的工商业地区和居住区,这对于多地质灾害的日本来说,地震和海啸的影响相对较大,特别是沿海地区作为居民区的情况下,类似东日本大地震造成的海啸可能会对这些区域造成极大的损害。

一、自然地理优势

海岸线绵长,拥有内海中的多座岛屿。根据香川县厅的统计,香川县的海岸线长度有 724 千米,同时在拥有瀬户内海中多座岛屿的前提下,丰富的内海渔业资源是香川县产业发展的基础性优势资源——众所周知,瀬户内海是重要的鲷鱼、章鱼、鲍鱼、沙丁鱼等近海水产产地。香川县绵长的海岸线和众多的港湾让其拥有了良好的渔业生产基础和宽阔的渔船停泊空间,这是对本地第一产业极大的补充。

平原比例大,拥有足量的耕地资源。虽然香川县面积在日本是最小的,但是香川县的耕地资源却占到全县总耕地面积的 16.4%(《2018 日本的统计》),这样的耕地占比在日本 47 个都道府县排名第九,这就构成了香川县种植粮食作物的基础,也保证了香川县的粮食供应。这些为香川县的经济基础提供了可靠的保障,也是本县发展与种植业相关的加工工业的原料基础保障。

海岛众多,特色各异。香川县占据了瀬户内海中 110 多个大小岛屿,虽然这些岛屿分布开阔,交通不便,且管理难度大,但不同岛屿均有其独特的风景和历史文化,成为天然的旅游资源;其中较大的岛屿是瀬户内海的第二大岛小豆岛,这个岛上的日本国内知名观光地就包括日本"三大溪谷美"之一的寒霞溪、日本"恋人圣地百选"的天使之路等。不同的海岛,提供了不同的观光资源,为香川县发展观光旅游事业奠定了基础。

山脉绵延,温泉多样。与日本众多地区一样,香川县也是拥有温泉的地区,但是与其他地区不同的是,香川县的山和海的距离很近,因为地质原因,形成了多种不同的温泉类型,包括碳酸盐泉、多种矿物质盐泉、碳酸氢盐泉等。因为温泉众多且被发现时间较早,香川县也因此产生了一些"国民疗养地",比如高松市南边赞岐山脉边缘的盐江温泉乡。

二、人文环境优势

上述自然地理优势,为香川县奠定了良好的经济基础,特别是本地降水量少的气候特点尤其适合小麦的生长,因此香川县本地的著名美食就是乌冬面。香川县本地的"赞岐乌冬"与群马县的"水泽乌冬"、秋田县的"稻庭乌冬"并称日本"三大乌冬"。同时由于乌冬的起源与日本历史上著名的出身于香川县的弘法大师有关,香川县也就成为乌冬面的发源地。而关于乌冬面的起源,传说是弘法大师东渡唐朝学习佛法的时候在中国见到了面条的做法,便带回香川教给本地人制作。想必,这个传说也是因为香川县的耕地较多,降水较少,比较适宜种植小麦而兴起的。

关于这个传说,还能够说明的一点就是香川县在古代就和中国有某种因缘。除了弘法大师之外,唐朝的著名和尚鉴真法师东渡日本也是在香川县高松市的屋岛落脚的,鉴真和尚在屋岛寺停留之后再继续行程最终抵达平安京奈良。另外,力主与中国建交的曾任日本首相大平正芳也是香川县人。可以说从人文地理的角度,香川县也与中国有着不解之缘。现在,香川县与陕西省结为友好省份,高松市与江西省南昌市结为友好城市的因缘还在持续着。

除此之外,香川县最著名的、用了400多年时间逐渐修建而成的栗林公园,也受到中国文化的影响。一方面,园林的模式采用的是与苏州拙政园类似的环游式园林模式;另一方面,园林内的造景多取自中国古代历史典故或唐诗,如赤壁、飞来峰、堰月桥等,园林内著名的掬月亭的名称则来自唐朝诗人于良史的《春山夜月》中“掬水月在手,弄花香满衣”一句。栗林公园将中国文化与日式园林结合在一起,已经成为日本最有代表性的园林,其名声甚至超过日本“三大庭院”的兼六园、后乐园和偕乐园。

当然,能够用400多年时间打磨一个园林,也足见在古代日本本地统治者的权势。香川县历史悠久,在江户时期,这里的高松藩与水户藩并列,是德川家康直系后代统治的地区。而再往前的历史则贯穿了古代日本历史的重大事件,如崇德天皇的流放、源平战争和平安时代的终结、丰臣秀吉取得四国统治权的引田合战,等等。在香川县也流传着关于日本历史的众多神话故事,如景行天皇与白鸟神社的传说、屋岛太三郎狸猫大将军的传说、象头山金毗罗神的神话等。其中金毗罗神的神话故事已经演变成日本的神道信仰,香川县的金刀比罗宫也就成了日本200多座金刀比罗神社的总宫,600多年来一直香火不断。

可以说,与自然地理的优势相关的,就是香川县拥有自己传承至今的独特历史文化,并且在日本的历史文化上具有独特的影响力。相比15世纪才建城的东京,香川县拥有的历史印记要多出很多,这成为香川县在今天能够以观光业立地的原因之一。

从“地域振兴”的角度来说,香川县的成功,也是由“观光”而起,但这个的前提则是对本地自然地理特点和人文地理特点的全盘掌握和深度发掘。通过对自然和人文地理信息的掌握,分析适合本地特点的产业路线和发展路线,依托并最大化本地可用的资源,建立相应的战略和落地路径,是"地域振兴"过程中发挥基石作用的关键。地区政府需要在全盘掌握的基础上,综合多种信息才能制定相应的政策,并保证政策的实施。从这个角度来看,香川县政府无疑是称职和成功的。

第二节 香川县的产业状况及发展预期

从经济产业角度来说,作为"新星",香川县的经济发展具备其独特的成果,并且在四国地区中,具有足够的领先意义。虽然根据《2018 日本的统计》来看,香川县的 GDP 总额在平成 26 年(2014 年)落后于爱媛县,位居四国地区四个县的第二名,放眼中四国地区(日本的中国地区和四国地区),则位于区域九个县的第五名;但是其人均 GDP 却位列四国地区的第一名。

根据香川县政府在平成 30 年(2018 年)发布的经济数字,在过去的 11 年中,从平成 19 年(2007 年)到平成 29 年(2017 年),香川县的县收入总额(县税、地方交付税、国库支出金、县债和其他收入累计)基本处于连续上涨状态,县收入的增长也反映了县内经济的发展。根据经济产业省在平成 25 年(2013年)对日本各个都道府县的经济形势分析,又根据平成 24 年(2012 年)的数据,香川县的部分产业在日本国内也有一定的优势。从产业特化系数(产业特化系数＝地域附加值构成比/全国附加值构成比,特化系数大于 1,代表其具有全国范围的竞争力和优势)来看,香川县的渔业(1.5)、农林种植产业(1.2)、电气和燃气供给产业(2.5)、复合型服务业(1.4)等均有超过 1 的特化系数;而从工业分布上看,非铁金属制造业(4.4)、皮革制品(4.1)、石油和煤炭制品(3.3)等行业具有明显全国优势地位,而木材加工业(1.9)、纺织工业(1.7)、纸类加工业(1.6)、印刷及相关产业(1.2)、食品制造业(1.4)和金属制品制造业(1.5)也具有一定的优势地位(杨倩倩,2018)。

一、农林种植业和渔业

香川县的农业品牌化在日本的农业品牌化发展过程中,逐渐发展,并且拥有了一系列具有本地特色的产品。其中最为出名的就是小豆岛的橄榄种植业,以及利用橄榄种植衍生出来的畜产业、渔业和食品加工业。在四国地区,小豆岛的橄榄可以说是与爱媛伊予蜜柑、德岛鸣门金时红薯齐名的著名农产品。而作为日本最早开始(1908年)种植橄榄树和种植橄榄收获最多的区域,香川县的橄榄种植已经从小豆岛逐步延伸到高松市、坂出市、三丰市等香川县主要沿海区域。橄榄树也随着香川县橄榄种植业的出名,成为香川县的县树,甚至香川县的县徽也是橄榄树叶的形状。

除了橄榄种植业之外,香川县的水果种植业也颇有名望,在日本全国享有盛名的包括:小原红早生蜜柑、赞岐姬草莓、香绿猕猴桃、赞岐黄金猕猴桃、香粹猕猴桃、赞岐奇异果、赞岐甜蜜天使等7种,均是香川县的本地原生品种。其中小原红早生蜜柑更是被评为日本全国种植的100多种蜜柑中果皮颜色最红的蜜柑,被称为"日本最红的蜜柑",它还有一个别名叫"金时蜜柑"。

此外,作为日本气候最适合种植小麦的地区,香川县有16种著名小麦品种在种植(见图2-2),而随着本地原生小麦品种"赞岐之梦"的人气逐渐增加,香川县的小麦种植面积也在逐渐提升。这个品种的小麦作为日本现在最适合制作面类食品的原料,在日本国内的需求也在逐步增大。同时,香川县的稻米种植业品质也在逐步提升,本地原生品牌稻米也在孕育中。

图 2-2 香川县南部满浓町的农田

与农林种植业相似,香川县的渔业和水产业在日本国内也是具有一定优势的产业。甚至渔业和水产业的优势地位,比农林种植业还要明显。这一方面是因为香川县有绵长的海岸线和濑户内海内的大小岛屿,具备了濑户内海渔业的天然水域优势;另一方面,则是因为本地的一些特色渔业生产方式的推进,使得本地拥有了具有全国影响力的渔业和水产业产品。

首先是作为香川县县鱼的鰤鱼养殖,该产业在香川县已经有90多年的历史,甚至香川县开发出了与橄榄种植相关联的橄榄鰤鱼养殖。"橄榄鰤鱼"也成为本地著名的鰤鱼品牌产品,在濑户内地区甚至日本全国均有一定的影响力。

其次是海苔,香川县的海苔生产位列日本全国47个都道府县的第五名,占日本全国总产量的8%,在香川县的渔业和水产业中,是除了鰤鱼养殖之外的第二大支柱产品。在香川县内,与海苔产品相关的食品加工企业也有很多。佃煮海苔作为本地饮食文化的重要组成部分,是香川县一些区域的重要佐餐美食。

除了上述两大支柱产品之外,章鱼、牡蛎、鲷鱼、蛤蜊、梭子蟹等,也是本地重要的渔业水产业产品,有些产品在区域内甚至享有盛名,在本地饮食文化中也较受欢迎。

二、工业和制造业

在工业和制造业领域,香川县是具有技术优势和传统技艺积淀的区域。从历史上看,传统工艺型制造业在香川县有悠久的历史,典型的包括香川漆器制造、丸龟团扇制造、传统食品加工等。同时,香川县的制造业在"产学官"联携的体制下,拥有一定程度的技术优势。根据香川县政府在平成30年(2018年)发布的《香川县产业成长战略》,香川县的精细设备制造技术、超精加工技术、材料技术、碳材料相关技术、计量技术、机电一体化技术、微型产品加工技术等,在大学、专门学校、国家级研究机构和县产业技术中心等机构的研究和应用测试协助下,拥有了较为深厚的技术积淀。同时,一些日本国内的一线企业也在本地开展生产,这些企业为香川县奠定了建设机械、造船、汽车配件、电机和电器制造的基础。在多种技术的推动下,香川县的工业制造业有较为完整的门类和技术水平。

一方面,从传统技艺传承的角度上,以漆器为代表的木材加工产业,早在江户时期前期就是本地著名的手工业产品,时至今日已成为本地有代表性的手工业产品之一;在传统技术传承的基础上,本地的专业学校又对其技艺进行了改进和优化,现在的香川漆器产业已经是本地木材加工产业中具有国际品牌影响力的产品了。

另一方面,香川县现代工业的基础和技术取得了较大的成就。本地的一些企业已经具有一定的技术优势,比如成立于昭和 22 年(1947 年)的大仓工业株式会社,在薄膜制造领域是世界级的著名企业,其在传统的薄膜应用领域和新型薄膜材料领域均处于世界领先地位,并且在日本之外已经开设了生产工厂,形成了集团化运营的工业企业集团。除此之外,以透皮吸收技术闻名的制药企业帝国制药株式会社在医药用材料技术领域和专用医药技术领域也在世界上享有盛誉。该企业生产的基于透皮技术的消炎镇痛膏药、带状疱疹后神经痛治疗贴剂等,不仅在日本,而且在美国也颇为流行。此外,该公司为大正制药株式会社生产的大正口炎贴,在中国也是很受欢迎的产品。

经济产业省的县域经济调查得出的香川县的优势产业领域,即是由上述两个方面的优势演化而成的。此外,还需要专门提到的一个行业是食品加工行业,在食品加工行业普遍较为发达的日本,香川县的该产业的优势取决于县内的一些独特的自然和人文地理特点,以及与之相应的政策支持。

从自然地理角度来说,香川县拥有绵长的海岸线和濑户内海中的岛屿,水产丰富,这为香川县的水产关联产业提供了足够的原料。以此为基础,香川县独特的"伊吹煮干"应运而生,这不但是本地乌冬面汤的重要原料,也是享誉日本全国的下酒小菜。此外,由于香川县相对干燥少雨的环境,这里也是日本全国橄榄产量最高的地区,因此以橄榄为原料的橄榄油、特色橄榄冰淇淋等产品也相应地得到了充分发展。

从人文地理角度来说,香川县有作为乌冬面原产地的餐饮文化特色,也因此在小麦产品加工方面具备相应的优势,并且以乌冬面制造为核心,衍生出了与乌冬面餐饮相关的食品制造产业,如速食乌冬制造、速冻乌冬生产、各类乌冬相关调料生产等。除此之外,香川县的白味噌制造在日本产量领先,酱油产量排名日本第五,冷冻食品产量更是位居日本第一位,这些都与本地饮食文化、人文风土等有一定联系。

而从政策引导角度来看,香川县特色的稀少糖则是"产学官"联合体制的硕果,该糖以其抑制餐后血糖上涨效果而闻名,是香川大学、香川县政府和本地企业联合创造的健康食品,也是香川县在食品制造领域中最大的成绩所在。并且随着稀少糖的成功,香川县的健康食品生产也逐渐兴盛起来。

从政策导向上看,平成 30 年(2018 年)香川县的 5 年战略规划,也将食品制造业作为县内的第一重点发展的"引擎",在之后 5 年内,也将在这个领域上持续发力,特别是稀少糖、橄榄及相关产业、发酵食品领域等。

总体来说,香川县的制造业是传统工艺与现代科技结合的,具有门类齐全、技术领先的特点,同时在政策支持下始终处在快速发展的过程中。

三、复合型服务业

复合型服务业是一种综合多种服务领域的服务业,在"日本标准产业分类"中,复合型服务业被定义为"包括信用事业、保险事业以及带有福利性质的产业共济事业等,多种服务于一体的综合性服务机构",在日本一般将邮政局和各类协同组织定义为此类行业。此类行业在香川县内的兴盛,可以归结为县内"产学官"体系的有效运行,在本地农业协同组织的工作中可以得到一定的证明。

一方面,本地的农业协同组织通过对区域农产品的整合和品牌打造,实现对本地农产品品牌化的规划建设并进行对外甚至跨国销售,在此基础上 JA 对相关区域的农业生产技术、农药化肥相关技术、农用机械和农用设备等进行保障等,提升区域相关农业生产能力;另一方面,JA 通过针对农业劳动群体的多种复合型服务提供如银行、旅游、生活支援等服务,提升从事农业生产群体的生活质量,降低产业生产的难度,帮助相关人员的生活质量和生产能力获得提升。

据了解,在香川县,本地 JA 在产品品牌化方面有较大的作用,包括小原红早生蜜柑、赞岐姬草莓等一系列本地知名水果品牌的生产和推广,均有 JA 的作用。香川县的橄榄种植和相关产业的推广,也离不开 JA 通过其产业规划和联结的能力所起到的相关推进作用。在 JA 的支持下,该产业逐渐发展成为在日本全国具有影响力的本地特色农业种植业产业。

此外,JA 长期组织本地农业从业者进行观光、交流等活动,通过 JA 与本地旅游服务机构进行联络,为 JA 服务的农业从业者提供县内外的观光交流项目。

复合型服务业在区域经济中具有一定的推动效果,在区域经济中,复合型服务业作为参与者,是区域经济产值的重要创造者。而复合型服务业,通过其对于各项产业的支持和各项服务的连接,能够在资金运作、多种服务提供、技术服务和生产力提升等方面,促进其他产业的快速发展。复合型服务业对本地多种行业的远期发展具有较大的帮助,甚至可以说复合型服务行业在区域经济中能够起到"润滑剂"和"助推器"的作用。

在香川县,比较有影响力的复合型服务业机构除了本地农业协同组织和邮政局之外,还有为了商店街的店铺生意而努力的狮子街商店街振兴组合、高松信用金库、香川县团扇商工业协同组合、高松市东部渔业协会等。这些机构均在不同的领域,通过机构可执行的服务组合,针对所影响区域的专业产业领域进行着有效的推动。

复合型服务业的领先对香川县的整体经济和产业的发展有潜在的推动效果。

四、逐渐兴旺的观光产业

在 2013 年经济产业省的县域经济分析中,香川县的生活相关娱乐和服务业的产业特化系数为 1,与日本全国平均水平基本持平。但是,随着高松机场的国际航线陆续开通,濑户内国际艺术节的影响力逐渐扩大,以及香川县利用的多种观光宣传手段,香川县的观光产业正在逐步兴旺起来。

根据高松机场发布的统计信息,每年抵达高松市的跨国旅客数量持续上涨,具体跨境旅客的增长情况如表 2-1。

表 2-1　高松机场跨境旅客数量变动情况　　　　　　　　　　　　　　　　单位:人

起点	平成 29 年(2017 年)	平成 26 年(2014 年)	平成 24 年(2012 年)
中国上海	75890	43230	37614
中国台北	73807	46755	13678
中国香港	62148		
韩国首尔	65701	34734	28813

数据来源:高松空港ビル株式会社年度报告。

　　由表 2-1 可见,相比经济产业省进行县域经济分析前的 2012 年,2017 年香川县的海外抵达人数有了很明显的增长,无论起点是中国还是韩国,抵达香川的跨境游客数量都有了极速的增长。也正是这样的数字,可以推断出香川县的观光行业正处在增长时期。

　　除了像琴平花坛(见图 2-3)这类针对海外游客进行服务质量提升的本地著名旅馆外,2018 年高松市内新开业了两家著名的连锁酒店,一家是 Dommy Inn 温泉,一家是 Route Inn 屋岛;同时,高松市内的民宿产业也呈现出快速增长的情况,一大批特色民宿在以高松市商店街为中心的区域逐步建立。旅馆行业的进步有效提升了香川县观光行业的发展。

图 2-3　香川县代表性旅馆:有 400 多年历史的琴平花坛

　　此外,濑户内国际艺术节对香川县观光业的推广有极大的促进效果。借濑户内国际艺术节营造的香川县的艺术氛围,香川县也正式打出了"艺术之县"的旗号,以濑户内国际艺术节的展品为中心,结合高松市、丸龟市等主要区域的著名艺术作品和艺术展览馆,在整个县域内构成了完整的艺术产业链。

安藤忠雄、草间弥生、久保田沙耶等艺术家均在香川县留下了其创作的印记。除此之外,每年夏天的香川音乐节也是本地艺术之旅的重要项目。这些共同为香川县打造了以"艺术"为核心的观光主题,在日本也是独特的存在。

作为与生活相关的服务业之一的旅游观光产业,对餐饮业、酒店业、巴士和出租车等行业也有带动作用。香川县在旅游观光产业的带动下,各类行业均有了较快发展,相关经济专业人士也有过观光产业带动香川经济发展的论述。

总体来说,香川县的产业结构比较合理,服务业比较完善,经济发展的长期持续发展机制基本完成了构建。但是受到高龄化、少子化的影响,香川县的经济发展遇到了一些由人口问题带来的发展速度问题。基于这类问题,香川县也从政策上进行人才引进和人才吸引政策的优化,现在香川县的人口问题相对四国地区其他地区,已经是最为乐观的情况。而随着高松市的发展和人口政策优化、劳动力对策的进一步完善,香川县的人口问题存在向乐观方向继续发展的可能性,届时产业发展的速度将获得提升,香川县的"新星"地位将进一步明确并且更加闪亮。

第三节 香川县的民生状况

从产业发展的角度来说,其基础在于民生,民生基础能够吸引新劳动力、技术人员等,从就业人群角度提升产业进步的效率;同时民生体系本身也是产业体系的一部分,民生事业的提升和发展,也能够带动区域产业整体提升,从而从基础实现"地域振兴"。而评估民生的标准,通常会参考的要素包括教育资源、医疗和福利设施、文化氛围、城市便利程度、商业氛围、家庭收入和就业情况等。从县政府的统计调查课发布的《从 100 项指标中看香川》系列中,能够发现其中的一些信息,特别是此类数据在与日本全国信息比较的时候,能够发现香川县在部分民生领域中,在日本全国 47 个都道府县中,尚存相当明显的优势。

根据平成 30 年(2018 年)4 月 2 日发布的《从 100 项指标中看香川》,可以发现香川县在日本全国具有明显优势地位的指标(见表 2-2)。

表 2-2 香川县民生指标

分类	项目	数值	全国排名
福利和医疗	区域内育儿支持机构数量(每 1000 名婴幼儿为单位)	2.39 所	5
	老年护理设施普及率(每 1000 名老人为单位)	12.4 人	13
	医师数量(每 10 万人平均)	289.4 人	12
	护士数量(每 10 万人平均)	1557.5 人	13
	急救医院数量(每 10 万人平均)	4.9 所	6
	医院数量(每 10 万人平均)	9.3 所	13
劳动	有效招聘倍率(月度有效招聘数/月度有效求职数)	1.65	8
生活和起居	存款数额(以家庭为单位)	16403 千日元	3
	平均居住面积(人均叠①数)	15.29 枚	9
生活环境	大型零售店数量(每 10 万人平均)	60 家	5
	城市内人均公园面积	18.92 平方米	6
	饮食店数量(每 1000 人平均)	4.34 家	10
	道路密度(每 1km² 中道路长度)	1030 米	4
安全	救护车到急救医院的时间	34.7 分钟	11
	自然灾害受灾损失额度	566 百万日元	10
	自主防灾组织活动覆盖率	94.5%	8
文化	图书馆借出书籍数量(每 100 人平均)	642 点	4
	平均书刊购买消费额	12300 日元	2

数据来源:香川县政府发布的《从 100 项指标中看香川》。

通过表 2-2 可见,在福利和医疗设施领域、劳动就业领域、生活和起居领域、生活环境领域、区域安全领域、文化教育领域等六大领域中,香川县均拥有在 47 个都道府县内比较领先的指标,这无疑反映了香川县在民生方面的优势地位。在全部 100 项指标中,与民生相关的指标大约有 77 个,香川县能够排名在日本全国前 15 位的指标有 25 个,占接近 1/3,足见香川县的"宜居"特性。香川县的口号是"成长""信赖·安心""笑颜",从上述指标体现出来的信息判

---

① 日本的一种生活用具,即榻榻米。也拿来计算房屋面积,一叠相当于 1.62 平方米。

断,香川县基本上已经实现了其发展目标。

一、香川县民生体系特点

香川县的民生体系拥有下列六大特点,并通过这六大特点,搭建起来了成本合理的"宜居"的体系。

一是都市的便利性与自然环境的良性结合,形成优质生活圈。从香川的生活环境指标可见,香川县拥有较为便利的购物环境、餐饮环境,高松市的商店街甚至是日本全国最长的带顶棚商店街。而香川县的地理位置恰好位于濑户内海国立公园的中间部位,三面环海的同时,拥有海岛资源和山地资源,主要居住区域均在山海之间,实现了亲近自然的生活环境构成。两者的有机结合,形成了便利和亲近自然的生活圈,相比众多传统意义上的平原城市,具有更丰富的生活内容的可能性。

二是居住面积较大,自然灾害较少,便于构建安心的生活状态。香川县的人均居住面积在47个都道府县中排名第九,而在持有房产的指标上,香川县也以70.5%的高比例排名日本全国前列(东京都该比例仅为47.7%)。相对应的,香川县的自然灾害较少,受地质灾害、海啸、洪水等问题影响均较小。2018年在西日本水灾,四国地区大面积受灾的情况下,香川县的大面积地区仍然可以保证正常的生活起居,足见香川县的自然灾害影响程度较低,相对应的,县内该指标的排名也在日本国内排名较高。高居住面积和低灾害损失环境,是构建安心居住的基础,也是香川县吸引人才迁移进县居住的要因之一,特别是在多灾的日本,这样的条件更加显得弥足珍贵。

三是朝向濑户内海的地理环境,丰富的艺术人文资源等,对儿童教育有极大的帮助。一方面是海洋资源带来的自然知识,另一方面是以濑户内国际艺术节为代表的艺术资源和以源平战争为代表的历史故事及传说等。这些自然和人文的资源,构筑了本地儿童教育的基础性资源条件,对于儿童的综合教育也有很大的帮助。此外,受艺术和历史文化的影响,香川县的教育和文化氛围较好,图书出借率和购买书籍的消费支出均在日本全国处于明显领先地位。香川县也有被称为"教育县"的说法。以"创造梦想挑战者"为理念的本地教育体系构建了将家庭、学校、地域社会紧密联结的教育模式,让儿童在拥有梦想的同时,获得较好的学习能力、充实的内心、健康的体魄。这个理念的成长,也有赖于本地丰富的自然和人文环境。

四是本地农业渔业物产丰富,食材便宜且新鲜美味。香川县拥有的海岸线和海岛,为香川县提供了丰富的渔业水产业资源,濑户内海的鱼贝类、海苔和海带生产均在日本国内享有名望。此外,香川县的耕地面积占比以 16.4% 排名日本第九位,大量的宜耕种土地为本地带来了丰富的农产品,除了本地原生品牌之外,蔬菜和水果的产量也很大,而南部赞岐山脉中的山珍也有一定数量的出产。这些不但构成了本地丰富的食材体系,更进一步在竞争中降低了本地食材的贩卖价格,在日常生活成本方面,为本地居民节省了一些开支。也因此香川的家庭存款额度较高,排在了日本的第三名。

五是医疗和福利设施充足,拥有较高的有效招聘倍率,提供生活和就业保障。香川县的人均医师数量、人均护士数量、急救机构、育儿支持机构和养老护理机构均在日本 47 个都道府县中排名前列,相应的,在香川县内的生活得到公共机构支持的概率也会更高。特别是医疗体系,除了资源分配的合理化,香川县还拥有日本首个覆盖整个县域的医疗信息网络——香川远隔医疗信息网(K-Mix),通过医疗资源合理的分配和信息技术的使用,进一步提升了香川县的医疗资源应用满意度。同时,香川县的有效招聘倍率较高,在日本全国排名第八,说明了本地拥有一定数量的工作机会,在香川县居住生活能够获得工作的概率较高。

六是交通便利,区域内和区域间移动比较容易。香川的路上交通十分方便,可以通过濑户大桥与本州岛相连,通过高速公路系统与大阪、京都、神户等城市的交通时间不长,而联结全国广域高速公路系统的本地公路,也能够便利地连通九州岛、北海道、东北地区等日本广域地区。在这些交通设施的基础上,大量的长途巴士服务在本地十分活跃,本地的大川巴士、琴平巴士等公司都提供长途巴士服务。此外,四国岛与本州岛的唯一铁路联结处也是香川县的濑户大桥,因此在香川县通过日本铁道(JR)的服务也可以抵达日本各处,香川县是四国地区 4 个县中唯一可以直接通向日本各处的区域。同时,高松机场开通了到中国上海、中国香港、中国台北以及韩国首尔的跨境航班,还有由日本航空和全日空航空运营的高松到东京和冲绳的航路,是四国地区甚至整个濑户内地区最重要的机场之一,通过低成本航空(LCC)的广泛运用,为商旅提供了便捷廉价的出入境和境内移动方式。近几年,高松机场的抵达旅客数量始终在增长,通过高松机场换乘到四国地区各县,也是大多数跨境商旅人士的首选。

综观这六大特色,香川县的整体物价和房价相对日本平均水平也比较低。根据香川县政府发布的数字,香川县的住房相关成本远低于大阪和东京(见表2-3)。

表 2-3　香川县住房成本与核心地区对比　　　　　　　　　单位:日元

住房成本	香川县	东京都	大阪府	日本平均
2015 年住房租金(3.3 平方米/月)	4144	8631	5847	—
2014 年每平方米住房建筑成本	166400	226700	179900	182900

数据来源:香川县政府。

而从平均消费价格来看,消费者物价地域差指数上,香川县的物价也低于日本平均水平,更远低于东京和大阪等大城市,根据 2018 年发布的《从 100 项指标中看香川》可见其数据(见表 2-4)。

表 2-4　消费者物价地域差指数对比　　　　　　　　　单位:%

地域	香川县	东京都	大阪府	日本全国
消费者物价地域差指数	98.5	104.4	100	100

数据来源:香川县政府。

通过这些民生领域的优势和物价、住房成本上的价格优势,香川县已经形成了对其他区域居民的吸引力,特别是随着艺术文化等人文因素的影响力逐步增大以及香川县对于技术人才的需求和移入人员的生活支持力度逐步扩大,香川县已经开始呈现出了人口问题的弱化趋势。根据《2018 日本的统计》,从平成 22 年(2010 年)到平成 27 年(2015 年),香川县的人口下降率仅为 2%,为四国地区最少。根据平成 31 年(2019 年)2 月 1 日县政府发布的人口统计,前一个月内因搬家导致的人口数量变动指标上,香川县因该变动增加了人口 21 人,而该指标在 2018 年全年累计数据中也显示了人口数量因为日本国内区域间迁移产生了增长的情况。民生基础已经逐渐开始影响到困扰日本国内各非核心区域的问题——人口问题的解决进展,甚至为香川县开辟了一条解决问题的有效路径。

二、香川县的民生领域创举

在民生领域,香川县最大的创举即为日本首个覆盖整个县域的医疗信息网络——香川远隔医疗信息网(K-Mix)。根据香川县政府披露的信息,该网络最早于平成 25 年(2003 年)已经开始应用,从平成 25 年(2013 年)开始,参与 K-Mix 的县内核心医疗机构已经开始使用 K-Mix 共享患者的电子病历、影像资料等,构筑起了县内的医疗信息网络,用于医疗服务体系中,提升了病患的诊疗效率和效果。

随着 K-Mix 的应用范围的扩大,县外的医疗机构也开始逐步加入 K-Mix 中,形成了跨越县域的广域医疗信息系统,进一步提升了县民的医疗保障。而随着泰国的清迈大学医学部和香川本地国立大学香川大学医学部的加入,K-Mix 进一步在跨县域的医疗信息体系基础上开始构建跨国医疗信息服务体系。

到现在为止,香川县内的医疗服务机构、养老护理机构,大学相关的研究机构、试验研究机构以及县内领域内相关企业大量加入到 K-Mix 项目中,并通过多种机构的协力逐步向家庭医疗服务推进。该方向也在平成 30 年(2018年)发布的香川县产业发展战略中,被作为未来 5 年香川县健康领域的重点项目,将得到"产学官"一体化体系的强力支持。

三、"安全、安心"的灾害预防

随着 2011 年 3·11 东北大地震之后,日本社会始终在警惕未来 30 年之内可能在南部海沟发生的南部海沟大地震问题。根据预测,该地震可能影响的区域包括整个日本领土朝向太平洋的区域和整个濑户内地区,而震中则有可能位于四国岛的高知县南部或者本州岛的静冈县南部。因此,提前做好应对大型地震的准备,也是构建"安全、安心"民生体系的重要手段。香川县政府针对这一情况,分别在平成 27 年(2015 年)3 月和平成 30 年(2018 年)3 月提出了《香川县南部海沟地震海啸对策行动计划》。

该计划的目标是划分明确面对南部海沟大地震和地震引发的海啸时,政府、企业和民众各自的任务和行动目标,在以"人的损失接近为 0"的目标指引下,构建具体的对策,并保障对策的切实施行。

该计划的内容包括县民防灾意识提升、防灾带头人的培养、县内多层次防灾计划的建立、建筑物的抗震能力提升等内容,并且将根据地震预测,每 3 年进行一次修订。同时,多层次计划的内容再分为备灾计划、灾后直接对策和快速复兴计划等;每年会根据计划执行情况,通过完整的 PDCA 循环管理逻辑审视计划的落实情况,保障计划落地和计划进度。

通过防灾计划的提出和落实,香川县将逐步实现以县民和企业为主体的"自助"行动计划体系、以区域和自主防灾组织为主体的"共助"行动计划体系和以县市町各级政府为主体的"公助"行动计划体系,同时"自助""共助"和"公助"三个行动计划体系将互相结合,形成全面的地域地质灾害和衍生灾害的行动纲领。

整个计划分为 117 个行动项目,分别涉及县民、自主防灾组织、县市町政府机构和企业甚至学校,在"产学官民"结合的前提下,构建了完整的应对未来可预期的大地震的行动计划。对于县内居民来说,这样的方式无疑会增强县内的民生的安定程度,辅助香川县建设成为真正"成长""信赖·安心""笑颜"的濑户内新都市。

四、多种主题的移住推广活动

一方面,移住推广活动,需要建立足够有效的宣传阵地。香川县政府在其官方网站的"移住情报"栏目中,对此处下了非常大的功夫:包括邀请本地风土漫画的作家筱丸和在其作品《乌冬之国的金色毛球》的基础上创造了本地移住宣传漫画《容易生活的香川县》,在县政府官方网站上展示介绍香川县的各项措施和县情情报等内容;县政府官方网站上的"移住情报"模块中,还包含工作介绍和住房租赁信息等内容,利用网站的力量吸引移住居民。

另一方面,移住推广活动也包含了在东京、大阪等大城市进行的线下交流会。2019 年 3 月 9 日分别在东京和大阪开展 2019 年的交流会。而 3 月 10 日又将以濑户内国际艺术节为主题,在东京进行新一轮的艺术与生活为主题的移住宣传活动。此外在 3 月 13 日,还将举行香川县观音寺市的移住推介活动。这些活动通过各种主题,在东京和大阪分别为参与的居民进行了本地风土和文化的普及,推动着核心区域人群向香川县的移动。

在此基础上,县政府网站的"移住情报"模块中,还会有关于本地租房、就职活动、医疗信息等服务内容,通过一体化的信息网站,最大限度地将本地对人才需求的诚意和迫切性表达给登录网站阅览的民众,也将有效促进核心区域的居民向香川县移居。

在坚实的先决条件的前提下,香川县通过自身对于民生领域的理解,通过政府牵头、企业跟进的模式,逐步建立了完整的民生保障体系,配合县内不同市町对于移住居民在住房、生产和育儿以及就业等方面的支持,在一定程度上已经形成了对外的吸引力。随着这样的影响力的提升,移居人口增多,将进一步促进香川县的地域振兴。

第四节 香川县的文化

相对于东京的多彩与现代化,以香川为代表的更多的日本非核心区域,在传统文化方面有着独特的传承。这些传统文化对于本地的产业和民生均产生着深刻的影响。但是与众多传统文化色彩更为明显的中四国区域其他县,如德岛县、鸟取县、冈山县等不同,香川县在濑户内国际艺术节的影响下,明显呈现出了文化的多元化倾向,现代艺术已经进入香川县的现在文化中,并成为本地文化外显性的重要内容,甚至逐渐衍生成为本地重要的新兴产业。

从传统文化的角度来说,香川县作为日本传统的渔业和农业区域,保留着大量与渔业和农业传统相关的文化事项,如乌冬面的制作技艺、伊吹岛的煮干制造技艺、东谷农村歌舞伎以及从本地林木种植产业衍生而成的盆栽艺术等。同时,香川县是日本历史文化传承悠久的区域,从传说中的景行天皇时代(公元前 13 年)开始就已经有了关于"赞岐之地"的记录,在历史文化传承的过程中,在香川县形成了许多传说故事,如景行天皇之子化作白鸟落于赞岐之地的传说,崇德天皇被流放到赞岐化为天狗的故事,以及反抗源氏统治的屋岛太三郎狸的神话等。此外,香川县自古流传的手工技艺,在历久弥新的同时,已经成为日本国内最顶尖的技艺得到有效的传承,如传统漆器制作工艺、古代日本最贵重的和三盆糖的制造技术,甚至产品占据 90％日本团扇市场份额的,拥有 400 多年历史传承的丸龟团扇制作技术等。这些传统文化,为香川县的产业带来了食品制造、木制品制造、观光旅游等行业兴旺的基础,成为香川县区分于其他地区的独特的文化符号。

同时,从现代文化的影响来说,对香川县文化影响最深的,莫过于以濑户内国际艺术节为代表的现代艺术,香川县的沿海地区甚至已经形成了"蓝海＋蓝天＋现代艺术"的文化符号。在濑户内国际艺术节的势头引领下,香川县的文化外显的现代艺术气质逐渐增强,在美术和建筑之外,也逐步开始融入音乐的要素,每年夏天会有以现代音乐为主题的露天音乐会在香川县内各大自然公园举办。这些现代艺术要素的融入,让香川县的本地文化更加丰富多彩的同时,展现出来了如核心城市一般的包容度。在现在香川县推出的"新濑户内田园都市创造计划"中关键的要点"能够带着笑容生活的香川"中,对于多元文化的尊重和包容,也是城市发展的核心内容之一,在这样的战略指导下,有理由相信香川县的现代文化的包容性将逐步提升的同时,现代艺术的繁荣度也将逐步提升。

一、历史的香川

香川县所在区域的历史可以追溯到距今 2000 多年前的弥生时代。从 1947 年乡土历史学家前田雄三在香川县三丰市的紫云出山发现了相关的遗迹之后,弥生时代的文物逐步在紫云出山区域出土。这足以证明香川县作为人类聚居地的渊源。

而在历史上,香川县也是众多日本历史事件的见证地,著名的历史事件包括鉴真和尚东渡日本后在公元 754 年主持屋岛寺;日本佛教真言宗开山祖师弘法大师(空海)建立善通寺,开辟真言宗(公元 807 年);崇德天皇被流放到赞岐之地的事件(公元 1156 年);发生在公元 1185 年的决定日本从平安时代到镰仓时代的关键战役屋岛之战,该战役发生在香川县高松市的屋岛和庵治区域;丰臣秀吉降服长宗我部元亲的屋岛登陆作战,也发生在香川县高松市的屋岛和庵治区域,其时间是 1585 年前后。而随着日本进入江户时代,香川县进入了历史上最平稳的一段时间,在此期间,一系列本地著名的庭院、城堡、寺院逐步建成和修缮完成,使得香川县成为日本传统庭院艺术、寺庙建筑艺术和城堡建筑艺术集中的区域。

历史的沉淀为香川县留存了大量的遗迹和传说,一方面,这些遗迹经过保存和修复已经成为本地历史文化的象征,广泛出现在香川县的各种宣传手册中;另一方面,这些遗迹经过开发和推广,成为香川县对外宣传的窗口,也是吸引观光游客的招牌,为香川的观光产业发展做出了很大的贡献(见表2-5)。

表2-5 香川县文化与遗迹汇总

历史事件	相关传说	留存遗迹	遗迹评价	所在区域
景行天皇之子小碓尊平定九州	武尊身死化身白鸟落入赞岐之地	香川白鸟神社	"日本武尊神社第一"	香川县东香川市
崇德天皇被流放到赞岐	崇德天皇化为天狗为害人间	神谷神社天皇寺	—	香川县坂出市
鉴真东渡,主持屋岛寺	—	屋岛寺	"四国八十八灵场第八十四番札所"	香川县高松市屋岛
弘法大师开辟真言宗	弘法大师在中国学习乌冬面制法并在赞岐之地得到传承	善通寺	"四国八十八灵场第七十五番札所"	香川县善通寺市
屋岛之战	屋岛太三郎狸猫大将军传说	屋岛合战古战场、屋岛蓑山神社	—	香川县高松市屋岛
丰臣秀吉占领四国岛	—	引田城遗迹	—	香川县东香川市
高松城建成	—	玉藻城遗址	日本"三大水城"之一	香川县高松市
丸龟城建成	—	丸龟城	日本石垣最高的城堡	香川县丸龟市
栗林公园建成	—	栗林公园	米其林三星级庭院,国家"特别名胜"	香川县高松市

这些本地的历史留存下来的除了上述历史遗迹之外,对本地饮食文化的

影响也十分深远,特别是由弘法大师从中国带回乌冬面的传说,除了留下了一个关于乌冬面的故事之外,更是深刻地影响着本地的生活习惯。而由这个传说带来的"赞岐乌冬"也是日本"三大乌冬"之一,甚至已经成为本地的典型文化符号(见图2-4)。香川县也因为其是乌冬面的发源地和日本最好的乌冬面产地被称为"乌冬县"。

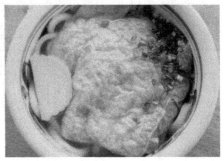

图 2-4 香川县代表性美食——乌冬面

这样的文化,进而影响着香川县的产业结构。在香川县的诸多工业产业中,食品加工业尤其出名,其中乌冬面和乌冬面的多种深加工食品,与乌冬面餐饮相关的酱油酿造、煮干制造等产业也在日本有十足的影响力。这些无不因为历史文化的影响。

二、技艺的香川

历史的延续带来的不只是遗迹和美食,还有流传至今的本地技艺。这些技艺包括了香川漆器制作技艺、丸龟团扇制作技艺、和三盆糖制作技艺、庵治石雕技术等。这些传统技艺在历史传承过程中,经过产业化、研究机构和专门学校的共同开发,已经逐步成为本地的手工业特色,在本地制造业中,处于特色产业地位。

(一)香川漆器

日本的漆器制作在世界上享有盛誉,而香川县的漆器制作则是王冠上的宝石。香川漆器从1638年开始逐渐兴盛,最初是由当时的高松藩藩主松平赖重创始,此后随着各家代表手工艺人的研究和磨炼,逐步形成自有的特色,并以其独特的艺术品位和精致华丽的雕刻技艺享誉日本,成为日本第一的漆器艺术品。现在,香川县已经成立了漆器研究所和高松工艺高中,通过现代机构的信息支持、学术研究、技术探索、人才培养,在手艺传承的基础上,进一步发扬了香川漆器制作工艺,进一步提升了香川漆器在日本的名誉地位。

(二)丸龟团扇

丸龟团扇的历史也可以上溯至江户时代,距今也有 400 多年,现在是日本最著名的团扇,每年的产量在 8300 万左右,其市场占有率占日本全国的 90%,并在平成 9 年(1997 年)成为"国家指定传统工艺品"(出自丸龟市官方网站)。一方面丸龟的团扇在工艺特色上有扇柄和扇骨出自同一块竹片的特点;另一方面丸龟团扇的艺术创作富于传统审美,团扇扇面的图画素材包含日本传统的图腾、浮世绘、宗教历史等内容,形成了兼有"传统美学"和"历史韵味"的手工艺品。该产业现在已经作为香川县丸龟市的特色产业,在各界的支持下得到了进一步推广和繁荣(见图 2-5)。

图 2-5 丸龟团扇和制作团扇的手工艺人

(三)和三盆糖

香川县东部的东香川市,是日本江户时代流传至今的高级砂糖"和三盆糖"的发源地和制作中心。和三盆糖的制造工艺最早可以追溯到江户时代第五代高松藩藩主松平赖恭,并有从九州萨摩藩学习制糖技术和引进甘蔗苗木种植的传说。而在东香川市,制糖技术得到了进一步提升,并通过精细的成形技术,形成了甜味纯粹而深厚,造型多样,既能用以制作点心也可以作为茶点食用的古代日本最高级的糖,成为东香川市最有名的特产(见图2-6)。多家生产和三盆糖的企业,自创建以来一直传承延续至今,并在传承中优化和三盆糖的制糖工艺,在东香川市形成了以和三盆糖产品为核心的传统技艺产业链。

图 2-6　和三盆糖

(四)庵治石雕

香川县高松市东部的庵治地区生产的庵治石是日本"三大花岗岩"之一,被称为"花岗岩中的钻石",在世界上享有盛誉。庵治石的应用最早可以追溯到公元 1339 年京都男山石清水八幡宫的重建工程,从这个时期开始庵治石的石雕技艺便开始出现。到 19 世纪屋岛东照宫营造时期,庵治石的石雕技术开始进行革新。而到 20 世纪,新型机械的出现使庵治石的雕刻技艺得到了进一步的提升,新的切削机器和研磨机的应用为新的创作开创了条件。截止到现在,庵治地区的石雕产业已经初具规模,宝塔、香炉、墓碑、塑像等产品广泛应用于宗教、庭院修建、丧葬等场合,成为庵治地区的特色产业。

除了所列四项传统技艺之外,香川县高松市鬼无町的盆栽产业、伊吹岛的煮干制造产业、东香川市的传统手套制作技艺和赞岐一刀雕工艺,均是日本国内著名的产业,甚至作为传统技艺传承的典范在日本国内市场占据极其显著的位置。据东香川市的统计,东香川市的手套制作产业曾经占据日本市场的九成份额,并且始终将其技艺传承下来。而伊吹岛的煮干,更是成为日本生活必需品,因为其被评为"日本第一"的品质,在日本市场得到了广泛的应用。

这些传统技艺,为香川县构筑了制造业的基础,并在传承过程中,提升了工艺水平和生产能力,在构筑香川县特色和支柱产业的同时,也因为其文化特性,成为香川县观光体验的重要内容,长期吸引着来自日本和全球的游客。

三、宗教传承的香川

香川县的宗教传承,一方面源于弘法大师对佛教的引进和传承;另一方面源于金刀比罗宫的兴建和兴旺。基于这两个宗教文化事项,香川县的佛教和神道教在日本国内均占据煊赫地位。

作为弘法大师的出生地,香川县的善通寺市成为佛教信徒和观光客中著名的观光目的地。而弘法大师除了在其出生地兴建了"弘法大师三大古迹"之一的善通寺之外,还在四国岛内留下了88座与其相关的寺庙,被称为"四国八十八灵场",其中的第六十六番札所到第八十八番札所坐落在香川。而八十八灵场巡礼也被认为是日本最重要的佛教祈愿行为,香川县因为是巡礼的最后一段,也因此被称为"涅槃道场",是虔诚的佛教信徒的誓愿之地和与佛最接近的地区。此外,香川县还有众多与佛教相关的场所,除了众多寺庙之外,被称为"日本国民疗养地"的盐江温泉乡,也是由行基大师发现,并得到弘法大师青睐而为人熟知的地区。

除了佛教,影响香川县宗教文化更为深刻的内容,则是金刀比罗神宫。该神宫建在香川县琴平町的象头山上,最早开创于公元14世纪前后的室町幕府时代,是日本全国200多座金刀比罗神社的总社。作为渔业和航海的国家,金刀比罗宫供奉的"金毗罗"是海上守护神,因此得到了广泛的认同。金刀比罗宫自开创以来一直香火旺盛,而金刀比罗宫所在的琴平町也因此成为四国岛内十分繁荣的古镇和温泉乡。因为金刀比罗山的存在而衍生出来的特色小吃、御神酒、仪式用具以及一刀雕技艺等,均成为香川县的重要文化特色而广受欢迎(见图2-7)。

宗教对于香川县的影响深刻度,在民生产业等方面均有体现。一方面是以宗教为纽带的综合性产业开发,包含食品制造、传统手工艺生产、观光和酒店产业等,在宗教的影响力逐步扩大的同时,也逐步兴旺起来;另一方面,伴随宗教的影响力,本地的艺术、教育、饮食文化等,也在产生变革,包括艺术创造

图 2-7　金刀比罗山

的内容、教育体系和知识体系的构成、饮食习惯和食材加工等,均形成了有本地特色的民生体系要素,并且在日本国内有一定的知名度。

四、艺术的香川

随着濑户内国际艺术节的影响日益扩大,香川县"艺术之县"的称号逐步为日本国内外熟知。从历史传承的建筑艺术、绘画艺术到现代建筑艺术、绘画艺术和雕塑工艺等,香川县的艺术气息在深厚积淀的基础上逐步产业化、规模化,并已经成为区域名片;随着艺术之名日益明确,音乐艺术也在本地得到扩展,香川县正在逐步成为名副其实的"日本艺术之乡"。

从传统角度来说香川县建筑艺术的瑰宝就是被评为"米其林三星级庭院"的栗林公园。该庭院被称为日式庭院艺术的典范,名气不输"日本三大庭院",甚至更为精巧别致。庭院内的建筑包含日式传统建筑、中式庭院建筑和日式枯山水艺术等,依山而建,依地成景,以中式庭院的环游式布局,成为独一无二的庭院艺术集大成者。

此外,香川县还保留着日本最大的传统剧场建筑"金丸座",并保留着日本传统演艺的演出模式和剧本。这些与栗林公园等传统艺术一同构建着香川县的传统艺术体系。

随着艺术节和现代艺术的兴盛,香川县的建筑艺术领域呈现出了多元化的局面,特别是丹下健三、安藤忠雄等现代建筑艺术家的作品在香川县逐渐推广,从丹下健三设计的香川县厅舍开始,现代建筑的空间美学概念逐步流行。随着濑户内国际艺术节的风潮,安藤忠雄的设计一时成为潮流,香川县内的四国村美术馆、直岛地中美术馆等均为安藤忠雄的典型设计成果。此外现代建筑设计师谷口吉生设计的东山魁夷美术馆也是香川县内有名的现代建筑艺术成果。

与现代建筑艺术相伴而生的就是现代美术的流行,包括濑户内艺术节在内的多项艺术交流活动,在现代建筑艺术的基础上,实现了如猪熊弦一郎等本地美术家与世界各地美术家的交流与互动,从而与建筑艺术共同构成了香川县现代艺术文化的基石。

在传统艺术与现代艺术的共同作用下,香川县的艺术氛围得以充分构建,并由此出现了众多美术馆、艺术节、音乐节等,以艺术观光为主题的观光产业也逐步形成。"传统+现代"的精致与抽象的组合,成为在香川县感受艺术的特色,并以此吸引了众多游客。

此外,艺术也影响着其他产业,如和三盆糖也会采用现代艺术的造型,一些丸龟团扇的图案也会选用一些现代艺术的形象进行绘制,甚至庵治地区也有与濑户内国际艺术节相生的石雕艺术。现代艺术在生根立地的同时,也在深刻地影响着众多产业、民生和文艺体系。在成为"名片"的同时,极大地带动着本地的综合发展。

从历史、传统技艺、宗教和艺术的角度可以发现,香川县的文化深度和传承历史,构成的影响之深,甚至超过新兴产业和技术。而对于这些传承和融入的理解,是香川县构建本地"地域振兴"的根本。通过对文化的理解和发挥,在文化基础上构建产业,在文化基础上激发本地动力,实现区域的品牌化,是香川县"地域振兴"的最佳实践经验,并存在着深刻的借鉴意义。

第五节 商工会议所的影响和商店街的振兴

在地域振兴的事业中,商业界中最重要的组织,就是商工会议所,除了日本商工会议所作为日本各地所有商工会议所的总会支持各地的地域振兴活动之外,各地的商工会议所也在本地发挥着非常重要的作用(见图2-8)。特别是

作为本地商工企业的联合组织,本地商工会议所在对于本地企业经营情况的
了解程度、企业发展需求的搜集效率和区域经济提案的有效程度方面,均有较
大的优势。以香川县高松商工会议所为例,在高松市企业的海外交流、企业经
营协助、人才支持等领域,高松商工会议所在本地都是牵头企业;而通过商工
会议所在策略制定、活动组织等方面的工作,高松市商店街的振兴,也成为日
本商店街振兴方面最著名的案例之一(小长谷一之等,2012)。

图 2-8 高松商工会议所及其活动

资料来源:高松商工会议所。

关于商工会议所的作用和影响,笔者访问了高松商工会议所事业推进部
次长大西理之先生,通过大西先生的介绍,能够较为明确地勾勒出商工会议所
在地域振兴活动中的影响力,同时也发现了高松市商店街振兴过程中,商工会
议所发挥的重要作用。

根据大西先生的介绍,在令和元年(2019 年 5 月 1 日以后)高松商工会议
所的事业计划,在根据企业经营相关课题的收集和评估之后,确定了两大核心
主题,即"人手不足的对策"和"安全安心的区域再造"。从"过疏"成因的角度
来看,这两点恰好是针对"过疏"关键成因的核心对策。特别是人手不足方面,
更是应对"过疏"的直接策略体系。在上述两大主题的前提下,商工会议所进
行全年工作的规划,并划分为中型企业和小型企业活力强化、地域振兴和会员
服务强化三大类别。其中,最主要的类别即为中小规模企业活力强化,这也是
针对全年事业两大主题的最直接的工作内容承接(见表 2-6)。

表 2-6　高松商工会议所 2019 年事业计划

项目	人手不足对策	安全安心的区域再造
中小规模规模企业活力强化	1. 高松商工会议所免费职业介绍所 2. 中型和小型企业劳动力确保事业 3. 中型和小型企业和小规模事业者人才确保支援事业 4. 创业人才育成 5. 高松移住和创业应援项目 6. 工作方式改革相关事业 7. IT 人才与企业需求对接网站建设 8. IT 系统应用事业支援 9. 事业继承支援 10. 香川县事业持续支援中心 11. 专业人才培训	1. 事业计划设定支持活动 2. 经营改善支援 3. 高松 Grow up 项目
地域振兴	1. 中型和小型企业事业持续性策略制定支持 2. 新一代领袖育成	1. The First Bonsai Experience（第一届盆栽展会） 2. 商店街环游活动 3. 日本品牌育成支援事业 4. Discover Sanuki（发现赞岐）项目 5. 空店铺调查

资料来源:高松商工会议所。

　　除了上述表格中列举的内容之外,在第三类别"会员服务强化"中,高松商工会议所通过企业信息交流会、服务信息推广和商工会议所运营水平强化等活动,进一步提升商工会议所在本地企业中的影响力,从而进一步实现商工会议所对本地地域振兴的推动作用。

　　从影响力角度来看,一方面商工会议所通过对本地大、中、小型企业的联结,形成以商工会议所为纽带的商业信息集散地,并通过商工会议所进行信息的定向匹配,从而在本地企业之间形成商业机遇,从而构筑本地商业供应链体系;抑或通过行业企业间的信息沟通,形成针对行业的协会或商业联盟,从而形成对县外或国外商贩的影响力,同时提升本地产品的附加值;另一方面,商工会议所通过自身的专业化服务,对本地企业在多方面提供支持,其服务内容涵盖企业经营管理所需的几乎所有方面,其服务模式也近乎涵盖了现代企业服务行业的所有模式,这为各类企业根据自身需求获取针对性的服务并直接提升经营效益,提供了诸多的选择,商工会议所也因此成为本地企业经营提升方面的首选支持机构。针对企业的影响力同时构筑了商工会议所在社会经济活动中的公允地位，虽然商工会议所是不强制加入的类商会组织，但是根据大西先生的介绍，高松商工会议所每年仍然能够收到超过 1 亿日元的会费收入（6000 日元/公司），足见商工会议所在本地商业领域的影响力；此外，通过对企业进行的各种有偿服务产生的收入，高松商工会议所在 2019 年的预算超过 7 亿日元；这样的收入规模，足见商工会议所提供的服务在本地企业圈中的影响力。

同时，商工会议所的影响力，在政府关系方面也颇为显著。一方面是商工会议所在对本地企业的影响力方面构筑的公信力，使得商工会议所在一些政府相关的经济策略制定方面，拥有一定的提案权力；另一方面，政府为主导的商务活动，也需要依托商工会议所对本地企业的影响力进行推动；日本香川县每年与中国台湾进行的商务交流活动，就是香川县政府和高松商工会议所联合主办，高松商工会议所不但负责了参加企业的召集，而且作为香川县工商界代表，在开幕活动上进行了发言。

高松商工会议所在本地工商业发展中的影响力，在日本全国 515 个地区性商工会议所中，也是较为领先的，这一方面取决于高松商工会议所是日本最早的 10 个地区性商工会议所，在本地扎根久，影响力根深蒂固；另一方面也取决于商工会议所的工作和服务为企业和地区经济带来了积极的影响；特别是以高松市商店街振兴为代表的地域振兴项目的成功实施，进一步提升了高松商工会议所在本地工商界的知名度和好感度；特别是商工会议所近年来持续在商店街进行的促进商店街活力提升的活动，使得高松市商店街的影响力进一步扩大，而随着传统日式商店街复兴的需求日益提升，高松市中央商店街的成功案例，也在一定范围内得到了推广（见图 2-9）。根据大西先生的介绍，青森县青森市的商店街振兴活动，即采用了高松市的思路，现在也在成功的道路上前行着。

作为高松市中央商店街振兴计划的主要推动者，高松商工会议所可以说是商店街振兴的核心力量；高松市商店街采取的再开发模式，也是高松商工会议所最早提出的。

从商店街的发展规律来看，日式商店街在泡沫经济时代，被超高的购买力

图 2-9　高松市中央商店街

驱使,成为日本城市经济的消费中心,在 1988 年高松市丸龟町商店街 400 年
纪念日前后,高松市商店街的发展到达了历史上的顶峰;但是随着濑户大桥的
开通,四国岛的物流运输情况变化,特别是高松市作为"四国的门扉",其传统
的供应链体系受到了冲击。根据大西先生的介绍,从 1988 年开始,随着
AEON、You Me Town 等连锁知名购物广场在物流体系的推动下,得以扩展
到四国地区时,建立在郊外的大型购物广场就以其免费停车场的基础设施和
集约型的店铺餐饮娱乐设施得到了广泛的接受。特别是随着市中心地产泡沫
的影响,居民逐步迁移到郊外居住的居住形态变动基础上,郊外的大型购物广
场日益吸引了更多的顾客,这使得传统的都市内商店街呈现出明显的下滑趋
势;并随着 20 世纪 90 年代初日本泡沫经济的崩溃,居民购买力直线下降,都
市中心的商店街发展到达了最底端。高松市中央商店街,作为历史悠久的商
店街,不仅是高松市曾经的核心商圈,更是诸多老店传承的核心地区。一方
面,商店街的衰落会造成都市中心的"空洞化";另一方面,作为拥有 83 家老铺
的高松市中央商店街,老铺的传承也是城市文化和情感的传承,而一旦因为商
店街衰落而导致经营的困境,其损失则不只是商店街本身的销售额,更是本地
文化的流失;因此从情感上和理论上,商店街都有再次建设的必要性,这也是
高松商工会议所开始进行商店街再开发的缘起。

　　实际上对于高松市中央商店街的再开发,高松商工会议所在 1987 年就已
经开始未雨绸缪,第一版《高松地域商业近代化地域计划》就是在这一年由高
松商工会议所提出的。此后的高松市商店街再开发计划,也基本上以该计划

为基础,根据商店街经济发展的状态进行合理性调整。到1992年,高松商工会议所再次制定了《高松地域商店街等活性化实施计划》,特别是在泡沫经济进入调整期,这个计划适时出现,对于商店街在此后的长期发展和快速复兴,起到了重要的作用。

根据"计划"的规划,以高松市中央商店街的丸龟町商店街为核心,首先开始商店街的再开发计划,商工会议所根据不同区段的作用规划,将丸龟町商店街规划成为7个区段,分别作为奢侈品区域、健康产品时尚产品区域、传统工艺和艺术品区域、家庭和休闲区域以及生鲜市场为主的生活化区域。从2004年开始经过多年组织、实施计划和可行性调查等准备,奢侈品区域的改造工程正式开始,并在两年之后完成,从2006年开始丸龟町商店街正式进入了"再开发"项目推进阶段。

大西先生提供了平成30年(2018年)高松商工会议所针对丸龟町商店街的客流情况调查数据,从2006年开始,随着丸龟町商店街的各个区段改造工程逐步完成,丸龟町商店街的客流数量有明显提升,特别是休息日,丸龟町商店街在2018年10月调查的顾客数量是丸龟町北段21410人,比2006年增长了8400人;丸龟町南段在2018年10月调查的顾客数量是18568人,较2006年增长5440人。丸龟町商店街从顾客数量来说,取得了明显的增长。而从店铺数量来看,高松市中央商店街在2018年的空置店铺比例相比丸龟町再开发工程刚刚完工的2008年,下降了1.7%。从这两个数字可见,高松市商店街的再开发项目,取得了非常明显的成果。

从策略来看,商工会议所制定的再开发政策重点关注两个方面:一是商店街的交通情况,在现阶段来看重点在于周边道路的情况和停车场的配套情况;二是商店街附近的居住可能性,以"二次城市化"为主要思路,提升商店街周边的居民数量,以商店街为核心构筑生活圈。

首先是交通情况优化,该计划包括两部分,一方面是周边停车场、公共交通设施等的设置:在原有的琴平电车的基础上,高松商工会议所主导发起了市内循环巴士,以区分于日本其他大多数巴士的区段收费模式,采用定额方式,环绕以高松市商店街为中心的中央商业区,将商店街和距离商店街较近的居民区相连,形成了便利的购物公共交通。另一方面,在商店街内部形成交通便利的"环游式"步行交通模式,通过立体"环游式"步行交通体系的设计,将商店街沿街多层建筑的店铺与一层形成环状交通,通过高层连廊,促进高层区域的楼间交通,将商店街的各类店铺和商场尽可能地形成一体。

其次是近年来日益受到重视的"二次城市化"。高松商工会议所在进行计划策定的时候,适逢1992年日本《借地借家法》修订,"定期借地权"得到了法律的认可。在这样背景下,综合开发商店街的土地和房屋资源,也就成了必然的选择。一方面,在"定期借地权"的应用体系下,原有的空置店铺的主人不再需要自行经营,反而可以将店铺租借给其他有经营需求的对象,在商工会议所的宣导基础上,原有店铺的主人也认可了可以将多个店铺打通成为一个并进行租借的方式,这为商店街的空置店铺的有效应用,提供了基础;店铺面积的扩大,也使得一些大型连锁品牌入驻商店街,MUJI、GAP、ZARA等国际知名品牌的入驻,带来了更多的客源。另一方面,"定期借地权"的应用,在居住方面也可以得到认可,在商店街南区,逐步开发了一二层商用三层以上为住宅的租用型公寓,这些租用型公寓的租借对象主要是老年人和调入高松市工作的人士;同时,在租用型公寓附近引入生鲜市场、超市、医疗机构和综合社区服务设施,以商店街为基础形成新的市区生活圈。在上述两个模式同时应用的情况下,特别是随着商店街附近居住者数量的逐渐增多,除了原有的时尚和高品质消费之外,商店街的生活型消费规模逐步扩大。据大西先生介绍,丸龟町商店街中的一家生鲜超市,因为周围居民和附近餐饮店的购买行为,经营效益始终处于较好的状态。这样的情况也进一步坚定了以大西先生为代表的高松商工会议所的工作人员的信心,从他们的态度上说,以现在的模式持续运营,抓住现在的势头,将高松商店街再开发的成功推上一个更高的台阶,已经成为高松商工会议所在未来几年中工作的重心。

在上述措施逐步完成的基础上,商工会议所也开始主导商店街的运营活动。一方面是以商店街为基础的互动活动:2018年商工会议所主导了三次"ぐるぐる商店街"巡游活动,分别在夏季、秋季和冬季进行,包括香川县的特色产品、美食、地方酒,甚至居民的手工艺品等均在商店街中摆摊贩卖,同时还有一定数量的游戏和互动体验活动,这成为2018年商工会议所在商店街举办的最大的系列活动,参加人数众多,商店街的店铺也在该系列活动中获得了更多的关注。据大西先生介绍,2019 年"ぐるぐる商店街"还将作为商工会议所的重点活动在商店街分阶段举办;此外,2019 年 6 月还将举行邀请本地小学生体验商店街不同店铺工作的互动体验活动;7 月 19 日至 21 日,商工会议所还将在商店街举办以本地手工艺为主题的商店街文化活动,包括本地特产的漆器、盆栽、和三盆糖等均将在活动中现身。此外,在每年 8 月中旬的盂兰盆节上,商工会议所也将推出一些由各个店铺参与的庆祝活动,利用盂兰盆节假期,让商店街的顾客数量进一步提升。

最后,商工会议所还会定期与商店街的经营者进行交流,了解其经营的困难,并通过可行性提案的方式,协助商店街的店铺提升经营效益。在这类服务的进行过程中,大量的商铺经营者获得了切实的利益,在商店街整体运营效益提升的前提下,进一步提升了商工会议所在商店街的影响力和亲和力。

高松商工会议所作为高松市商店街区域振兴的主导机构,在中央商店街的复兴过程中,为其他商店街的复兴提供了众多可行性经验。这也是商工会议所在长期扎根本地经济,了解本地营商需求,掌握本地消费特点的基础上才能够实现的。2020 年是高松商工会议所建所 140 周年,140 年的积累和专业人士的引入,让高松商工会议所能够具有将本地计划落实下去的基础能力。同样,高松商工会议所的服务,也在香川县其他区域逐步开展。

但是,从商工会议所本身来说,作为日本社会影响力最大的专业性商业组织,商工会议所在各地地域振兴活动的地位是极其明显的。只有让本地商工会议所的作用充分发挥出来,本地地域振兴活动才能够得到有效的推动。

高松商工会议所和高松市中央商店街的例子证明了上述论断的合理性。根据大西先生的观点,未来在国际商务合作交流的方面,商工会议所也将发挥越来越重要的作用,特别是以高松商工会议所对东北亚各国的交流活动经验来说,商工会议所作为本地工商业外向发展的桥头堡的效果,已经非常突出。无论是内部挖潜还是外部拓展,商工会议所都将作为可以倚靠的机构,在世界舞台上为本地经济的发展搭建最好的平台。

第六节 本地地域振兴相关的民间组织

推动地域振兴,在日本除了在政府号召和全国性机构的较高层面上达成了共识之外,在各个非核心地区认知度也得到了日益提升。在"地元"(意为"本地、当地"),本地政府和本地核心企业、金融机构、研究机构主导的区域框架建设,在完善地域经济基础设施优化的同时,在本地构造起地域振兴活动的氛围,特别是通过相关主题活动的开展和宣传,强化了"本地振兴"在居民心中的认知;从而在日本的经济社会发展理念中,逐步形成了"地元主义"认识,促进了本地发展、本地文化保留和本地魅力的推广。这样的观念在"地元"的渗透,促进了本地区域性民间地域振兴活动组织的出现,从而形成了上层的政府和主要经济、学术团体联合的牵引力,以及基层的民间组织构成的推动力;上下联动的效果,形成的合力成为地域振兴的强大促进力量,进而提升了地域振兴活动项目的多样性,也能够提升项目的实践效果。

大多数民间组织是"町村"本地居民以社团、公会甚至"同好会"的形式兴起,以"町村"为活动中心,在深度发现本地文化特色、创办本地发展活动、主动进行本地多媒体宣传等活动基础上,以民间能够实现的事务为切入点,在部分"町村"政府机构支持的同时,形成对本"町村"地域振兴的支持。其关键优势在于对本地的文化与经济基础有透彻的理解,同时作为真正的本地生长的居民对于本"町村"的地域振兴有强烈的热情和责任感。在两者共同作用下,民间组织的各种活动一方面能够有效地依托本地资源,扎实地在本地商业、文化机构的配合下进行有效实践;另一方面又能够形成对本地居民的号召力和影响力,从而获得更多本地居民的支持,实现在自媒体宣传方面的优势。

此外,在进行政府层面组织的地域振兴项目时,本地民间组织的配合也是必不可少。特别是在宣传和本地居民的联络方面,民间组织所具备的亲和力往往比政府公务员更能够实现对居民的影响,从而在地方响应方面能够实现更好的效果。在众多日本地域振兴的项目中,特别是与观光相关的项目中,地方民间组织的作用都不能被忽视,茨城县的大洗町、青森县的弘前市等,均有本地民间行业联合会或区域经济振兴组织的作用,并在民间组织的配合下,形成了对本地观光事业的有效推动。

同样,在香川县,民间组织在地域振兴活动中的作用同样无法被忽视。本地的民间组织在类别上大致可以划分为本地振兴支援性、本地文化保护性和本地育儿支持性三个类别,其中以本地振兴支援性民间组织为主。从类别作用上看,本地振兴支援性组织的活动涉及商业促进、观光推广、文化维护,也包括本地民生方面的支持,属于提供全面支持性活动的综合型组织;而本地文化保护性和本地育儿支持性组织,则重点在本地传统文化的传承或本地子女养育方面的工作,通过对重点事项的支持,形成对本地地域振兴活动的支持。

现在在香川县,赞岐市的志度まちぶら探险队、牟礼源平まちづくり协议会、观音寺市的 Re:born.K、多度津町的白方地区乡土艺术"ヤットセー踊"①保存会等,均是在所在町村十分活跃的民间组织。通过这些组织的活动,相关区域在近年来的产业发展或文艺传播方面,受到的重视程度得到了明显提升,从而获得了一定数量的游客增长。

一、观光活动支持

在日本"观光立国"的新国策引导下,观光行业在日本的地位得到了显著的提升,同时观光行业因为其对于零售业、酒店业、餐饮业和交通运输业的全面带动作用,也是日本各地在进行地域振兴活动时首选的切入点。而观光行业在本地的兴盛,需要在发现本地魅力的基础上,在探索本地特色服务和产品的前提下才能实现;从这个角度上看,如果单纯选择以政府或文化研究机构主导,对于本地特色中受到瞩目度不高的要素的关注度就会降低,从而对于本地特色的发掘存在一定的偏差。而本地民间组织的介入,能够有效地弥补在本地特色发现方面依托宏观机构的不足;而就本地民间组织的日常成果来说,其扎根本地并获取的信息,也能够在项目构想期提升工作效率,促进本地特色观光活动的快速推进。

---

① 白方地区一种传统舞蹈形式。

在观光活动支持方面,近年来最著名的支持活动莫过于观音寺市的 Re:born.K对于本地《结城友奈是勇者》舞台巡礼活动的支持;特别是 2017 年,在观音寺市与动画《结城友奈是勇者》的版权方合作推出了"赞州中学文化祭 in 观音寺市"活动。在这个活动预热阶段,Re:born.K 就已经制作了关于本次活动和观音寺市的宣传视频在本地电视台和 YouTube 上进行播出;同时,Re:born.K 还为本次活动制作了限期销售的动画海报,在活动期间限量销售。此外,Re:born.K在活动期间还组织了"结城友奈诞生祭"主题活动,涉及动画内容交流、角色形象讨论等主题沙龙,这些动作使得观音寺市的"结城友奈"主题观光得到了有效的推广。随着 Re:born.K 在活动准备阶段对本地商业的号召力变大,相关活动期间推出的众多特色产品和限定销售产品也成为受欢迎的人气商品,据了解在 Re:born.K 的促进下,观音寺市的该活动获得了 3000 万日元(180 万人民币)左右的收入。同时由于该活动在日本甚至中国的影响力,观音寺市几乎成为日本的第二个"大洗町"(因动画《少女与战车》而成为"巡礼"热门景点的地方),成为近年来日本国内著名的因动画作品而成为观光热门景点的区域。

在观音寺市的案例中,Re:born.K 的主要作用在于本地的多媒体宣传、活动的协调组织和特色产品的设计贩卖。看上去该活动对于本地传统的推广力度尚缺支持;而作为对比,牟礼源平まちづくり协议会则是作为本地传统文化观光的主要推动者,在高松市的牟礼区域发挥着极其重要的作用。

作为日本平安时代和镰仓时代的分界线,源平合战在日本古代历史上占据着重要的地位;而源平合战的决定性战役屋岛之战,就是发生在高松市东部屋岛和庵治、牟礼区域。这个区域中不但有屋岛之战的古战场、参战英雄的遗迹,也有因为屋岛之战结局而逐步传播开的赞岐狸猫传说。牟礼源平まちづくり协议会就是诞生在这个区域内的本地民间组织,而其主要工作就是通过促进区域内多种资源在观光行业的应用,并在此基础上传承屋岛之战的历史故事和本地石雕技艺。在牟礼源平まちづくり协议会的努力下,本地形成了源平合战古迹探寻主题观光、庵治石雕艺术主题观光、特色海鲜主题餐饮街道等人气观光主题,在香川县内和周边地区产生了一定的影响力。

除了上述两个组织之外,元气 YASHIMA(屋岛)创造会、まちづくり推进

队诧间等町村内民间组织,也在本地观光产业的推广过程中发挥着重要的作用。近年来的人气景点屋岛狮子灵岩展望台、诧间父母之滨海岸等的兴起,也有这些组织在其中发挥的作用。

二、商业贩卖活动的推广

民间团体对于本地商业贩卖活动的支持,也是其在本地活动中发挥作用的重要方面。在商业贩卖活动方面,民间团体的作用体现在产品策划、产品委托生产和产品宣传等方面。产品策划方面,民间团体通过对本地特色产品的调查,基于本地生活特色和季节、活动主题,引导本地商户推出融合了本地特色和季节主题的限定产品,能够对本地产品的进一步推广和销售实现有效推动;在产品委托生产方面,本地民间团体作为本地信息的枢纽,也能够承担第三方委托生产的中介工作,通过其信息网络协助本地商户联系生产加工机构,促进产品供应;在产品宣传方面,民间团体能够利用其自身网站、Twitter、YouTube等多媒体,对本地主打产品进行针对性宣传,从而促进产品的知名度提升。此外,本地民间团体也能够实现对本地商品的部分销售工作,特别是民间团体主办的活动能够为本地产品的销售搭建平台,形成针对活动参与者的定向商品推广。

Re：born.K 在 2017 年 3 月主办的"结城友奈诞生祭"主题活动中,就推出了观音寺市本地点心店森一诚堂生产的"结城友奈"主题蛋糕和牡丹饼。此外,在 Re：born.K 发布的宣传视频中,也能够发现针对"结城友奈"主题活动的各种本地商户生产的限定产品。

香川县东部的东香川市五名地区的本地社团五名地区女性部,更是在其网站上直接推出了本地产品主题页面,介绍本地的农产品和手工业品,同时也对贩卖的店铺进行了介绍。特别是针对五名地区的应季产品,五名地区女性部更进行了重点推介。这对于位于香川县东南部山区的五名地区来说,能够实现一定程度的知名度提升,也能够促进该地区的产品在周边地区的销售。特别是通过五名地区女性部的推广,五名地区的原生态农产品的知名度受益极大,其附近的白鸟农场,也一度成为香川县东部的知名农场。

三、文化传承和推广

在大力推广观光产业的同时,作为促进观光产业的助推内容,本地文化特色的发掘和推广是打造本地特色的关键。而在文化事项的发现方面,本地民间组织作为本地居民自发形成的组织,对于本地文化的熟悉度和敏感度相对较高,在这些先天优势的影响下,也能够形成对本地文化在文化推广事业本身的发展方面,形成有效的持续性促进力。此外,多种主题的观光活动兴起的过程中,民间组织的参与也能够在本地形成新的具有当下社会吸引力的文化事项,对于本地文化的丰富和发展,也能够产生积极的影响。这些成果最终也将成为本地地域振兴在文化方面的突破。

在这个领域上,志度まちぶら探险队的影响力颇大。作为日本江户时期著名发明家、艺术家平贺源内的家乡,志度地区是香川县东部重要的文化传承地;以平贺源内为核心的本地文化,也是志度まちぶら探险队重点推广的本地文化事项。一方面通过以平贺源内故里和平贺源内纪念馆为核心的针对平贺源内相关生活痕迹探寻体验活动的策划和执行,形成了在本地具有足够认同度的文化观光主题,对于平贺源内的历史推广和文化事项传承起到了有效的推动作用;另一方面,针对本地小学生推出了暑假限定活动"源内工作和源内鳗鱼",在活动中通过与平贺源内的后代交流了解和体验了与平贺源内相关的文化产品"神酒天神"的制作方法,同时品尝由平贺源内所创的"鳗鱼盖饭"。通过志度まちぶら探险队的这些活动,平贺源内的知名度实现了扩张,在笔者前往志度地区的路上,也曾遇到来自中国香港和台湾地区的观光客人,甚至有一对老夫妇是专程前往了解平贺源内历史的。此外,关于志度地区平贺源内的文化推广,当地还有另一民间组织"文化沙龙源内",通过对平贺源内知识传播,复原平贺源内创造手工艺,研究和推广平贺源内的草药文化,以及出版相关的杂志,进行平贺源内相关文化的体系性恢复和传播,在志度地区形成了颇有文化研究气质的特色民间组织,并成为针对平贺源内相关文化进行推广传播的核心学术性民间组织。

除了志度まちぶら探险队之外,多度津町的白方地区乡土艺术"ヤットセー踊"保存会也是香川县町村文化传承的重要民间组织。作为白方地区传承

的传统艺术,ヤットセー踊在江户时期到大正年间都是当地重要的仪式性舞蹈。但是因为战争,ヤットセー踊一度失传。在这样的背景下,白方地区乡土艺术"ヤットセー踊"保存会成立,并在对ヤットセー踊技艺复原的基础上,利用多种本地活动进行推广,现在ヤットセー踊在香川县内已经重获知名度,并随着香川县"艺术县"的战略,逐步向香川县之外的地区进行推广。这也成为香川县町村文化保护的重要成就,不仅是地域振兴方面的极大成果,更在本地文化的连续性方面取得了重大进展。

四、本地生活支援

对于本地居民的生活支援,特别是在老年人和子女养育照料方面,能够促使本地社会中坚阶层更专注于经济和社会活动,在辅助本地家庭实现工作与生活平衡的同时,促进本地经济发展。特别是在日本持续人口下降,劳动力不足的情况下,职业女性逐渐在社会经济中发挥重要的作用,这一人群对于工作与生活的平衡需求更大,而本地民间团体提供的生活支援服务,将是该目标实现的重要辅助力量。

香川县政府网站上显示,香川县针对儿女养育支援的民间团体有栗林おやじ塾、415之轮(415のわ,"415"为"好孩子"的谐音)以及育儿支援 NPO Friends(子育て应援 NPO フレンズ)。三个组织分别在传播男性对子女的抚养知识、协助女性进行子女照顾以及亲子项目策划等方面对各自所在地的居民提供针对子女教育相关的支持。

这类机构的存在,对于香川县各地居民生活质量的提升,工作与生活的兼顾等,均有明显的促进作用,随着地域振兴活动的推进,此类机构存在的意义将更为显著地展现出来。

除了上述列举的区域性民间团体之外,一些如渔业协会、手工业行业协会、区域观光协会等,则是针对本地产业而进行针对性活动的公会组织。而作为行业公会,在政府层面上的交流相比纯粹的民间组织更为密切,特别是行业协会类组织直接影响着本地多项经济门类的发展,他们的存在与活跃对于相关产业在本地的稳定发展,在日本国内外的市场推广甚至产业化发展,均有极大的促进意义。这一类组织也是地域振兴的重要推动力量。

　　各类与经济门类和地域振兴相关的民间组织的存在,从体系上完善了地域振兴的推动体系,从分工上与政府部门形成了互补,在与政府机构形成互动的前提下,对地域振兴活动的推进形成了有效的助力。在香川县,这样的助力已经产生了初步的成果,并在地域振兴活动的推进过程中,进一步发挥着其无法替代的作用。

第三章　香川县"地域振兴"的产业发展实况

第一节　交通与物流产业

一、濑户大桥和"四国的门扉"

在日本国的四个主要的岛屿中,为众人熟知的北海道和九州岛是已经与本州岛通过新干线连接起来的,北海道新干线和九州新干线都通过有效手段跨越了海峡。然而,四国岛至今为止尚未修建新干线铁路,也是日本除冲绳之外唯一没有新干线通行的主要岛屿。虽然没有修建新干线,但是不代表四国岛与本州岛就是隔绝的,四国岛与本州岛的陆上交通从 1988 年濑户大桥通车开始,至 2019 年为止已经有 31 年的历史。这个时间与北海道和本州岛的青森县之间的青函隧道的通车时间相差无几,虽然相对九州岛来说晚了很多,但是濑户大桥的通车,与青函隧道的通车一样,从根本上改变了这两个大岛与本州岛的联结方式,也进一步为两个岛的经济发展打开了局面。

对于四国岛来说,与本州岛联结的濑户大桥正是从香川县开始连接上四国岛内的各条公路,也正是因此,香川县在交通方面获得了四国岛其他县域无法比拟的优势。虽然在此后德岛县和爱媛县分别通车了与兵库县和广岛县相连接的鸣门大桥和濑户内岛波海道,但是作为三座大桥中唯一可以通行铁路的,濑户大桥在大规模物资运输领域和游客运输领域具有极大的优势,这也是时至今日濑户大桥仍然作为四国和本州联结的最主力大桥的原因。同时,濑户大桥为香川县打造了得天独厚的交通和物流影响力(见图 3-1)。

从 1955 年濑户内海发生了导致 160 人死亡的船运事故之后,跨海桥梁工

图 3-1 濑户大桥

程就作为四国岛与本州岛交通改造的重点项目,并在 33 年后正式通车运行。濑户大桥全长 37.3 千米,其两端分别是香川县的坂出市和冈山县的仓敷市,选择的是濑户内海中几乎最窄的地段,通过 6 座联结海上各个岛屿的桥梁分段建设,成为濑户内海上唯一的一座铁路公路两用跨海桥梁,也曾经是世界上最长的跨海大桥。

现在的濑户大桥作为濑户中央自动车道成为本州岛和四国岛之间交通要道,也是日本最繁忙的公路桥梁之一;同时,濑户大桥还是西日本铁道(JR 西日本)和四国铁道(JR 四国)共同运营的九州和四国岛联络铁路线本四备赞线(也称濑户大桥线)的通行线路,连接东京和香川县高松市的卧铺观光列车"濑户内日出号"。香川县和冈山县之间运行的快速列车"Marine Liner"也经由濑户大桥来往香川县高松市和冈山县冈山市。此外,由于濑户大桥是唯一的濑户内海中能够通行铁路的桥梁,普通各站停车的火车也要通过濑户大桥进行运营;可以说濑户大桥作为铁路桥梁,发挥着其重要的关键性线路的作用。

濑户大桥联结的公路是本州岛的山阳自动车道和四国岛的高松自动车道,分别是连通中国地区主要工商业区和四国地区主要工商业区的关键性高速公路,同时山阳自动车道还与中国地区自动车道、阪神高速等联结神户、大阪的高速公路相连,形成了四国地区、中国地区到关西近畿地区的大区域高速公路网络。在这个网络中,濑户大桥是最为关键的枢纽,也因为濑户大桥的存在,爱媛县和高知县,特别是高知县与本州岛的联结,才有了可能性,而从本州岛前往高知县的高速路网也在香川县的宇多津町进行分线。此外从德岛县前往中国地区也需要通过濑户大桥才能实现距离和时间的最优选择。

从铁路网来说,濑户大桥为香川县带来的就是本州岛的火车线路与四国岛火车线路的联程换乘可能性。香川县坂出市和多度津町是本四备赞线、四国铁路予赞线以及四国铁路土赞线的换乘车站,往来于香川县、爱媛县、高知县和冈山县的游客,需要在这两个车站进行换乘才能抵达除香川县之外的其他区域;而前往德岛县的游客则需要经过这两个车站到高松市再从高松市换乘四国铁路高德线前往德岛县。这样的换乘系统设计,也让香川县在铁路运输方面极具优势;此外这样的铁路网络使得坂出市和多度津町成为四国岛的货运集散区域,这也为本地制造行业和物流行业的发展创造了极大的优越条件。

同时,随着新干线的发展和普及,新干线对地区经济带来的影响力提升,使得四国地区修建新干线的呼声日益提高。从 2017 年开始,随着"四国新干线整备促进期成会"的成立,四国地区建设新干线的计划从设想进入调查和测量的实操阶段。在"期成会"的公开信息中,关于濑户大桥在四国新干线建设中的重要作用得到了体现,该机构的调查中,一方面能够发现在设想中的四国新干线网络中,濑户大桥将作为联系四国新干线网络与山阳新干线的关键通路,将计划中联结爱媛县松山市、香川县高松市和德岛县德岛市的"四国新干线"与联结冈山县冈山市和高知县高知市的"四国横断新干线"连通,并实现与本州岛的核心道路联结;另一方面,由于濑户大桥在建设过程中铁路桥部分的建设已经具备了新干线的线路标准基础,因此能够在"四国新干线网络"建设中起到降低成本,加速实现的作用。

可以期待的是倘若"四国新干线网络"可以实现,新干线带来的区域间交通时间的缩短,濑户大桥在交通方面的影响力将进一步提升;而香川县作为濑户大桥作用提升的直接受益区域,在观光领域、工商产业发展领域的成长速度,将会进一步加强。在"期成会"2018 年发布的题为《新干线使四国改变》调查报告书中显示,随着北陆新干线、九州新干线和北海道新干线的开通,相关区域的人口迁入数、地价、固定资产税收、跨区域甚至跨国会议数量等均有明显的上涨,甚至随着九州新干线的开通,佐贺县的日本足球职业联赛球队鸟栖砂岩队的现场观赛球迷数也有了明显上涨。这些佐证都在有力地促进"四国新干线网"从梦想变为现实。而这个变为现实的过程,则是濑户大桥作用进一步强化的过程,更是香川县获得新一次快速发展的过程的机遇。

但是,从另外一面来说,在2019年的一些新闻报道中显示,四国铁道(JR四国)的经营状况并不乐观,近几年始终处于亏损运营的状况,这样的前提下建设新干线铁路网的资金来源,是新干线建设需要解决的第一大问题,从这个角度来说,四国新干线网络的建设虽然呼声很高,距离实现却还有一段时间。在这样的前提下,如果能够进一步充分发挥濑户大桥的作用,通过对濑户大桥进行多种资源的开发,如在现有濑户大桥面包超人列车和四国千年物语主题观光列车的基础上推出延伸性服务,将"观光"主题进一步拓展,依托濑户大桥与其他铁路线路交叉点的物流集散能力拓展物流服务等,进一步推进四国铁道株式会社的运营能力,将有可能撬动新干线建设成本的门闩,尽早推进"四国新干线网络"的建设。

坐拥濑户大桥这一关键性区域交通枢纽,对于香川县的推动可谓极大。对比世界上重要的洲际交通枢纽所在地,如巴拿马运河所在的巴拿马城、马六甲海峡所在的新加坡、拥有博斯普鲁斯大桥的伊斯坦布尔以及近年来随着亚欧大陆桥和中亚航路建设逐渐发展起来的杜尚别等城市,均拥有了较好的发展前途。而香川县也拥有了类似的区位地理环境,虽然不是洲际枢纽的作用,但在日本国内却是扼守一方咽喉,高松市更是成为"四国的门扉"。

"门扉"一词的应用,恰当地描述了香川县,特别是高松市在四国岛交通和物资集散方面的作用。在交通体系上,高松市的完备性在四国岛无一城市能出其右:四国铁道(JR四国)的所有七条线路中的四条(且全部是跨县域的铁路,剩下三条线路中有两条是县内线路)均由高松市出发,已经证明了这个城市在铁路运输中的重要地位;而海运与陆运的联结,更使高松市有了突出的地位,这不仅是因为高松市拥有整个四国岛最完备的铁路运输系统,也是因为高松港与高松火车站的直线距离,在四国岛内与其他港口和车站相比距离最近;同时通过香川县的高速公路网,能够与四国的其他地区进行连接;这样的铁路、航路、公路的联动系统,形成了初具规模的四国岛内交通窗口。利用高松港和高松市各种路面交通资源的结合,能够实现四国岛内的"四小时物流"。而随着国际低成本航空(LCC)在高松机场的大规模布局,以"陆＋空"为代表的快速廉价出行方式,也极大地提升着香川县,特别是高松市在交通运输体系上的重要作用,其"门扉"的作用日益凸显。

从"门扉"的概念出发,对比世界上最成功的案例,莫过于同样以"海＋陆＋空"联合的交通服务体系著名的荷兰港城鹿特丹。从自然地理特点来说,荷兰同日本的类似之处在于其位于陆地边缘,属于自然资源相对贫乏的区域;而鹿特丹能够成为世界上著名的城市,莫过于鹿特丹港和与鹿特丹港相连的亚欧大陆桥的重要作用。特别是在"海运＋陆运"为主体的物流服务时代,这样的交通运输体系能够带来广阔的"港口服务区"。而因为欧洲高速路网和亚欧大陆桥均以鹿特丹为起点,这样其影响力就会被进一步放大,几乎全欧洲除英国外的所有重要城市都位于鹿特丹港的服务区范围内,其中工业能力强又依赖海运的德国老工业区鲁尔区、莱茵河地区等,均是早期鹿特丹港口的重要"摇钱树"。而随着经济全球化,老工业区转型之后,鹿特丹港在贸易上的重要性进一步凸显,特别是欧洲对于亚非原料和制造业的进口需求提升,拥有良港和完备交通体系的鹿特丹港在欧盟国家的物资供应方面,继续承担着重要的角色,并以此为龙头,始终是荷兰国内除了阿姆斯特丹之外最重要的城市;在欧洲大陆的作用,也无一出其右。

而相对于欧洲大陆的"门扉"鹿特丹,"四国的门扉"高松虽然无法拥有如欧洲大陆一样广阔的服务区面积,但是高松在物资集散上,特别是针对日本国内的运输优势上,在四国岛仍然独一无二。特别是四国岛上拥有的一些企业,德岛县的大冢制药株式会社、香川县的株式会社多田野和大仓工业株式会社、爱媛县的三浦工业株式会社、高知县的株式会社技研制作所等,在所在领域均为世界上的隐形王者,这些企业的产品运输,特别是批量物流,势必需要通过香川县的交通网络,向日本国内其他地区输送;而在日本国内,对于整个四国岛的物资供应,也极大程度上依赖香川县的交通体系。而随着高松机场作用的逐步提升,位于四国岛腹地的高松机场与周边高速公路网络的联系也将成为香川县交通运输体系的新爆点,在传统交通物流体系上,进一步丰富高速物流体系。以高松机场为起点,通过"航空＋高速公路"的方式,或者"航空＋高速公路＋铁路"的方式构筑的四国岛内优势的联结日本全国甚至整个东北亚地区的"八小时物流网"也拥有独特的优势：一方面这样的组合能够比单纯的空运降低物流的成本；另一方面，对于大多数产品来说从产地到目的地的"八小时物流"仍然能够保持其产品的质量水平，保证产品在使用时不会因为物流问题造成损失。

从这个角度出发，以交通运输和物流服务为导向，充分发挥香川县的交通运输在四国岛上的优势，无疑是香川县打造区域核心城市的可行性方案，特别是已经具有完整交通网络和产业体系的高松市，在区域核心城市建设方面，已经具有足够的优势。

除此之外，交通体系的完善对于观光产业的支撑力度更是显而易见。如"期成会"发布的报告中所述，新干线的建设提升了交通运输服务体系的同时，对于观光产业更有着极大的促进效果，特别是在日本"观光立国"的战略下，完善的交通体系代表着观光产业发展的初步成功。

特别是对于中国大陆的游客来说，现阶段在四国岛，通过 LCC 的布局能够实现最为经济的观光模式莫过于从上海浦东机场搭乘春秋航空公司的飞机直飞香川县高松机场并进一步通过高松站向以高松市为核心的周边四小时交通圈辐射观光。因此，"LCC＋JR Pass"成为促进四国岛观光产业发展的重要产品。而因为交通条件成为"LCC＋JR Pass"的核心集散区域的高松市，在商业、餐饮行业和酒店行业等领域中也拥有了有效的促进条件，近些年来"骨付鸡"老店一鹤、连锁温泉酒店 Dommy Inn、连锁经济型酒店 Route Inn、民宿产业等的发展，均与高松市在游客集散方面的重要影响力有关。而据了解，运营着高松机场到高松车站的机场巴士的琴平电车株式会社，也因为这个巴士线路的成功运营，获得了极大的发展。

同时，因为交通体系的带动，高松机场、高松港以及高松站也成为本地观光宣传的重点场所，大量游客的集散带来的人流，以及相关地点的观光宣传活动、海报和宣传品等，能够更有效地获得受众的关注，进而在受众中孕育游客群体。特别是作为四国岛最重要的交通枢纽的高松站，众多的商务和观光游客的集中，使得在高松站站厅内的宣传品架上的众多观光海报都能够被领取完，甚至相关机构还需要时常进行海报和传单的补充。

更进一步,交通体系的完善也能够带来新的商机。特别是以企业服务为代表的新型服务产业,包括广告制作、商务活动策划、网站设计、信息系统服务等行业,在交通体系完善的区域更容易被孕育。究其原因包括交通体系带来的直接受众信息充足、商务活动交通便利程度高、企业客户服务半径缩短等。近些年来,在高松市内逐渐兴起的服务类企业数量逐渐增多,高松市内的多种商业服务体系也因为这类企业的逐渐增多而日益完善。

受濑户大桥的建设影响,以及四国岛内铁路网、高速公路网规划的影响,香川县具备了完善的交通服务基础,这样的基础为香川县的"地域振兴"打下了坚实的基础的同时,促进了香川县多种产业的发展。而进一步提升交通运输网络的水平,提升交通运输的服务水平,也是香川县未来持续发展的关键性动力。

二、高松机场的运营和影响力

如果在香川县向相关的人员问香川县现在的发展状态的主要推动原因的时候,可能很多人都会提到高松机场的影响力;为本书的写作提供了很大帮助的高松商工会议所的大西理之先生也在多次谈话中提到了高松机场,特别是国家航线开通之后对香川县经济的提升作用。作为香川县"地域振兴"项目的关键组成,高松机场的影响力正在日益提升的同时,也在濑户内甚至整个西日本区域内有效地提升着香川县的影响力。

高松机场的国际影响力,发端于国际航线的开通,特别是近年来在国际范围内影响力越来越强的低成本航空(LCC)产业——这些以票价低廉,服务可选择性强为代表的国际航空业务,为更多的人群提供了跨境观光和购物的可能性,相较于全服务航空公司动辄几千元人民币的跨境机票,LCC的票价策略值得注目。相较于以往的票价,LCC能够在一定时间段推出1000元人民币以内往返中国和日本的机票,这样的对比差异,让LCC的使用人群在世界范围内呈现出明显的上升趋势。根据高松机场的统计数字,从2012年开始,国际LCC航班的旅客数量始终呈现出明显的上涨趋势(见表3-1)。

表 3-1　高松机场接待跨境游客数量

年度	2012 年	2013 年	2014 年	2015 年	2016 年	2017 年
旅客数/人	73778	91055	126753	152539	228428	296957
涨幅/%	22.8	23.4	39.2	20.3	49.8	30.0

数据来源:高松空港ビル株式会社年度报告。

在统计的 6 年中,国际 LCC 的乘客数量始终处于增长,特别是 2016 年,香港快运航空公司开通了从香港直飞高松的航线之后,在濑户内国际艺术节的影响效果叠加的同时,国际 LCC 的乘客数量呈现了爆发式的增长。这样的趋势代表着香川县的跨境观光产业的迅速发展和国际影响力的明显提升。特别是经营 LCC 航线的公司在航空运输产业的基础上进行了观光产品的进一步叠加,将机票与酒店、购物优惠甚至门票进行绑定,以更为实惠的价格进行销售,进一步提升了香川县观光产业在 LCC 航线相关国家的影响力。

如 2019 年春季,上海的春秋旅行社就推出了香川县的五天四夜的经济型自由行套票,该套票包含往返上海和高松的机票费用,高松市区 4 个晚上的经济型酒店的费用,以及栗林公园的门票费用;该套票的费用从 1999 元起,在樱花季最热门的出发日的价格为 3299 元,也是在整个 4 月份价格中的最高点。这样的价格优势带来的旅客影响力之大,足以保证这些日期往返上海和高松的航班满员。特别是在"樱花＋濑户内国际艺术节"的双重诱惑下,最高票价只有上海市 2018 年月平均薪酬一半的价格,几乎可以让上海市接近一半的在职人群为之心动。由此可见,LCC 的推动,使高松机场更好地发挥作用,并且是推动香川县观光产业发展的有效力量。

而随着高松机场的旅客数量提升,通过高松机场运行的县内巴士,将高松市区、坂出市和丸龟市以及琴平町等香川县主要工业、商业和观光区域进行了联结;更进一步的是如高松市、坂出市和丸龟市等地,又通过渡轮的运输与濑户内海的各个岛屿进行了联结。以高松机场为起点,形成的"LCC＋巴士＋船运"的综合性本地观光交通体系(见图 3-2),已经成为香川县与其他地区,特别是与本州岛上的大部分县域相比最大的特色;而高松机场除了提升了高松市的观光和商务旅行的影响力之外,进一步对香川县内广域地区形成了有效的带动。

图 3-2 高松机场及 LCC 柜台

在跨县域的方面,在 LCC 的基础上,活用 LCC 的影响力,将高松机场与日本国内航班进行联运,甚至通过多种交通方式对周边地区形成辐射,也是高松机场能够实现快速发展,并推动香川县本地发展的原因之一。

首先是将 LCC 的力量发挥到极致的国际 LCC 航线接续日本国内 LCC 航线的"海外—高松—东京成田"航线,是将从海外飞抵东京的成本在成本和时间上做到最平衡的方式。每日三班的 LCC 航空公司 Jetstar 的航班,能够有效保障从海外抵达的旅客进行无障碍换乘,在时间基本最短的前提下,实现最经济的出行。相较于日本航空和全日空的单程价格,LCC 的中转联程在成本上的经济性得到了突出的体现,这也是较为受欢迎的联程方式。

其次是通过高速公路和观光巴士,将香川县通过高松机场与周边区域进行联结的"LCC+巴士"交通方式,这种方式进一步突出了高松机场的区域观光中枢的作用。现在的跨县域巴士包含高松机场到祖谷溪谷,以及高松机场到高知县两个跨县域巴士,这两个线路分别将高松机场同拥有日本"三大秘境"之一的祖谷溪谷和拥有"国民休暇县"之称的高知县联结在一起,在构筑"四小时交通圈"的同时,再将其与四国岛内除香川县之外最知名的观光区域进行联结,形成了"四国岛纵贯观光体系",对于乐于探寻秘境、巡礼历史和感受自然的游客来说,这两个巴士线路将高松市区和艺术中心、高松机场、著名秘境、坂本龙马史迹、"日本最后的清流"四万十川,以及被誉为"亚洲的圣托里尼"的高知县室户岬联结在了一起,形成了极具人气的观光线路;这两条线路的开通和运营,进一步在深度观光游客群体中提升了高松机场的影响力。

再次是通过更多元的交通方式将香川县与其他广域地区进行联结,这主要依赖于高松市内通往机场的巴士和四国铁道(JR 四国)的线路,通过

"LCC＋巴士＋JR"的方式,构建"六小时交通圈",将旅客输送到大阪、京都、广岛等四国岛外的西日本著名城市。这种多元交通方式对于进行长期观光的游客的影响力颇为明显:一方面LCC对于跨境交通成本的降低,本身就具备足够的吸引力;另一方面,长期观光客对于成本的控制和对于日本国内交通沿线的目的地的探寻热情,将进一步发挥香川县内观光资源的作用——特别是高松市在这个线路上拥有栗林公园、高松港、高松城遗址、高松市商店街、香川县厅舍等本地知名,甚至在日本国内也享有盛誉的观光景点,这些均为长期深度观光客的热衷之处。这种交通模式的联结效果,对香川县,特别是高松市的观光产业,有着极其明显的推动作用。

最后是四国岛内高速物流圈的建立,随着高松机场在客运领域的成功,机场随之扩大服务能力的同时,机场的货运能力也将同步快速提升。而除了高松机场外,香川县还拥有四国岛内最完备的高速公路和铁路运输能力,这些路面交通基础设施能力的综合运用,能够在与高松机场联动的基础上实现高速物流服务,对于现在日益兴旺的网络购物和大量企业的物流需求,能够起到有效的支持作用,对于本地经济的推进,有着明显的效果。

以航空运输为牵引,特别是LCC的综合性应用,构建综合性的县内和跨县域的交通运输服务网,对于香川县的交通产业的发展有积极的影响:旅客数量的提升能够提升以高松机场为出发地的航空公司数量,现在高松机场已经开始计划引入新的航空公司开展高松至北京、高松至东南亚主要国家的新的LCC国际航线,以及高松至名古屋、札幌和福冈的日本国内航线;同时,综合性运输体系的构建,对于香川县内的路面交通运营机构提供了新的商机,运营着高松机场至高松车站的主要机场巴士线路的高松琴平电气铁道株式会社、运营着高松机场至琴平古镇的有限会社琴空巴士,以及运营着高松机场至高知县和祖谷溪谷的琴平巴士株式会社,均因为高松机场旅客数量的逐渐增多而获得了更多的收益;而基于交通产业的套票,如"高松机场巴士＋小豆岛渡轮"的往返套票,也在更广的层面上提升了本地及周边多种运输行业的发展。而基于航空物流构建的快速物流服务体系,则有效地推动着香川县的物流配送服务产业。这些产业的发展龙头,可以说均为高松机场。

除了交通以及以交通运输衍生出来的全产业推动之外,机场作为综合性商业机构,其直接的商业效应也是值得关注的内容。特别是随着高松机场在旅客数量日益增长,尤其是跨境旅客明显增长的情况下,机场本身能够形成的商业效应将日益明显地凸显出来。

首先是零售事业,因为日本产品在东北亚国家深受欢迎,从而为机场经营零售业奠定了基础,而旅客数量的增加则将零售业的产品优势转化成了营业收入。对于跨境旅客,最有影响力的莫过于高松机场的机场免税店(见图 3-3)。相对于高松市内的各种商店的免税服务来说,机场免税店的优势除了在于直接以免税价格进行销售,更加方便和高效之外,不占用 LCC 航班的行李配额也是一大吸引点。在高松机场的免税店中,几乎能够购买到一切日本流行的产品,如花王的 SPA 眼罩、石屋制果的白色恋人饼干、Royce 的生巧克力,甚至还有资生堂 ELIXIR(怡丽丝尔)专柜。这些在东北亚国家居民眼中的"人气商品"能够带来的销售收入是明显的,几乎能够看到每一位从高松机场出发的跨境旅客都手持了高松机场免税店的购物袋登机,而被大量选购的商品中

图 3-3 高松机场免税店和展望台眺望飞机

除了这些日本的"名品"之外,还有香烟、电器产品等。此外,高松机场免税店中也陈列了众多的香川县和四国地区其他县的特色产品,如香川县的乌冬面、和三盆糖,还有本地特色的点心,特别是由本地著名的健康食品稀少糖(由县政府主导,香川大学研究的,食用后不会提高血糖含量的健康糖)为原料生产的本地特色点心"赞之岐三"等,都是旅客竞相购买的热门特产。这些本地特产的销售,除了能够使机场的商业价值得到兑现,更能够对本地产品的国际推广形成有效的推力,帮助更多的本地企业实现商业上的成功。而对于日本国内的旅客来说,高松机场内的 ANA Festa、高松商运 Sky Shop 等店铺,也是贩

售本地特产的主力,在现阶段,日本国内旅客占80％以上客流量的情况下,这些店铺的运营能够提升高松机场的零售事业的收入水平。

其次,机场的餐饮经营,也是机场实现综合性商业收入的重要路径。高松机场拥有在香川本地受欢迎的乌冬面馆、洋风餐厅以及咖啡店、饮品店等餐饮店铺。这些店铺对于各类旅客均能形成吸引力,特别是国际航班的乘客,需要提前较多时间抵达机场的情况下,选择机场内的平价餐饮能够帮助旅客更好地享受飞行的过程,因此高松机场内的此类店铺也时常出现客满排队等位的情况。

最后,机场本身的观光作用,也是综合运用机场的中枢特点形成的特色商业影响力。一方面机场的观景平台作为观看飞机起降的无遮挡平台,成为拍摄、亲子教育等活动的场所,虽然不需要额外的费用,但是对于机场内部的商业设施能够起到有效的业务带动作用(见图3-3);另一方面,高松机场附近的机场公园,是香川县内受欢迎的亲子活动乐园,除了儿童游乐设施之外,也是香川县内知名的观赏樱花和红叶的场所,此外,机场公园还有香川县独一无二的滑草游戏,这些与飞机起降的场景结合在一起,构成了香川县独一无二的景象,不但受到本地人欢迎,近年来也在海外游客群体中受到了关注,特别是亲子旅行和赏樱旅行的游客。这也成为高松机场独特商业价值体现的关键,对于香川县的观光产业产生了直接的贡献。

从机场本身的商业价值来说,高松机场虽然无法与东京的羽田、成田两大机场,以及大阪关西机场、名古屋中部机场,甚至在海外颇有名气的札幌新千岁机场相媲美,但是高松机场所具有的商业价值,正在随着高松机场的跨境旅客数量增多逐步提升,这对于香川县来说,有极其重要的意义。

作为地域振兴项目的龙头产业,高松机场在未来计划上,也在突出"地域提携"的重要作用。特别是在平成30年(2018年),香川县政府发布的《香川县产业成长战略》中提到的香川县未来5年的核心课题中,最重要的"横断战略"之一——企业海外拓展促进项目,将会与高松机场的未来发展息息相关。特别是随着香川县与中国、韩国、泰国等国家的经贸合作交流活动日益频繁,高松机场将在其中发挥更加重要的作用。

首先,新航线的规划。根据高松机场发布的《高松机场与地域振兴计划》

中阐述的计划,高松机场未来将考虑与中国北京、泰国、新加坡等亚洲其他目的地开辟新的航线。特别是劳动力红利在越南、菲律宾等国家逐渐体现,部分劳动密集型产业向这些区域转移的环境下,高松机场对东南亚核心观光和交通枢纽地区开辟新航线的意义就很明显地突出出来。而随着中国与日本双边关系的推进,日本企业在中国的投资增加,香川县的企业在中国开展业务的数量也将会增加,现有的上海航线在商务和观光方面的作用就显得支撑规模不足,开辟北京方面的航线,对于香川本地企业在中国北方的业务有重要的作用,如大仓工业株式会社、株式会社多田野等,均在中国北方有生产基地,这些世界级企业的中国北方分支机构的存在,让中国北方的航线需求也显得价值颇高。这些航路的提升,对于香川县企业的海外业务拓展,将有极其有效的支持,也是高松机场对于香川县地域振兴项目,在未来最大的直接支持。

其次,通过多种商贸推广活动进一步强化高松机场的商业价值。这也是《高松机场与地域振兴计划》中明确提出的行动。高松机场作为四国岛上影响力最大的机场,在促进地区经济、产品销售、交通服务等领域上的作用,随着LCC的进一步发展正在逐渐加强。而通过高松机场的商业推广活动,能够对本地和本地区的产品、观光、服务等产生进一步的促进作用。2019年高松机场邀请了本地小学生大里菜樱作为推广大使,录制了关于高松机场和香川县各个著名观光目的地的宣传视频,以"安心"和"笑颜"将香川县的与众不同之美展示出来,同时也展示了高松机场在交通服务、观光支持以及产品销售等方面的作用和影响力。该视频在中国的新浪微博上播出之后,也受到了一定程度的关注。

最后,综合性交通枢纽的建设。高松机场在多种交通方式联结应用上始终进行着尝试,而随着香川县修建的通往高松机场的"空港联络道路"的高架区间开通,高松机场在航空与路面交通的联结方面,能力得到了进一步提升。此外一些机场基础设施优化也在计划或已经开始进行,特别是停车场的建设方面,为了进一步扩展旅客接待能力,高松机场已经开始修建新的停车设施。这些都将对未来高松机场对本地经济,特别是商贸交流方面的支持力度,有积极的影响。

作为地域振兴关键的高松机场,在自身战略和区域战略的双重扶持下势必能够进一步发展,从而进一步提升对香川县地域振兴的牵引作用。

三、多种交通方式的运营和服务体系完善

在香川县,能够在濑户大桥和高松机场的两个龙头带动下,形成"四国的门扉"效果,除了濑户大桥和高松机场本身的影响力之外,其他交通服务方式的体系性支持,则是形成区域交通中枢的必要条件,甚至这些体系性的支持能力,是充分发挥濑户大桥和高松机场的核心能力,并进一步提升其影响力的关键性因素。正是因此,在香川县内可以发现众多与濑户大桥和高松机场联动的交通服务销售模式,以及在这些模式下叠加的观光和企业服务产业。

（一）铁路和城市铁路

在日本,普遍意义的铁路运输包括"国铁"和"私铁"以及"县铁"三个主要体系。其中"国铁"主要就是以日本铁道（JR）为基础运营的铁路服务,在 1987年日本铁道改制为民营并拆分成为 7 个主要公司之前,JR 作为日本的国有企业在日本全国提供服务,因此 JR 运营的铁路也被认为是"国铁",在日本国内最著名的"国铁"线路就是在东京都核心区域内运营的 JR 山手线。相对应地,"私铁"就是由地方性独立企业提供运营服务的本地铁路企业,大量的区域性特色线路均为私营铁路公司运营,近几年在中国颇有人气的东京轨道交通"临海线"就是典型的"私铁"。而"县铁"则是以地方政府相关管理机构出面组织并成立的,负责运营本地城市轨道交通的法人机构,其中最具有代表性的机构就是东京地铁株式会社,其法人运营主体为东京都交通局。

香川县由于其面积小,人口集中度较高,相对于东京都、大阪府这类需要完整立体化轨道交通体系的大型城市,无论高松市还是整个香川县,三类机构共同运营的铁路服务都会因为严重的重叠性导致利益的严重分割,从而影响全面的收益。因此,在香川县内的铁路运营方面,只有"国铁"系统和"私铁"系统,而"国铁"和"私铁"在定位上的差异,使得两个系统几乎完整覆盖了香川县的重要区域,特别是其站点设置的科学性,对于县内的居民以及商旅出行,甚至物流服务,都能够提供有效的支持。

在"国铁"层面上,作为四国铁道（JR 四国）运营线路的最重要换乘区域,香川县的所有"市"均位于 JR 四国所辖线路沿线,特别是高松市、坂出市和丸

龟市,拥有至少三条 JR 四国的线路。而作为县内重要的观光目的地,琴平町和宇多津町也是 JR 四国的重要线路经过的区域(见图 3-4)。从观光的角度来说,JR 四国的站点几乎布置在重要的观光景点步行 10 分钟的区域之内,如琴平车站距离金刀比罗山步行仅需要 5 分钟;JR 高德线栗林站就设置在栗林公园北门步行 3 分钟的地方;而观音寺站距离琴弹公园也仅需要步行 10 分钟;对于大部分观光客来说,选择 JR 四国的线路出行,抵达知名的观光目的地是非常便利的,这样的设计对于能够使用 JR Pass 的海外游客来说,具有相当的吸引力。而对于商务出行来说,香川县的企业区域总部基本位于高松站附近,而坂出市和丸龟市的工厂区域,则拥有与 JR 车站连接的巴士服务系统,基本可以满足商务出行的需要。

图 3-4　JR 四国和琴平电车

与四国岛上的其他地方相比,除了站点布局的完备性之外,高松市相对于其他城市更为优越的地方则在于通过高松市可以直达四国岛所有的工商业核心城市,如爱媛县的松山市、今治市,德岛县的鸣门市以及高知县的高知市等。同时,高松市通过 JR 四国与西日本铁道(JR 西日本)联合运营的本四备赞线可以直达冈山,在换乘一次的情况下可以到达大阪、京都、神户、广岛等西日本商业中心城市,这是四国岛上其他任何城市均不具备的条件。对于跨区域观光、商旅以及物流运输,都是极其明显的优势。此外,JR 四国也提供主题观光列车服务,包括艺术主题的 La Malle de Bois 列车、濑户大桥主题的面包超人列车、四国秘境主题的四国千年物语观光列车以及儿童游乐主题的 yoyo 面包超人列车,这些限定服务的列车,对于本地观光行业也能够形成有效的刺激,针对性地吸引一定数量规模的游客。

　　相对于"国铁"系统的跨区域完备性来说,"私铁"在香川县内则更多地是为了满足高松市及周边区域居民的近距离出行需求而存在的。现在香川县只有一家运营"私铁"系统的公司,即高松琴平电气铁道株式会社,该公司运营的"私铁"体系名为"琴平电车",在日本全国范围内是历史最为悠久的城市铁路交通系统。该系统始于1911年,虽然不是地下铁路,但是却比东京都地铁开始服务的时间还要早。现在,琴平电车不仅是高松市居民出行的重要工具,同时也是香川县交通运输产业的标志性体系,每个月运行的"大正浪漫列车"不但为市民提供了始业阶段的"大正列车"的怀旧服务,更成为每个月日本铁路爱好者的节日,是每个月香川县重要的观光活动(见图3-5)。

图3-5　作为本地纪念的琴平电车大正列车

　　现在,琴平电车拥有三条线路,覆盖了高松市及高松市周边的工商业区和观光景点,包括高松港、高松商店街、栗林公园、琴平町、屋岛区域、志度寺等地标性区域,高松市的CBD区域、东南部的智能产业园区、东部的沿海工业区域等,也都在琴平电车系统沿线。甚至琴平电车作为日本最早的沿海铁道,还保留着一段沿濑户内海运行的铁道。这样的线路对于高松市及周边观光、商务活动、市民采购等行动均能够实现有效的支持;特别是在观光层面上,随着琴平电车特色活动,以及与沿线区域的互动,形成了"琴电+佛生山温泉""琴电+白山滑冰场"等联动优惠套票,为本地居民提供了经济的休息日活动方式的同时,对于本地观光机构、体育运动设施等的运营,也起到了支持作用。

　　总体来说,香川县内的铁路运输体系对县内的交通和物流行业的支持水平比较完备,其覆盖面广和关键区域的联结效果均可以获得较高的评价。但是,香川县内的铁路运输,特别是 JR 四国的营运情况也面临着较大的压力。特别是在四国岛整体呈现"过疏"趋势的前提下,在高速公路网络逐步完善的影响下,在没有新干线等高速铁路的支持下,铁道运输的时间优势无法突出,而铁道运输对时间规划的高要求等问题,共同推动着 JR 四国在日常的竞争中相对公路交通服务存在劣势,这种劣势是在四国岛上的所有 JR 线路中整体存在的。根据 2019 年的经营数据发现,JR 四国运营的线路中仅有本四备赞线实现了赢利,而其他线路则均存在不同程度的亏损,整体上则导致了 JR 四国盈利能力的全方位不足。这样的情况在香川县和四国岛的其他地方均造成了"修建新干线"的需求和"修建新干线资金"的缺口的严重对立。但是可以看到的是,如果新干线能够实现在四国岛的运营,铁路运输的高速化特点将更为突出;区域间的移动时间能够实现明显减少的话,对于 JR 四国的运营也将有明显的促进效果。这些要点,也是香川县和整个四国地区未来需要继续评估的要点。但是至少可以肯定的是,新干线的通车对于观光行业的促进是明显的,特别是对比北陆新干线和九州新干线通车后的影响,现在石川县、熊本县和鹿儿岛县已经成为海外游客关注的热点区域,地域振兴项目也产生了显著的效果。

　　(二)公路交通和城区公共交通服务

　　香川县的公路交通,是县内与濑户大桥以及高松机场直接关联的交通模式。由于香川县的道路整备工作在日本名列前茅,其道路密集程度排名日本47 个都道府县的第 4 位,为公路交通和以公路为基础的公共交通服务提供了良好的发展基础。在四国岛内相对于爱媛县(全国第 12)、德岛县(全国第 25)以及高知县(全国第 38),香川县的公路基础有着压倒性的优势,特别是在与濑户大桥以及高松机场相连的同时,将四国岛最大的机场同本州岛的核心工商业区实现了联结,为低成本的快速运输服务提供了有效的基础设施的支持。

　　从公路交通来说,香川县的服务体系包含以机场为中心的机场物流和客流服务体系、以铁路车站为核心的城区公共交通服务和物流服务体系、以港口为中心的大规模物流服务体系和针对部分观光目的地而专门设置的专线班车服务(见图 3-6)。服务模式则包含固定线路的服务和定制线路的专项服务等,特别是在观光相关的服务领域,定制线路的包车服务在近年来呈现出的繁荣状态,是香川县内的重要的产业爆点。

图 3-6　高松机场门前的巴士和出租车站台

以机场为中心展开的物流和客流服务体系,是综合了固定线路服务和定制线路服务的综合性服务体系。从客流角度来说,香川县内的高松琴平电气铁道株式会社、有限会社琴空巴士、琴参巴士株式会社和琴平巴士株式会社均在运营固定的旅客线路,通过固定的线路将旅客输送至高松市、丸龟市、坂出市中心、琴平町,以及祖谷溪谷和高知县等县外观光目的地。同时,与之相对的,以株式会社大川观光为代表的定制化服务公司,也以高松机场为起点进行游客的接站运营。而货运物流方面,日本通运株式会社、日本邮政局、大和运输株式会社(宅急便)以及近年来十分活跃的佐川急便株式会社等均在高松机场设有服务接待处,利用高松机场的空运基础与香川县便利的高速公路体系结合,进行高效的货物集散。

以铁路车站为核心的城区公共交通服务则是以固定线路为主的服务模

式。香川县内大多数 JR 四国的车站附近均有城区巴士的站点,而在高松站则除了拥有城区巴士站点外,还有跨县域长途巴士站点。这些城区固定线路巴士全部由本地企业运营,如高松市内的固定线路巴士几乎均以高松车站为始发站,同时运营巴士线路的公司主要为高松琴平电气铁道株式会社和大川自动车株式会社;而丸龟市的固定线路巴士则是由琴参巴士株式会社运营。此外,大多数物流服务公司在大型车站附近均设有物流集散服务中心,一方面是通过铁路运输实现跨区域的大规模物流服务;另一方面是将通过铁路运输送达的货物进行分拣和本地输送。

以港口为核心的大规模物流服务体系,主要依托于高松港的货物运输能力,集中在高松东部朝日町附近的货运港区和香川县中部的多度津港口区域,这些区域的货物运输特点是时效性相对要求较低而货物量相对较大。香川县的港口全部通行了县级公路,其规模与中国的省道水平类似,强调通行能力与成本的平衡,同时能够较为方便的与高速公路进行对接通行。在这种基础设施条件下,众多物流公司在港口附近设置了货物集散中心,针对大量非紧急性货物进行成本经济化的高效物流配送服务,该服务的对象从香川县延伸到周边地区,特别是香川县的临近城区。

为特定观光目的地而专门设置的班车服务则是完全以固定线路服务为特色,针对无法进行铁路运输的观光目的地,将附近的铁路车站同景点进行联结。这样的服务包括每日运行的屋岛山顶观光班车、定期开放的丸龟竞技场观赛班车、限定时间运行的满浓国家公园冬季灯光活动班车等。这些班车服务的对象主要为县内外的游客,是直接针对观光产业进行的专项服务;随着香川县在观光领域的知名度逐步提升,此类服务的受众数量也在增长。

香川县的公路交通构建的公路网络为香川县内的公路运输行业提供了良好的发展基础,而香川县也将这个基础与濑户大桥和高松机场的优势进行了结合,在本地观光、工商产业以及民生领域,均起到了有效的发展促进作用。但是,对于公路交通来说,其资产需求较铁路、船运和航空更为简单和廉价,相应的竞争力会更强,行业内难以出现明显的一家独大的局面,对于本地的相关企业来说,面对的县内外的竞争压力也相应较大,其发展的道路仍需要在服务的深度和定制化程度上进行探索,以求形成县内独特的服务特色并形成持续竞争力。

（三）船运服务的必要性

日本作为世界著名的群岛国家，在现代化大型工业技术得到应用之前，岛与岛之间的交通方式完全依赖于船运，这也是日本岛屿间交通的最原本的方式。这样的方式在现代仍然存在其必要性，一方面是矿石类产品跨境运输的成本优势；另一方面则是日本国土除了四大岛之外还有众多有人居住的小岛，这些岛屿间的交通需要通过船运实现。

对于香川县来说，作为管辖濑户内海上110多座岛屿的地区，只有保留船运服务并发展船运服务，才能够有效管理海上的岛屿并促进岛屿的发展。从这个角度来说，香川县的船运服务具有其相对其他地方更为重要的地位。现阶段，香川县的高松市、坂出市、丸龟市、三丰市和观音寺市均拥有通往濑户内海中岛屿的船运服务；其中最为重要的航线即为从高松市到小豆岛的航线，该航线又有三个不同船运公司运营，从高松港出发目的地分别是小豆岛的三个不同港口；这样的状况也方便了不同的乘客根据自身需求选择小豆岛的抵达港口。除了小豆岛航线之外，香川县的船运也是支撑着濑户内国际艺术节能够顺利进行的关键性交通服务，在艺术节期间，游客只有通过船运才能实现高松市与众多岛屿，以及岛屿之间的移动；而在艺术节期间阶段性提升船运服务的能力，也是香川县在保障船运业务发展和艺术节接待能力两方平衡中采取的必然策略。

此外，在旅客运输方面，香川县保留了高松至神户、冈山等地的长途船运，这些船运在濑户大桥通车前被称为"四国海上国道"，是四国岛居民前往本州岛的行程的主要手段；作为本地交通运输的传统以及对于公路和铁路交通服务的补充，"四国海上国道"得到了保留，并在现在仍然发挥着重要作用，特别是夜班航线，对于众多商务人士来说是经济性与舒适性平衡的首选。

高松港作为国际性港口，在跨境海运，特别是进出口物流方面，也在发挥着重要作用，通过高松港进行针对四国岛的物资进出口，也是香川县海运的重要内容，其对于本地及周边区域的工商产业发展起保障作用，其关键性非同一般（见图3-7）。

香川县拥有着齐全的交通运输服务门类，各类服务均在其领域上发挥着

图 3-7　高松港的船运

重要的作用；而将不同的交通运输服务进行结合，建立起来的运输服务，在经济成本和时间成本两方面均能做到最优选择，这使得香川县在以高松市为核心的区域物流中枢的建设上面，获得了极大的成长。香川县的交通领域带来的成果，也将成为香川县综合产业发展的重要动力，推动本地在未来取得更大的发展。

第二节　农牧渔产业的发展和振兴

一、橄榄种植业的名片化之路

日本种植业的品牌化世界知名，甚至成为某一地区的代表，知名的如北海道夕张市生产的夕张蜜瓜、石川县产的"浪漫红宝石"葡萄、青森县产的"世界一号"苹果以及山形县的"佐藤锦"樱桃，都是国际知名的品牌化代表；尤其夕张市因为蜜瓜的生产，正在从"城市破产"的泥潭中逐渐走出来，成为"地域振兴"的成功案例。随着一批品牌化的农产品在日本国内，甚至世界范围内的影响力提升，其主产区的国际知名度在明显提升的同时，形成了以农业种植业为主题的新产业链。较为典型的就是青森县的苹果种植业，在苹果种植、苹果深加工的基础上，衍生出来的苹果温泉、苹果采摘、苹果"料理教室"甚至苹果花赏花观光等，已经成为青森县在观光产业上的新卖点，在中国也拥有一定人气。

而在以橄榄树为县树的香川县，这样的产业模式更在橄榄种植业上早早扎根。作为香川县最有代表的种植业产品,小豆岛在橄榄种植业的深度开发领域,可谓独树一帜;不仅以橄榄种植为中心形成了一整套完整的,甚至包含着环保精神的产业体系,更在这个过程中形成了与欧洲地中海地区相媲美的橄榄产品线。其橄榄种植历史和橄榄种植业深度开发的历史,甚至早于大多数现在的农业品牌化成功地区,其影响力在日本国内也是最高的。

香川县是日本最早开始种植橄榄的地区,最早可以追溯至明治41年(1908年),到现在已经有110年左右的历史。而110年来香川县不但橄榄产量位列日本绝对的第一(产量是日本其他种植橄榄地区产量总和的30倍),种植的橄榄品种也以60多种位列日本第一。足够的产量和不同果实的使用方法,为香川县深度开发橄榄种植业的延伸产业提供了良好的基础,而这也成为香川县最具代表的品牌化种植业产业链。而橄榄种植业的成功,使得橄榄种植在香川县内得到了普及,现在不只小豆岛,在香川县的高松市、坂出市、丸龟市等地,也逐渐开始有橄榄种植以及与之相关的加工延伸产业出现。

在香川县,近年来形成的关于农业产业化的概念被称为"六次产业化"。其概念是将农产品种植与农产品深加工、销售与物流服务新模式等进行综合,形成高附加值、高利润产出的农业产业链,在农产品"品牌化"的同时,形成规模效益。这个概念作为香川县农业种植业的关键概念是县政府重点打造的以农业种植业为龙头的地域振兴项目。而显而易见的是,这个项目的核心,就是小豆岛的橄榄种植业在110年来发展过程中积累下来的经验。

现阶段,小豆岛的橄榄种植业及其衍生产业包含的内容有(见图3-8):

(1)橄榄种植和果实销售。该产业作为最基础的农业种植业产业,是农业产业化的"原始阶段",相对于自给自足的农业种植业生产方式,在更早的社会形态中就已经产生的"产销分离"的生产方式是农业的"第一次产业化"。而这种产业化的模式,在现代社会中能够为农业种植业带来的利润增长力度已经不足,除了具有明显"品牌影响力"和"奢华口感评价"的产品之外,作为单纯的产品销售时,产品附加值相对较少,但是作为基础性产业,仍然有其存在的必要,并构成了小豆岛橄榄种植业的基础性行业。

(2)橄榄果实加工。橄榄果实的加工,主要在于将橄榄进行"食材化"加工,如腌制的橄榄果实和橄榄油制造等,在"品牌化"特别是健康饮食的社会需求环境作用下,橄榄油的生产呈现出明显的上升趋势,小豆岛的橄榄油也成为世界著名的橄榄油产品,也形成了日本国内有名的橄榄油品牌"金两"。每年该品牌新鲜榨取的天然橄榄油,由于其选用最新成果的橄榄果实,用保持橄榄原有营养成分的榨油方式,综合多种橄榄果实获得橄榄香气浓郁,口感却清爽的食用体验,从而成为本地居民待客名品,也是香川县重要的特产礼物。

(3)橄榄食品深度开发。在橄榄果实加工和橄榄油生产的基础上,小豆岛更进一步开发橄榄食品,最具有代表性的就是在日本全国独一无二的橄榄冰淇淋。冰淇淋在制作时选用了本地橄榄和橄榄油进行调味,其颜色呈现出橄榄果实的天然色彩,吃起来能够品尝到橄榄本身的香味,同时由于橄榄的降血糖血脂效果,被称为"健康冰淇淋",在日本国内享有盛名,甚至海外游客也会竞相购买。此外,利用橄榄和橄榄油制作的各类蛋糕、饼干、巧克力,以及特色的菜品,也是小豆岛重要的橄榄深加工服务,这些产品在具有"定制化"概念基础上,以"健康"和"好味道"成为招牌,进一步拓展了橄榄的应用范围,扩展了产业链条。

(4)关联产业的循环应用。这是橄榄种植业的"高阶"产业开发,小豆岛居民使用橄榄榨油的残渣作为牛的饲料,同时将牛的排泄物作为橄榄树肥料,从而形成环保的"循环农业"。这种循环农业的产物名为"橄榄牛",是日本非常罕见的高级牛肉,由于牛食用的是橄榄,橄榄牛的牛肉富含油酸,成为能够预防动脉硬化,调整胃酸分泌,加速肠道蠕动的"健康牛肉",加之其牛肉口感和味道在日本均属上乘,因此成为本地橄榄种植业产业化过程中衍生出来的日本著名产品,也是香川县近年来重点推广的畜牧业产品。此外,类似的橄榄残渣的用法,也在渔业中得到了应用,香川县生产的"橄榄鰤鱼"也是采用了类似的理念,生产出了在日本独一无二的口感好、味道佳同时兼具"健康"概念的特色渔产。

(5)橄榄护肤品生产。利用橄榄富含维生素的特点,将橄榄加工成为特色护肤产品,也是小豆岛橄榄种植业的新应用。现在已经开发出的产品包括橄榄油面膜、橄榄油洗发水、橄榄油护手霜等;这些产品的开发在世界上也属于较早的橄榄多渠道应用成果。而这些产品现在作为小豆岛的重点护肤推荐产品,正在"药妆品王国"日本进行推广,而其效果证明小豆岛的橄榄护肤品在日本市场上具有独特的竞争力,并且日益成为日本国内的热销产品。

(6)橄榄园观光产业。在橄榄种植园的基础上,小豆岛设计了橄榄博物馆、橄榄公园等观光景点,并且在橄榄种植园的基础上推出了"寻找心形橄榄树叶"和"手工调制自己口味的橄榄油"的活动。随着《魔女宅急便》在小豆岛的拍摄和电影的大受欢迎,小豆岛的橄榄观光产业也迎来了爆发式的发展,特别是橄榄公园中《魔女宅急便》取景的大风车,已经成为日本国内外游客到小豆岛观光的必"打卡"地点。作为综合性的产业,橄榄观光业也将众多产业的参与融入游客的消费行为中。在日本独一无二的体验,为小豆岛带来了很高的评价,在中国的各大旅游观光信息网站中,小豆岛的橄榄公园已经成为香川县最热门的几个景点之一,而在橄榄公园"手工调制自己口味的橄榄油"则成为近年来最热门的活动之一。

图 3-8　橄榄种植业的"六次产业化":橄榄油、橄榄油冰淇淋和橄榄园观光

在橄榄种植业的深度开发领域,香川县打造的产业体系,可以说是日本其他区域农业产业化开发的模板,其完整程度囊括了种植业、畜牧业、渔业、食品加工业、民用制造业、餐饮服务业和观光产业,相比其他地区的综合产业化之路,小豆岛的橄榄种植业更加全面,产业间的基础设施完善程度更高,也更具有规模效益。这是香川县在农业产业化之路上,为全日本树立的典范。

但是,在小豆岛橄榄种植业产业体系完备的背后,必须要提到的是橄榄种植业的基础成功因素——橄榄品质。较高的橄榄品质是形成产业链的根本,只有高品质的橄榄,才能够在衍生产品上形成影响力,并且构筑后续一切产品和产业链条。而在保障橄榄品质方面,香川县农业试验场小豆橄榄研究所,是其中最关键的机构,通过橄榄研究所的工作,为小豆岛橄榄种植业的产品提供了有效的质量保障,构成了小豆岛橄榄产业体系的基础。

香川县农业试验场小豆橄榄研究所的前身是建立于昭和26年(1951年)香川县农业试验场小豆分场,并在平成23年(2011年)改称为橄榄研究所。从成立至今,有接近70年的历史。从建立之初,橄榄研究所就致力于本地橄榄种植和相关的研究工作,而除了对橄榄树种植技术、选种育种、公害预防等种植技术相关的研究之外,小豆岛的橄榄公园也是研究所的产业的一部分。而从研究成果上说,除了对于原有主要种植的橄榄品种的种植技术进行了优化和标准化之外,研究所近年来还推出了两个新的本地原生品种橄榄,这个新品种的橄榄,均在出油率和成果率上较传统品种有一定程度的提升,正在逐步成为本地橄榄加工产业的主要原料。

此外,以橄榄研究所为主体机构,在参考了国际橄榄理事会(IOC)的橄榄油质量标准评价体系后,香川县建立了适用于香川县橄榄加工行业的橄榄油质量标准,并由橄榄研究所组织对县内各类橄榄油和橄榄油制品进行审核。通过专业机构的审查,推动橄榄油产业整体的质量标准化,提升消费者对香川县橄榄油的信任,并且力图实现扩大香川县橄榄油及橄榄油产品销量,从而带动香川县整体橄榄种植行业的发展。

在标准化的基础上,香川县整个县域内均出现了获得品质认定的橄榄油相关生产企业,这些企业遍布于香川县各个城市,进一步形成了在橄榄油产品方面的竞争环境,进而实现了以市场为主导的橄榄油产品质量保障。这样的产业循环,对于香川县橄榄种植业及其衍生出来的食品加工、日用品生产等产业均有良性的推动作用。

同时,由于香川县的橄榄油质量标准在日本国内获得了认可,香川县进一步以橄榄研究所为基地在全国推广橄榄油制造标准。2019年"日本橄榄油品评会"就在橄榄研究所进行,现在在日本种植橄榄和进行橄榄油制造的神奈川县、静冈县、冈山县、广岛县、长崎县、福冈县和熊本县7个县,以及香川县的总计44个企业81个产品参与了品评会。近些年来,在香川县内和日本其他地区,均有相关的活动组织。这种全国性质的品评活动,强化"质量标准"的适用性,能够有效提升本地橄榄种植行业的影响力,并进一步强化本地品牌效果。

在国际市场上,香川县的推广活动也包括了橄榄及橄榄产品的推介。除了旅游推介的小豆岛橄榄之旅外,作为香川县的重要本地特色产品,橄榄油、橄榄护肤品均是香川县在国际舞台上主打的产品。甚至香川县的一些乌冬面制造厂商,将香川县的两大著名产品进行了结合,形成了"橄榄乌冬面",开始在日本国内外市场上进行推广。

截止到现在,以橄榄种植业为核心,香川县已经构筑出了"橄榄文化"。在饮食上,橄榄和橄榄油作为本地特色的食材和调料成为居民饮食文化的重要组成部分;在社会公共事项上,橄榄相关的艺术作品、公共设施的标志甚至公共服务的名称等,均有橄榄的要素渲染;在产业发展领域,更是以橄榄为核心建立了完整的产业链,并且在欧洲橄榄油主产区产生了一定的影响;在科研领域上,相关专门研究机构的工作以及橄榄油在健康领域的应用,也成为本地产业科技发展的重点方向。

而在未来发展方面,平成 30 年(2018 年)发布的《香川县产业发展战略》中,更进一步明确了"橄榄产业强化项目",作为未来重点发展的县内五大产业之一,在县政府层面上得到了战略支持。该项目包含四大方向:①产量和相关产品产量的提升,包含了橄榄本身产量和质量的继续提升,橄榄牛以及新产品橄榄梦猪的产量进一步提升,橄榄鰤鱼的产量也要实现进一步的增长;②进一步强化橄榄相关的新产品开发和产品品质的提升,在开发新产品的同时,更进一步提升本地橄榄油的平均质量水平,通过技术研讨会、品质管理研修会等形式,广泛吸收橄榄油制造技术,进一步提升橄榄油产品在日本国内和世界的质量优势。③实现香川县橄榄产业的全球品牌化推广,包括本地的橄榄产品品牌确立和世界范围内的销售行动开展。④进一步推进"产学官"联携的效果,通过三方努力,在技术、产品、市场等方面寻找新的突破。

橄榄种植业带动的产业体系已经打破了传统的农业制造业的概念,在"六次产业化"的体系下,成为整合能力强、产业覆盖面广的本地特色产业,作为本地未来重点扶植的特色产业,橄榄种植业的作用在未来将进一步发挥出来。

在橄榄种植业模式的影响下,香川县的品牌农产品也进入了较快发展的阶段。赞岐姬草莓、小原红早生蜜柑,以及各类本地原生猕猴桃品种,均成为本地农业在日本国内水果市场上主打的品牌,特别是猕猴桃的销售,在日本国内取得了较大的突破;除水果之外,本地的小麦、水稻的品牌化也取得了长足进步。

以香川县农政水产部农业生产流通课为代表的政府机构和以 JA 为代表的非官方农业联合机构,甚至一些民间地域振兴组织,以及研究所、大学等,已经形成了在农产品研究和推广方面的协同。在"六次产业化"的项目影响下,作为《香川县产业发展战略》中规划的香川县 6 大重点发展课题之一,全面推进品牌化农业产品在世界范围推广,也成为香川县农业种植业的发展动力之一,并且随着科技力量的进一步投入,香川县的品牌农产品推广之路将更为平坦。

可以预见的是,随着"橄榄"在香川县的"名片化"推广和橄榄种植业产业体系的发展成熟,该模式在香川县内将得到最高效的移植,使得香川县的农产品品牌化道路实现爆发性增长,进而推进多种农产品,建立属于香川县特色的农业"地域振兴"。

二、"赞岐三畜"的品牌化发展

日本的农牧业产品的品牌化始终在世界上处于领先地位。"和牛"作为日本特色的肉用牛品种,是世界上公认的品质最优秀的肉牛品种。但是"和牛"并非一种牛,而是日本各地肉牛的统称;在日本各地,均有品质上乘并形成品牌化的牛肉,著名的有兵库县的"神户牛"、山形县的"米泽牛"、宫崎县的"宫崎牛"、岐阜县的"飞驒牛"等;这些品牌化的和牛不仅代表了当地畜产业的质量水平,更吸引着众多的食客并因此获得了不菲的销售收入。除了牛肉,日本的猪肉、鸡肉等日常食用的畜牧业产品均在不同的地区拥有本地著名的品牌,在猪肉方面,冲绳县产的"黑琉豚猪"、东京都产的"TOKYO X"等,均为日本国内知名猪肉品牌;在鸡肉方面,秋田县产的"比内地鸡"、德岛县产的"阿波尾鸡"、青森县产的"洛克军鸡"等都是日本国内享有盛名的鸡肉。这些猪肉和鸡肉,不但是本地居民喜爱的品牌畜产,更在东京都生根落地,对全世界的游客供应。

作为日本传统的农牧业重要地区的香川县,在畜牧业产品的品牌化道路上,并未落后。特别是随着橄榄种植业的发展,香川县的畜牧业和橄榄种植业逐渐结合,形成了香川县特有的"赞岐三畜",并成为日本国内知名的畜牧业产品。"赞岐三畜"分别指的是"赞岐牛""赞岐梦猪"和"赞岐油鸡",现在香川县内的各大烤肉餐馆贩售的"三畜拼盘"就是由这三种产品组成的,在香川县内属于"大人气"菜品。特别是近年来橄榄油生产量逐渐扩大的情况下,用于饲料的橄榄油渣总量提升,香川县更在"赞岐三畜"的基础上,通过橄榄饲料的喂养形成了"升级版赞岐三畜":橄榄牛、橄榄梦猪和橄榄地鸡。

(一)赞岐牛

作为"赞岐三畜"中最有代表性的产品,赞岐牛是香川县畜牧业的"明星产品"。对于"赞岐牛",其明确定义为"香川县内喂养的血统明确的黑毛和牛品种,根据日本食肉格付协会制定的牛肉标准,牛肉的出肉率等级需要在 A 或 B等级,同时肉质标准需要在 5 级、4 级的 Gold Level 或者 3 级的 Silver Level"。在和牛的品评标准上,包括肉质、纹理、松弛程度等均是品评的重要标准,而出肉率等级在 A 或 B,且肉质等级在 5 级或 4 级的牛肉,堪称和牛中的极品。赞岐牛能够达到的标准,在日本国内属于上乘,虽然其品牌在平成 25 年(2013年)才获得日本特许厅的认可和登录,却在大正年间(1912—1926 年)就因为香川县饲养的肉牛肉质上乘获得了广泛的认可,并获得了"赞岐牛"的称呼。

赞岐牛最早是饲养于小豆岛上的和牛品种,在距今 1300 年以前的奈良时代,小豆岛曾作为献给皇室的"宫牛"的喂养地使用,这样的历史为小豆岛留下了高级牛品种的基础,而"宫牛"也被认为是日本和牛的"本"。到了明治 15 年(1882 年),小豆岛正式开始了肉牛的产业化饲养,这可以被认为是赞岐牛真正的开端。而随着畜牧业科技的逐步发展,小豆岛的肉牛饲养产业逐步发展并培育成功了本地的牛肉品种,被称为"赞岐牛",之后成为香川县本地的重要畜牧业产品。赞岐牛曾经在日本的"全国和牛能力共进会"第三次大会上创造出日本最高的 800 万日元一斤的售价;在第五次大会上也获得了综合评分第一名的瞩目成绩。

根据平成 23 年(2011 年)的统计,香川县有 264 家农户饲养了共计 18200头黑毛和牛,而其中能够评为"赞岐牛"的仅有 3000 多头,占总饲养量的 1/6,足见赞岐牛的品质要求。但是这个数量已经占上市赞岐牛总量的 60%,由此也可见赞岐牛作为本地的名贵牛肉品种,其贵重程度在日本国内也是极高的。而随着小豆岛橄榄种植业的发展,橄榄油的生产过程产生了大量油渣,小豆岛居民以此为饲料喂养肉牛,并在近年来形成了集健康和美味于一体的"橄榄牛",成为香川县最著名的牛肉品种,特别是其富含油酸具有软化血管的效果,成为日本最健康的牛肉产品,并以此成为近年来日本畜牧业产品中的"明星"(见图 3-9)。

图 3-9　赞岐牛(左)和橄榄牛(右)

(二)赞岐梦猪

赞岐梦猪是平成 6 年(1994 年)在从英国引进的肉质评价较高的"伯克希尔"品种的肉猪基础上,通过香川县本地的畜产试验场研究开发并成功培育出来的本地猪种。在香川县,"伯克希尔"品种中 50% 的猪被称为"赞岐梦猪",而纯"伯克希尔"种的本地猪则被称为"赞岐黑猪"。"赞岐梦猪"需要在香川县自然环境优越的天然农场中饲养,同时为了提升肉质,其饲料中含有更多的麦类。作为日本降水最少的地区,香川县恰好是日本最适宜生长小麦的地区,这为赞岐梦猪的饲料开发提供了充足的条件。而根据香川县畜产试验场的研究,饲养的赞岐梦猪需要比一般的猪多饲养 1 个月才能出栏。这些都是赞岐梦猪与普通肉猪相比拥有更高的肉质的原因。也正是因为这些与众不同的饲养方法,赞岐梦猪的肉被评为脂肪纯白有淡甜味的柔软美味的猪肉。

由于赞岐梦猪独特的饲养方法和较高的饲养成本,赞岐梦猪的产量相比普通的猪也是明显减小。根据平成 21 年(2009 年)的统计,当年香川县全域的肉猪出货量为 74000 头,而其中赞岐梦猪仅有 4000 头,占全年肉猪出货量的不足 6%。可见赞岐梦猪的难得。

与橄榄牛一样,香川县在小豆岛的橄榄种植业充分发展的前提下,将橄榄榨油的残渣用于肉猪的喂养,形成了"橄榄梦猪"这一新的本地的产品。而通过用含橄榄的饲料喂养的赞岐梦猪,其肉质较通常的赞岐梦猪发生了变化,猪肉呈现出入口即化的口感和因果糖含量提升而产生淡甜的味道,相对于赞岐梦猪,橄榄梦猪的口感更佳清淡,加之橄榄赋予的健康效果,橄榄梦猪也成为深受日本民众欢迎的产品。

（三）赞岐油鸡

香川县是日本著名的鸡肉产地,特别是在种鸡生产领域,香川县更具有相当的优势。在引进的中国的种鸡品种的基础上,香川县的畜产试验场进行了改良,并在平成5年(1993年)培育成了香川县著名的"赞岐油鸡"。赞岐油鸡除了作为肉鸡之外,还以其性情温顺、毛色红亮等特点,在宠物鸡领域获得了好评。

作为肉鸡,赞岐油鸡继承了原种的中国种鸡的特点,肉质柔软又包含适度的嚼劲,同时又拥有了低脂肪和低热量的特点,并且富含维生素B1和亚油酸,是香川县创造的平衡了"健康"和"美味"的鸡肉,上市之后在日本市场上深受欢迎。但是,因为相比普通鸡,赞岐油鸡需要更长的饲养时间,因此赞岐油鸡的产量相比香川县952万只(平成22年,2010年)的产鸡总量,仅为0.5%(约5万只)。这样的数字让赞岐油鸡也成为较为名贵的产品。

同时,在橄榄牛和橄榄梦猪的成功实践基础上,香川县又进一步将橄榄应用于赞岐油鸡的饲养过程中,通过含橄榄的鸡饲料的使用,进一步提升了鸡肉的口感和鸡肉中氨基酸的含量,形成了香川县近年来主推的"橄榄地鸡"。

可以说,香川县的"赞岐三畜"均是在香川县畜产试验场的科技力量带动下产生的,具有本地特色的畜牧业产品。而在"三畜"基础上形成的橄榄牛、橄榄梦猪和橄榄地鸡,更是香川县在畜产业中独一无二的贡献。作为本地特产,香川县构筑了完整的营销体系对其进行提升和推广。

首先是香川县畜产试验场。该机构作为香川县官方的畜牧业产品开发、技术研究和公害防治机构,从昭和4年(1929年)就已经诞生并支持本地的畜牧业发展,现在该机构在饲料研究、"三畜"肉产品深度加工、育种科技以及畜牧业产地支持等领域取得了较多的成果。此外,该机构还通过与各地的大学、科研机构的合作,进一步提升其科研能力,通过立足本地自然地理的基础特点,结合本地畜牧产业的基础,向本地提供可应用的畜牧业技术、支援性产品和新品种畜牧业产品。畜产试验场可以说是香川县畜牧业成长的核心动力。

在此基础上,香川县成立了"赞岐三畜铭柄化推进协议会",该协会作为"赞岐三畜"品牌化的主要推广机构,于平成 10 年(1998 年)成立,同时该机构在平成 13 年(2001 年)开设了网站,用以推广"赞岐三畜"的历史、特点以及味道,通过对"赞岐三畜"的魅力的宣传,吸引更多的顾客的同时,将"赞岐三畜"向全日本和全世界进行推广。网站中,还有介绍香川县内和日本国内的贩卖以"赞岐三畜"为主要食材进行料理烹饪的餐馆和贩卖"赞岐三畜"的肉和肉制品的商店;此外还有以介绍相关家庭料理方法的"料理教室"栏目,目标为"赞岐三畜"的家庭顾客。作为香川县最直接在"赞岐三畜"品牌化道路上奋战的组织,"赞岐三畜铭柄化推进协议会"的作用有目共睹,现在香川县内能够贩卖"赞岐三畜"和相关料理的餐馆和店铺均有非常明显的"赞岐三畜"的相关招牌,而"赞岐三畜"也成为本地餐馆吸引食客的重要招牌。对于海外游客来说,观光香川并品尝"三畜美味"则是香川观光体验的重要项目。这些成果无疑证明"赞岐三畜铭柄化推进协议会"的工作成果。

本地的农业协同组合(JA)则是产品销售和相关畜产农家的重要保障机构。一方面 JA 作为农产品品牌化和销售的全国性机构,能够实现使本地农牧渔业产品获得更广的销售空间,特别是 JA 在日本全国的销售和物流网络,在产品销售方面能够提供更好的支持;另一方面则是在生产技术方面的支持,通过 JA 的支持,更好的饲料和公害防治药物也能够更好地用于本地生产中,保障本地农牧渔业的良性生产。而在香川县,JA 的网上商城"JA Town"上正在向日本全国销售"赞岐三畜"及其制成品,通过 JA 的物流网络实现快速送达日本全国。浏览该商城可以看到"赞岐牛"的各种切割产品,如用于烧烤、火锅、家庭料理烹饪等不同需求的牛肉部位、切法甚至还有相关的半成品在贩卖。而"赞岐油鸡"栏目下则除了有分割鸡肉之外,还有香川县著名的小吃"骨付鸡"的半成品;同样,在"赞岐梦猪"栏目内,则拥有使用赞岐梦猪的里脊肉制作的猪排半成品。在 JA 的网上商城进行销售,无疑是本地 JA 在"三畜"的品牌化之路上做出的最大的贡献,通过 JA 的工作,极大地推动了"赞岐三畜"在日本市场上的知名度。

除此之外,香川县产品振兴机构的作用也不可忽视,该机构是香川县政府交流推进部县产品振兴课牵头,将生产经营者、流通贩卖者和产业支援机构融合在一起共同构筑的以振兴香川县产业和促进"地域振兴"为目标的机构。该机构除了对"赞岐三畜"进行推介之外,对于香川县的其他本地特色产品也在进行推介。一方面,该机构通过网络平台发布相关的推介信息、视频、贩卖广告等,利用网络渠道获取顾客;另一方面,该机构在香川县著名的观光景点栗林公园门前设立了名为"栗林庵"的本地产品贩卖机构,向各地游客出售平价特产品。在香川县产品振兴机构的网站上,能够发现关于"赞岐三畜"的各种知识、烹饪方法介绍和购买信息等内容;同时在"栗林庵"中也能找到相关的产品,其产品体系与 JA 的网上商城贩卖的产品体系大致相同。此外,"产品振兴机构"在东京都和大阪府均设有办事处,通过办事处的工作,在日本最大的两个城市圈中进行本地产品的推介。

最后,各种专业联合会、产业支援机构的作用也是不可忽略的。观光推进机构在日本国内外的观光推介会上往往会将"赞岐三畜"作为香川县美食之旅的重要内容,通过多媒体手段向全世界推荐"三畜"和相关的料理,特别是"骨付鸡"(带骨烤鸡腿)、赞岐牛烤肉以及赞岐梦猪制成的猪排,是除乌冬面之外,在海外曝光频率最高的香川县美食。香川县食肉事业协同组合,则作为本地畜牧业产业的协会性组织,在县内通过各种活动进行"三畜"美食的推广。在2013年,该组织还在高松机场进行了橄榄牛产品的试吃和贩售活动;在机场举办的此类活动能够向前来香川县的旅客最高效地传递本地特产信息,提升其购买的热情,并成为"赞岐三畜"向全日本和全世界推广的最前沿活动。

从香川县的发展角度来看,未来"赞岐三畜"还将获得更大的发展机遇。通过《香川县产业发展战略》的规划来看,在近5年内,在产量和质量提升,以及"赞岐三畜"在全球推广方面,香川县政府将进行更多的工作。

特别是对于橄榄牛、橄榄梦猪和橄榄地鸡的产量上,随着香川县强化橄榄种植业及其相关产业体系的发展,用于饲料的橄榄油渣数量将进一步增加,这些饲料将能够用于喂养更多的畜产,从供应链端为"三畜"的产量提升提供基础。同时,作为香川县"品牌农业"战略的关键组成部分,"赞岐三畜"的全球化推广势必是打造世界性品牌的关键一步;而随着国际市场,特别是中国市场的逐步开发,"三畜"的全球化推广迎来了一次难得的好机遇。

但是,根据香川县政府农政水产部畜产课发布的《香川的畜产 2018》统计报告,在过去的 25 年间,香川县从事畜产业的家庭数量正在持续减少,但是由于生产技术的提升和畜产品种的优化作用,总的产品供应量并未出现明显的下降。平均每户的饲养量提升的同时,畜产从业家庭的数量将对县畜产总量产生明显的影响;而进一步从技术角度提升成活率,提升畜产品的附加值,是未来香川县畜牧业的关键性发展因素。这些需要在科研机构、市场销售机构甚至观光交流机构等的协同努力下才能实现,跨机构协同的难度,也是未来香川县"赞岐三畜"品牌化强化的重要影响因素。

从现在的状态来看,似乎在香川县上述可能的问题均有解决的方式,同时机构间的工作协同程度已经成为机构间工作的习惯性体系。这样的状态,对于"赞岐三畜"在未来的进一步品牌化,有很明显的促进作用。

三、水产业的"文化"建立

日本作为一个群岛国,海洋对日本的文化产生了深刻的影响,特别是在饮食上;而与饮食息息相关的渔业水产业对于日本人的"餐桌"来说,更有无法超越的重要意义。著名的水产品,诸如青森县的大间金枪鱼、宫城县的女川海胆、鸟取县的松叶蟹、长崎县的伊势虾等,都是在世界上拥有极高人气的日本顶级海产。

香川县作为坐拥几乎濑户内海全水域的地区,自然对海有着深刻的理解。香川县也是日本渔产大县,本地产的鲷鱼、章鱼、鲍鱼、梭子蟹等,在日本市场均获得了较高的评价;而依托于濑户内海水域,香川县种植的海苔、裙带菜和石花菜等海产蔬菜,在日本国内也获得好评,特别是海苔生产,在日本 47 个都道府县中,香川县的产量排名第 5。根据香川县政府农政水产部的统计,香川县出产的水产品有 105 种之多,基本上以濑户内海和赞岐山脉中的河川水产为主,香川县的渔业水产业也是相对日本其他都道府县比较有优势的本地产业。而这样的优势在香川县内也成为本地"文化"的一部分,通过一些影响了日本全国的水产和水产加工品,将这种"文化"扩展到日本全国,甚至对世界其他国家产生影响。

（一）伊吹煮干

这些水产类产品中,最有名的就是被评为日本第一的"伊吹煮干"。作为日本人餐桌上必备的食品,"伊吹煮干"不仅是熬汤的重要调料,更是日本人十分喜爱的下酒菜。而作为日本"三大乌冬"中最有名的"赞岐乌冬"的原产地,香川县民用"伊吹煮干"和海带熬汤制成的"赞岐乌冬"的汤,拥有着清爽的汤头、浓郁的鱼鲜味以及较少的鱼腥味,这成为"赞岐乌冬"除了乌冬面口感之外,能够在日本全国获得青睐的一大"法宝"。而这个"法宝"的核心秘密,就是"伊吹煮干"。

"煮干"是将新鲜捕捉的沙丁鱼通过一些制作手段,最终制作成的沙丁鱼干。而香川县西部的伊吹岛则是沙丁鱼中最为高级的"黑背鳁"的主要产地,使用黑背鳁煮熟再晒干而成的沙丁鱼干,就是著名的"伊吹煮干"。作为特许商标,"伊吹煮干"也在平成 23 年(2011 年)得到日本特许厅的注册,成为日本最著名的沙丁鱼干地域品牌。

能够成为"伊吹煮干"除了需要"黑背鳁"之外,还需要纯熟的技术。而伊吹岛的"煮干"技术,从日本江户时代的文久 2 年(1862 年)开始,就已经逐渐积累,至今已有 150 多年。在 150 多年中,本地人发现了"伊吹煮干"的风味与鱼的鲜度和煮鱼的速度息息相关,因此为了提升生产的效率,伊吹岛的煮干工厂在伊吹岛上进行了选址和基础设备的优化,形成了最佳的获取原料和最高煮鱼速度的工厂体系。因此,只有使用黑背鳁为原料,并且在伊吹岛利用伊吹岛150 多年积累下来的技术制作而成的沙丁鱼干才能被称为"伊吹煮干"。

现在,在伊吹岛上生产"伊吹煮干"的主要生产工厂,大部分为明治 20 年(1887 年)之前就逐渐建立起来的,拥有足够历史积淀的工厂。

近年来,在橄榄种植业日益兴旺的前提下,香川县开始使用干燥的橄榄叶进行煮鱼,利用橄榄叶的特殊香气,将鱼腥味、内脏的苦味等影响沙丁鱼干风味的"天然味道"进一步去除;同时,在保留了原有"伊吹煮干"上乘风味的同时,形成了味道更好的"橄榄煮干",成为伊吹岛渔业协同组合在近年来推出的新产品,并逐渐在日本全国进行了推广。

从这个角度来说,"伊吹煮干"已经成为香川县西部地区的重要"文化"。伊吹渔业协同组合作为"伊吹煮干"在全日本推广的"排头兵",不仅在煮干生产技术上对岛内各个煮干工厂进行支持,特别是在黑背鳀资源的可持续利用方面,伊吹岛渔业协同组合与濑户内海沿岸县域,特别是广岛县和爱媛县,就黑背鳀资源的保护进行过多次磋商与合作,已经初步形成了包含休渔措施在内的黑背鳀资源维护计划,并且与广岛县和爱媛县的相关机构通力合作,为"伊吹煮干"的可持续生产提供了保障。同时,伊吹渔业协同组合,也在"伊吹煮干"的推广方面进行了卓越的工作,包含洽谈销售渠道、申请日本特许商标权,甚至在"伊吹煮干"的深度商业开发等领域,均有渔业协同组合的工作成果。此外,伊吹渔业协同组合还在不遗余力的介绍"伊吹煮干"的料理方法,在其网站上展示着一些关于"伊吹煮干"的料理食谱,直接将煮干推广至家庭生活中,这也是打造"煮干餐饮文化"的有效做法。

在观光领域,推广"煮干",也是伊吹岛所属的观音寺市的重要工作。伊吹岛煮干工厂的参观和品尝用"伊吹煮干"制作的本地"乡土料理"是香川县观光协会和观音寺市商工观光课在观音寺市观光旅游项目上重点推介的内容。这个项目现在也是在海外游客群体中较为受欢迎的,特别是在伊吹岛与濑户内国际艺术节结合之后,趁着艺术节对于本地文化的提携效果,伊吹岛更进一步推出了与煮干相关的观光项目。在中国游客口中,伊吹岛获得了"有意思"和"食物有特点"的评价。同时,随着动画《结城友奈是勇者》在日本和中国均获得了较高人气,作为动画中"夏凛酱的小鱼干"的原产地,伊吹岛的煮干又进一步得到了推广,并借动画的影响,推出了动画周边产品"夏凛酱的伊吹煮干",进而使伊吹岛成为与动画相关的"舞台"之一。借着这些宣传手段,"伊吹煮干"进一步在观光产业中获得热度,并成为本地的热门商品(见图 3-10)。

此外,香川县产品振兴机构也在其网站上对"伊吹煮干"进行了推广,包括煮干的故事、产品特色、料理方法等信息,均能够在振兴机构的网站上查阅;同时振兴机构也将能够购买到伊吹煮干的店铺进行了罗列,并且在"栗林庵"贩卖"伊吹煮干"。

从餐饮文化的角度来说,作为"赞岐乌冬"的关键调味品,"伊吹煮干"在历史上已经为香川县积淀下了与"伊吹煮干"不可分割的饮食文化;并且随着乌冬面的推广,作为日本知名度最高的乌冬,特别是随着乌冬面连锁餐饮企业"丸龟制面"在世界范围的开店,"赞岐乌冬"在世界范围的影响力逐渐扩大的

图 3-10 超市贩卖的"伊吹煮干"

同时,也带动"伊吹煮干"在全世界推广。

此外,随着"清酒文化"在世界范围的推广,作为清酒的日常下酒菜之一,沙丁鱼干也成为随之得到普及的食品,并且在世界上一些国家的日本餐馆中成为"定番"(必备)下酒菜。

餐饮文化在全球的推广,无疑推动着"伊吹煮干"在世界范围的推广。现在,在观音寺市及其周边地区,能够很明显地发现"伊吹煮干"的痕迹,包括乌冬面店、拉面店以及居酒屋等,均打出了"伊吹煮干"的旗号;而高松市的"伊吹煮干"销量甚至已经位居日本全国第一位。这些都在说明着"伊吹煮干"不仅是本地特色产品,更是在香川县内成为文化事项,并且在向世界范围推广。

(二)引田鰤鱼

除了"伊吹煮干"之外,作为香川县的特产,鰤鱼也是在近年逐步获得关注的产品。如果说日本的刺身拼盘中最著名的是金枪鱼的话,在香川县,金枪鱼就被迫让位给鰤鱼。特别是本地产的"引田鰤鱼",早已成为瀬户内地区餐饮文化的特色产品,并作为香川县的招牌产品,向全日本市场进行着销售。

鰤鱼是日本近海地区特产的环游鱼种,在日本文化中,鰤鱼从幼鱼到大鱼有多种称呼,包括"tsubasu""hamachi""mejiro""buri"等,根据鰤鱼的"年龄"进行区分;这些名字本身是日本不同地区文化针对鰤鱼洄游特点而对应产生的。

而在香川县,最著名的鰤鱼被称为"hamachi",这个称呼对应的鰤鱼,大多为不满一年的"0 岁鱼"。

香川县鰤鱼养殖的历史,最早可以追溯到明治 2 年(1869 年),迄今也有150 多年的历史。而香川县东部的东香川市引田区域,就是香川县自古传承下来的鰤鱼养殖中心。通过 150 多年的积累,引田的渔民发现在距离引田海岸 6公里的濑户内海内设置较为宽阔的养殖场,能够保障鰤鱼自由运动,从而使鱼肉更加有弹性;于是这样的养殖方式在引田区域得到了推广,并成为引田鰤鱼在濑户内地区成为代表性产品的关键因素(见图 3-11)。

图 3-11　引田的橄榄鰤鱼养殖基地和超市贩卖的橄榄鰤鱼刺身

一方面,除了保障鰤鱼的"活动量"之外,引田鰤鱼养殖业还在评估了海水营养素含量的基础上,降低了鰤鱼喂食的频率,从而降低了鰤鱼肉中的脂肪含量,提升了鰤鱼的口感的同时,能够更好地保障鰤鱼在销售时的保存时长,对于更多的餐馆和消费者来说,更容易吃到质量上乘的鰤鱼。而另一方面,因为降低了鰤鱼的喂养频次,海水中投入的过量鱼饵减少,降低了海水富营养化程度,从而也对赤潮的发生产生了一定的抑制效果,这也是引田渔民在环境保护领域做出的卓越贡献之一。

而在营养成分上,引田鰤鱼还具有充足氨基酸、牛磺酸、维生素和 DHA等,在降低了脂肪含量和与脂肪相关的胆固醇含量的基础上,引田鰤鱼更进一步成为健康渔产的代表,这也进一步提升了引田鰤鱼在日本市场的受欢迎程度。现在,鰤鱼已经成为香川县的"县鱼",在本地的经济和民生中拥有极高的地位。

在引田鰤鱼成功的基础上,香川县进一步将小豆岛的橄榄种植成果与鰤鱼养殖业进行了结合。利用了橄榄树叶抗氧化的作用,香川县的渔民将橄榄树叶进行研磨并与鱼饵进行结合,成为"橄榄鱼饵"用以喂养鰤鱼,并最终培育出来了"橄榄鰤鱼"。橄榄鰤鱼在原有引田鰤鱼的基础上,拥有更为清爽的风味和更有弹性的口感,特别受到了女性顾客的欢迎,成为香川县水产业生产的新的重点产品,并在香川县政府发布的《香川县产业发展战略》中,被列为需要提升产量并进行全球推广的重点产品。

随着平成25年(2013年)"引田鰤鱼"正式成为日本特许厅的地域登录商标,"引田鰤鱼"作为香川县渔业水产业的标志性产品,在日本全国得到了官方的认可。从这个时间开始,引田鰤鱼的品牌化之路正式步入快车道。首先,县政府可以正式对外以"引田鰤鱼"的地域商标对外宣传,并进行推广活动;而除此之外,作为对地域商标的保护,引田鰤鱼也获得了在专利保护方面的支持。这对于构建起引田鰤鱼的餐饮文化,有着重要的促进意义。

首先是餐饮文化环境的建立,需要通过多渠道就鰤鱼的食用特色、料理方法进行全面的普及。在此方面上,引田渔业协同组合与伊吹渔业协同组合一样,在本地特色渔产推广方面走在了最前端,除了宣传引田鰤鱼的特色之外,其网站上对于引田鰤鱼的料理方法、提供引田鰤鱼的店铺等,均有详细的介绍;与之相应地,香川县产品振兴机构,也在引田鰤鱼的推广方面,做出重要的贡献,包含信息推介、直接贩售甚至试吃活动等项目,均进行了尝试;而JA也在其网上商城进行了引田鰤鱼的贩卖。这些活动都有效地确立了引田鰤鱼在本地的饮食文化中的地位,并且对日本全国更多的地区形成了影响力。

其次,利用亲子活动对儿童进行鰤鱼知识的普及。引田地区开业的渔产体验学习机构,针对香川县内外的儿童,进行体验式渔产学习。小孩子可以在这个机构中学习到喂养鰤鱼、捕捉鰤鱼和料理鰤鱼的相关知识和技术,在监护人的保护下体验喂养鰤鱼,还能够品尝由鰤鱼制作的各种本地料理。现在该机构已经成为香川县旅游观光体验的重要地点,特别是在东香川市,该机构与能够体验和三盆糖制作的"赞州井筒屋敷"并列成为东香川市的亲子活动人气目的地。利用这个机构,对小孩子普及关于引田鰤鱼的各种知识,也是构筑鰤鱼饮食文化的重要手段,其影响力是长远且有效的。

最后,通过科研机构,构筑渔产生产水平的研究氛围。根据引田渔业协同组合的披露信息,该机构长期与香川大学工学部合作,通过技术手段对赤潮进行预防和应对,提升了引田鰤鱼的产量。这类与研究机构的长期合作,也为大学的科研活动找到了可选择的项目方向,在长期的互动中,形成了专项的科研氛围;这种科研氛围进一步提升了与引田鰤鱼相关的文化事项的完整度和成熟度,并将"鰤鱼"作为引田地区民生与产业的独特文化,融入了科研和发展的能量,为"鰤鱼文化"的长期发展奠定了基础。

从现在的效果来看,香川县的水产业已经形成了具有本地特色产品的"文化体系"。从香川县西部的沙丁鱼捕捞行业,到香川县东部的鰤鱼养殖行业,以水产业产品为引导的食品加工、餐饮服务(见图 3-12)甚至旅游观光行业,也在成体系地逐渐构筑起来。体系构筑的效果将会对香川县的水产业发展起到进一步促进作用;包括产量、生产技术、应用范围、科研成果等,均能够实现新一轮的突破,这些突破也将有效地提升香川县水产业在日本国内的优势地位。从这个角度来说,以水产业为突破点的地域振兴活动能够起到相应的效果。

图 3-12 "鱼协"开设的餐馆和直贩所

从经验上说,香川县的水产业优势在于产品和体系的双重优势地位的确立。从产品角度来说,基于自然地理条件,香川县能够获取同类产品中质量较好的类别,而随着技术的应用,在较高质量品类基础上进一步提升了商品的质量,在与其他地区同类产品竞争中形成了质量上的绝对优势,是能够构筑水产行业发展优势的基础。而从体系来说,多年积累下来的政府机构、科研机构与产业联合机构的协作模式,进一步为水产业的品牌化提供了保障,无论市场推广、产品研发、生产保障等,均有完整的体系支持,这成为香川县水产业长期稳定发展的关键动力。

当然,也必须提到的是,濑户内国际艺术节对于香川县的影响,特别是艺术节强调的"海的复权"理念,对于海洋文化的执着和对于海产品应用的推崇,均是香川县水产商品能够更快得到推广的影响因素。随着新一期濑户内国际艺术节的开幕在即,这样的影响因素势必会带领香川县的本地渔产再一次走入观光客的目光中心,在国际舞台上获得新一次推广的机遇。

第三节 制造业的品牌化打造

一、"乌冬县"的特色食品制造产业

香川县因为其自然地理特征,特别是降水量和平原面积的特点,自古就是日本的重要农业产区,无论种植业、畜牧业还是水产业,均拥有深厚的历史积淀和优质的产品出产。这样的自然地理条件和农业水平,为香川县的食品制造行业提供了极其优越的条件。在香川县,除了以农产品一次加工为代表的农业产业化生产体系外,以农产品深度加工,特别是以适应全球消费者需求为目标的食品深加工产业,十分发达,包括以乌冬面、发酵食品、冷冻食品等为代表的食品制造业,在日本国内占据着较为领先的地位,也是香川县本地极有特色的产业之一。除了传统的乌冬面制造产业之外,随着食品科技的成熟应用,香川县也开发出了以稀少糖为代表的新型"健康食品",该产业也成为香川县在食品加工制造领域的新着力点,成为香川县食品加工制造产业在未来的重要方向。

香川县作为乌冬面的发源地,更是被称为"三大乌冬"之首的"赞岐乌冬"的发源地,在乌冬面的制作方面,在日本拥有极高的地位,甚至因为香川县内的乌冬面制作企业数量多,质量好,经营方式多样等,在日本获得了"乌冬县"的美称。从制造业产业角度来说,"前店后厂"式的乌冬面店铺更倾向于餐饮业,甚至可以近似定义为农家自营的餐饮服务业,这其实是香川县乌冬面行业的传统样貌。而在现代工业技术逐渐完善的前提下,乌冬面的大规模生产和

远洋运输能力的支持,极大地提升了乌冬面的生产效率和产量,同时也提升了乌冬面产品的市场范围和应用场景;在这样的前提下,香川县的乌冬面产业,从制造业概念上,才算正式成形。同时,在其产业模式养成之后,香川县的乌冬面产业就已经开始了世界性的市场开发(见图 3-13)。

图 3-13　石丸制面株式会社的产品

　　笔者有幸参观过香川县著名的乌冬面制造厂商石丸制面株式会社,目睹了该企业在乌冬面制造上的生产科技应用。作为一家创立于明治 37 年(1904年)的百年乌冬面制造厂商,石丸制面的产品在传承香川县传统乌冬面制法的基础上,开发出来了众多适应不同市场需求的产品。从生产技术上说,石丸制面已经采用了全套的自动化生产体系,这样的体系的优势在于标准化和高效化,在提升了面粉的处理效率和产品的质量稳定程度的同时,为更多样化的产品提供了空间(见图 3-14)。从产品角度来说,乌冬面产品的"方便化"是其应对现代社会需求的关键之一,石丸制面将面和与之搭配的调料、调味用的酸橘汁、乌冬面汤料等进行搭配贩售,是应对现代社会"方便化"需求的关键之一;同时,还应当兼顾乌冬面消费者自制调味的需求,进而需要保留传统的乌冬面单纯面条的贩售方式。这样的产品组合模式如图 3-15 所示。

　　在石丸制面的产品体系中,最核心的部分就是"乌冬面"本身以及乌冬面的包装,而其他产品则根据不同类型的场景进行选择性叠加。在大规模自动化生产线的使用基础上,乌冬面产量提升,能够为不同的产品线提供相应的基

图 3-14　石丸制面株式会社的生产车间

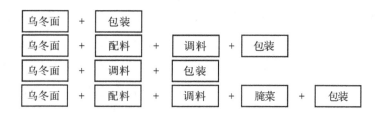

图 3-15　石丸制面株式会社的产品体系示意

础产品。在基础产品上进行的叠加则应对了更多的需求场景,对不同用户群体进行满足,有效地展开了销路。

　　同时,为应对客户对乌冬面口感,以及不同的保存要求,石丸制面在传统的应用于长期保存的干乌冬面技术的基础上,进行了半干乌冬面生产技术的开发。被认为能够基本保留新鲜制作的乌冬面的口感和味道的半干乌冬面,现在已经成为深受本地居民和周边地区居民喜爱的产品,在运输条件允许的前提下,半干乌冬面及其衍生产品能够更好地适应顾客对味道和口感的要求。而面对远距离运送或者因为多种原因导致的可能的长时间保存的需求,传统的干乌冬面技术则予以应对。这样半干乌冬面和干乌冬面两种技术的共同应用,对不同生活环境下的顾客需求均能够产生有效的呼应,有效地促进了乌冬面产品在世界范围的销售。

　　此外,从食品安全的角度来说,石丸制面采用了无菌式厂房设计,在包装车间工作的人员也进行了无菌化工作服、口罩和手套的配置,并且通过管理手段将未进行无菌处理的人员与工作人员进行隔离。这些手段保证了面粉在处理和制面过程中的无菌性,也保证了在包装过程中的无菌性。这样的处理也从制度上保障了生产出来的产品能够在预计保存期限中得到有效的保质;既保障了消费者的食用安全,也维护了分销商的利益。

从产业体系上看,石丸制面作为终端产品供应商,在背后联结了一系列的供应链企业,包括本地和日本全国的小麦农场、与乌冬面配套产品相关的供应厂商,以及配料原料供应商、包装供应商等。通过石丸制面对小麦的应用,特别是对本地小麦"赞岐之梦"品种应用,对于香川县本地的小麦种植业起到了明显的促进作用;而随着石丸制面产品研发体系的健全,抹茶乌冬、大麦若叶乌冬等产品的上市,也对抹茶粉、昆布、大麦若叶粉产地的相关供应商起到了重要的支持作用;而在"方便化"乌冬面的生产方面,对于乌冬面配料的采购,如香川县本地的腌制小菜"酱油豆"、乌冬面主要配料"天妇罗花"、乌冬面调料"鲣节酱油"等产品的采购,则很明显地对本地的相关产品的生产厂商提供了全面的支持。特别是作为本地特色食品加工产业的发酵食品行业,以石丸制面为龙头的产业链条实现了产业发展的传递,有效地将本地的相关产品在世界范围上进行了推广。

而从产品的定制化发展上看,随着数控技术的引用,石丸制面也能够实现针对特殊企业的专项需求进行产品生产;而在健康食品的质量要求和相应产品研究技术的综合应用下,石丸制面也能够针对现代社会的一些特殊需要的人群生产低盐、低糖分的乌冬面。

从体系上说,作为"乌冬县"的代表性食品制造业产品,乌冬面制造产业在香川县已经得到了充分的发展,并且作为龙头型产业,对整个县域的食品制造业起到了有效的带动作用。像石丸制面这样的乌冬面制造厂商,在香川县还有其他多家,正是因为像石丸制面这样的企业的带动,才能够让香川县的食品制造产业,特别是乌冬面产业,在世界舞台上占据一席之地。而随着石丸制面的成功,石丸制面对于本地的观光产业和体育产业也开始起到了推动作用;近年来石丸制面打开了工厂的大门,向各国企业管理人士介绍其成功经验,也成为本地观光行业相关联的重点项目;同时,在对本地体育事业的支持上,本地球队主场比赛时"香川魅力体验Day"活动的奖品,也有石丸制面赞助的乌冬面。可以说,作为最成功的本地乌冬面制造企业,石丸制面将产业的优势和产业的连携作用发挥到了极致。也正是因为如"石丸制面"这样的企业的存在,乌冬文化才能够在现在的香川县产生持续的影响力,并且从香川县扩展到日本全国各地和世界各地;而乌冬文化的影响力,又吸引了县外的游客和消费者,进一步提升了乌冬制造产业的发展,形成了良性循环。

二、发酵食品的产业化发展

作为香川县的特色产品,发酵食品产业在香川县的食品加工产业中占据重要的地位,该产业在香川县内可以说是与乌冬面制造产业能够相提并论的产业。特别是香川县的小豆岛町,本地生产的酱油(见图3-16)、各种酱料以及酱菜等,已经形成了该区域的特色产业,甚至由于其产业特色,对于众多前来小豆岛观光的游客也产生了吸引力。

图3-16　各式各样的小豆岛生产的酱油

以"酱之国"著称的香川县小豆岛小豆岛町,以其高密度的酱油和发酵食品生产企业数量,以及该地区相关产业的悠久历史在日本国内备受关注。在小豆岛町,发酵食品产业呈现出下列特色:

(1)产业集中程度高。历史积淀深厚:在小豆岛町朝向高松市的沿海地区,分布着数十家以酱油和其他腌制食品为主要产品的生产和销售企业,这其中不乏百年以上的企业,表3-2列举了一些存在于本地的创业多年的企业。

表 3-2　小豆岛町发酵食品行业企业历史

企业名称	创立时间	主要产品
金两株式会社	明治 13 年(1880 年)	酱油、橄榄油、腌制橄榄
左海酱油工业株式会社	安正 4 年(1857 年)	酱油、辣酱、佃煮
ヤマサン(YAMASAN)酱油株式会社	弘化 3 年(1846 年)	酱油、橄榄油
丸金酱油株式会社	明治 40 年(1907 年)	酱油
岛乃香株式会社	昭和 21 年(1946 年)	佃煮
宝食品株式会社	昭和 23 年(1948 年)	佃煮、酱菜、调味酱等

数据来源：表列公司的官方网站。

可以说在小豆岛町，发酵食品的产业氛围从日本的明治维新时期就已经开始孕育，在香川县，甚至日本全国也是拥有较长时间的产业集中区域。这样的产业氛围和产业积淀，为小豆岛町的发酵食品产业孕育了深厚的传统技术，这些企业在传承这些在日本人心中代代相传的味道的同时，也将这些多年传承的技术保留至今，也就成为日本传统食品制造业的"文化遗产"和"产业观光"的重点区域。

(2)匠人精神传承，经典产品层出不穷。小豆岛町传承下来的发酵食品企业，在保留了传统技艺的同时，引入新的食品制造技术，在产品风味传承的基础上，创造出了符合现代市场需求的产品，并多次获奖。如金两株式会社的橄榄油产品曾经在 2013 年日本调酒师协会主办的调味料评选中获得了沙拉部门的最优秀奖；同公司的酱油在 2014 年小豆岛酱油组合品评会上浓口酱油部门中获得优秀奖；此外金两株式会社的腌制橄榄产品也多次获奖。历史更为悠久的左海酱油工业株式会社的产品在 1910 年就已经参加了日英博览会的展出；在历史上也多次获得农林水产大臣表彰等荣誉。这些经年累月获得的荣誉，不仅代表了小豆岛发酵食品产业的历史积淀，也代表着本地发酵食品行业在新的商业社会中保持着持久的活力。

(3)技术研发与产品革新的推动。香川县为了持续保持发酵食品产业的活力，不断有新产品推出的同时，持续提升发酵食品产业的技术水平，在小豆岛町设立了香川县发酵食品研究所。该研究所主要的职责就在于对发酵食品的生产技术、产品开发、技术趋势与产品趋势等进行研究，对本地发酵食品产

业进行支持,提升香川县发酵食品产业整体的技术应用于产品研发,保证发酵
食品产业始终保持日本国内的相对优势地位,并提升产品在日本国内市场甚
至世界市场的影响力。发酵食品研究所近年来研发的新型的长命草味噌、小
豆岛橄榄果酱、佃煮橄榄、橄榄花酱油等,都成为本地特色的发酵食品,并受到
了日本市场瞩目。

(4)全球化的产品销售。在小豆岛町发酵食品产业快速发展的同时,相关
企业的国际化进程也在逐步推动;一部分企业开始在日本以外的地区进行销
售活动;同时也有一些已经在日本以外的地区开展了产品生产工作。在中国
的一些市场上能够见到的小豆岛町的发酵食品以酱油为主,包括丸金酱油株
式会社的酱油类产品、宝食品株式会社的佃煮产品等;而岛乃香株式会社则在
中国江苏省设立了工厂,以江苏省的工厂为基地,在中国全面开展生产和销售
业务。而随着一些日本人在中国定居或暂居,特别是香川县本地企业在中国
业务开展的深入程度日益提升,香川县的产品也更多地在专门针对日本人群
体的市场上开始了贩卖活动,并成功地获取了一部分中国顾客。上海浦东新
区的"每日鲜超市"就是这类市场的代表。在这个超市中贩卖的产品,除了小
豆岛产的酱油、佃煮,还有小豆岛的素面以及石丸制面生产的干乌冬面产品。

从产业整体的角度来说,小豆岛町只是香川县发酵食品行业的典型代表,
而在香川县的更广域地区,发酵食品产业也在蓬勃发展。从文化角度来说,香
川县传统的乌冬面饮食文化中,就有本地发酵食品"酱油豆"与之搭配,并且乌
冬面的必备调料"鲣节酱油"也是刺激发酵食品产业发展的重要产品。从文化
反哺角度来说,随着乌冬面文化的建立带动了特色产品的产生,进而在香川县
构成了特色的发酵食品文化,并以发酵食品为基础衍生出了新的饮食文化事
项,如酱油冰淇淋、小豆岛的特色料理佃煮盖饭等,这些特色餐饮随着香川县
的观光事业发展逐步受到关注,并最终反哺了发酵食品产业,推动发酵食品产
业进一步发展。由此构成的良性循环,是香川县发酵食品产业不断发展的动
力,也是香川县在地域振兴过程中足以仰仗的重点行业之一。

在平成30年(2018年)发布的《香川县产业发展战略》中,推动乌冬面和发
酵食品产业被作为地域资源和传统技艺应用方面的战略课题提出,在《产业发
展战略》中进一步提到了对于健康食品概念的引入和相关产业的产品健康化

升级。从发展的角度来说,这将进一步推动香川县在食品制造产业上竞争力的提升,特别是随着健康餐饮理念的进一步普及,作为应对日本"老龄化"的重要对策,健康餐饮和健康的生活习惯将被更多的日本民众接受,这也为拥有着良好健康食品制造基础的香川县提供了食品制造产业的爆发机遇。

近年来在香川县出现的一些功能性健康食品,如预防阿尔茨海默症的胶囊、预防餐后血糖上升的保健药片等,也都在健康食品市场上崭露头角,成为香川县食品制造产业的新爆点。而随着乌冬面、发酵食品甚至在日本出货量第一的冷冻食品产业的产品"健康化"程度加深,香川县的食品制造产业将进一步呈现出全面提升的局面;特别是本地特色种植业产品橄榄的深度应用,将会为香川县特色食品制造产业的新一轮增长提供强有力的支持。

可以预见,未来香川县的食品制造产业仍将是香川县地域振兴的重点产业,而该产业的发展也将随着香川县的地域振兴程度提升,获得更好的发展。

三、地场产业的带动效果

在当今的日本经济体系中,"地场产业"作为一种特色的经济体系,在"地域振兴"项目中起到的作用正在逐渐增大;这不仅是日本经济中最具特色的重要组成部分,更是日本非核心地区在地域振兴过程中摸索出的最大的综合推动型产业。

关于"地场产业",大致可以概括为"根据地域内的原材料、劳动力、技术等状况,通过整合区域资源进行生产和销售的,具有本地特色的经济产业";从这个角度来说,"地场产业"是直接促进区域经济发展的重要经济模式。从 20 世纪 80 年代开始的"一町一品"运动作为"地场产业"的起点,日本"地场产业"经历了 30 多年的理念推广和产业构造,现在已经在各个地区形成了由诸多"地域产品"为龙头的特色产业。

与通常的产业概念不同,"地场产业"作为跨产业的经济模式,在诸多以产品类型为依据进行划分的产业门类中均拥有一定程度的涉足。因为其特点是依托本地资源进行的生产,因此在种植业发达的区域可能出现"六次产业化"的种植业形态;在矿石产区或主要进口区域则出现铸铁制造业;在土石资源丰富的地区会产生石器制作或炼瓦生产等产业。不同的产品依托本地的资源,具有明显的本地特色。

而从历史发展来说,"地场产业"也会包含一部分"传统手工业",特别是"特产型手工业";这些产业大多数为食品制造、竹木工艺产业和石雕产业等。

此外,"地场产业"的发展,从最初的"一町一品"运动的目标可见,打造本地名品并形成本地特色"地域品牌",从而在实现销售的同时,形成观光产业的发展。从这个角度上说,"地场产业"也是一种将制造业与观光产业相连接的经济模式,并通过观光产业进一步推动本地制造业的发展,从而实现"地域振兴"的根本目标。同时,一些资源倾向为观光资源的地区,"地场产业"也可能以单纯的观光产业形式出现;这个方面上,典型的区域即为日本的各个温泉乡,著名的"三大温泉乡"——群马县的草津温泉、兵库县的有马温泉和大分县的别府温泉是其中的主要代表。

在日本,以制造业为牵引的"地场产业"的代表包含爱媛县今治市的毛巾产业、岩手县盛冈市的铁壶产业、新潟县燕三条地区的钢制餐具产业、富山县高冈地区的铜器制造产业等;这些产业遍布日本各个都道府县,在地域"品牌化"的同时,实现了将本地物产、劳动力、技术的全面应用,在充分体现"本地特色"的同时,最大限度地推动着最小单位甚至是"町"的区域的"地域振兴"。

在香川县,"地场产业"也作为本地地域振兴的重要推动力量,在香川县获得了充分的发展。香川县的"地场产业"具有门类众多、历史悠久的特点,特别是与本地传统工艺相结合的领域上,香川县拥有独特的优势。

从门类上说,根据香川县政府商工劳动部的界定,香川县的"地场产业"包含 29 个产品门类:鱼糕、佃煮、味噌、酱油、醋、乌冬、面条、冷冻食品等 8 类属于食品制造业;除此之外,如手套、纺织品等纺织行业;漆器、家具、木箱等木制品制造行业;团扇、和伞等纸制品加工行业等多个行业,均在"地场产业"的产品范畴之内。这些产业的分布区域也遍布香川县各处,从最东部引田地区的鱼糕和和三盆糖制作,到最西部观音寺市伊吹岛的"伊吹煮干"制造等,均属于本地"地场产业"的代表性产业。而除了食品制造类产业之外,高松市的漆器产业、高松市庵治地区的石雕产业、三木町的炼瓦产业、东香川市的手套制作产业、丸龟市的团扇制造产业等,均为香川县"地场产业"的代表性产业,并且在日本市场甚至世界市场上享有盛名。

从历史角度看,香川县的"地场产业"中的很大部分都脱胎于本地的传统技艺,存在的时间超过100年甚至延续几百年的产业层出不穷,特别是在手工业方面,如发源于平安时代的庵治石雕产业、产生于江户时期的高松漆器工艺、发端于江户时期的和三盆糖制作工艺、兴盛于江户时代初期的丸龟团扇工艺等。经历传承的传统技艺在现代"地场产业"的体系性带动下,正在焕发新的生命;除了技术的革新,艺术的升级之外,在销售和与其他产业结合的方面也呈现出了新的面貌。特别是既是产业又是艺术的传统技艺方面,随着香川县"艺术之县"战略的逐渐落地,这些传统技艺的发展获得了更有力的支持。

从"地场产业"的发展来看,需要经历从"文化事项"发现,到"产业氛围"构成,进而进行"品牌打造",最终到"体系完善"的过程。这个过程在香川漆器产业上,具有独特的体现,而漆器产业也因为这个产业构筑的流程,成为香川县的地域传统、特色产业、县域特色传统文化,得到了教育、研究、产业支持等多方面的支援,也成为香川县在世界舞台的一扇窗,特别在东北亚地区,获得了极大程度的瞩目(见图 3-17)。

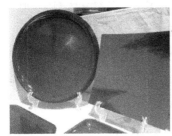

图 3-17　香川漆器

首先是"文化事项"的发现,在香川县,由于漆器技艺传承悠久,底蕴深厚,技艺高超,审美独到,自 200 多年前出现以来就成为日本瞩目,并得到世界认可的产品;这是香川漆器产业能够成为"文化事项"的重要原因。而从"文化事项"的树立角度来说,悠久的历史和高超的技艺需要更多领域工作的多方面支持。从信息传播角度来说,大众传媒的广泛应用,是构筑大众知悉度的首选方式:香川漆器技艺在县内外进行了大量的展览,展览的进程在县政府网站、本地新闻媒体和日本全国性媒体均进行了报道,直接推动了香川漆器的曝光率,用"信息轰炸"的方式,提高了县内外知名度。从文化深入接受的角度来说,通过教育对于学龄人群进行技术宣传,是从长远角度构建文化基础的直接手段:包含针对学生群体的展览折扣甚至免费,联合学校进行的漆器技艺学习活动,年轻专业人士的榜样宣传等,都是香川漆器在本地构筑文化接受的手段。从文化的体系建立来说,完整的文化事项需要有文化主体、研究机构和人才体系,香川县专门建设的"漆艺研究所"恰好完成了在研究和人才培养上的空缺,通过"漆艺研究所"的工作,将漆器技艺升华成为本地引以为豪的根本性文化事项,在源源不断的人才培养的同时,极大地强化了漆器文化在香川县内的重要影响。

其次是在"文化"构建起来之后,"产业氛围"的培育,是推动漆器产业发展的重要一步。一方面,在产业氛围培育阶段,需要通过政府的力量对产业发展进行支持,包含了工艺技术的支持和产业发展的支持。香川县出台了《传统工艺品指定制度》和《传统工艺士认定制度》,在保护本地传统技艺传承的基础上,通过"技术认定制度"促进传统技艺的发展和应用,并在"认定"的基础上,进行销售支持和广域宣传,实现了在保护的前提下推进技术的发展。另一方面,在产业培育方面,"特定地场产业活性化品牌确立支援事业"的开展,是县政府通过直接的资金支持、研发协调支持等手段,在减轻行业企业发展成本压力的前提下,提升企业经营效果的直接手段。通过政府机构的有力支持,"产业氛围"能够得到极大程度的推动;而与之相关的产业联合会,如"香川县漆器工业协同组合"等产业联合会机构的出现,则在产业技术交流、产品交流和市场信息交流的基础上,进一步对整个产业的对外宣传、品牌构建等,起到推动作用。

再次是品牌打造的过程。对于香川漆器产业来说,经年累月的积淀,带来的是该品系产品在日本市场的知名度。通常认为,品系上的知名度和品牌的知名度具有一定的差异,在香川的乌冬面行业里,这个论断能够得到证明,虽然县内有800多家乌冬面制造企业,但是真正能够成为行业翘楚的,也仅有石丸制面、山田家、赞岐面业等少数几家。香川县的漆器产业也有类似的问题存在。在这样的情况下打造个人品牌和树立本地品牌是必然的选择。香川县政府网站上列举了香川县内的重要传统漆器技艺传承人名单,也是经《传统工艺士认定制度》认证过的工艺传承人,这些人物在香川县政府官方网站上的出现,无疑对外展示出了个人品牌效应,无论在县内还是广域市场,都形成了品牌效果。同时,香川县还推出了本地漆器品牌 ZOKOKU,以吸收先传漆器艺术的传统技法并融合多文化的创意元素为招牌,在主打年轻化、多元化和传承传统的品牌价值观引导下,获得了众多的追随者,成为香川县漆器产业对外推广的新窗口。

最后是"体系完善"的阶段,体系完善的概念,重点在于搭建产业发展的人才梯队和建设能够支持产业持续发展的工艺技术。这个工作,在香川县也是由漆艺研究所完成的。在漆艺研究所的网站上,能够看到漆艺研究所的主要任务:在传承香川漆器的传统工艺的同时,研究使得香川漆器技艺更加完善的工艺技法,促进香川漆器产业的成长。在研究所自身研究和培养专业漆器技术人才的同时,研究所和香川县立高松工艺高等学校进行了紧密的合作,通过工艺高等学校的工艺科,培养更多的漆器技术人才。此外,ZOKOKU 品牌也在运营过程中打造出了"女性漆器艺人"团体,将漆器艺术与女性审美相结合,成为漆器艺术吸引女性从业者的"排头兵"。

随着上述四个阶段的完成,香川县的漆器产业成为"地场产业"中最具代表性的产业,并在产业的联结方面,呈现出完整的状态,对香川县的地域振兴项目能够起到推动作用。

从"地场产业"的影响力来看,可以从产业链角度形成以区域地理范围为框架的区域地域完整产业链体系;同时也可以以地缘为框架,形成与主干产业链相关联的服务行业体系,以及外延服务行业;在这个"十"字体系的支撑下,多行业的区域特色化经营能够得到实现,并成为区域经济发展的主要动力。

以"漆器产业"为龙头,香川县的林业发展得到了有效的促进,作为本身林业就较为完善的地区,林业的产品应用有了本地特色产业的支持,在缩短了产品运输区间和运输成本的同时,成为较高利润率产品的原料供应商,对于本地林业,包括漆器制胎用木材和制漆用林木的产业发展,均起到直接的促进效果。

除了林业,作为下游产业的工艺品销售、会展服务等产业,在漆器产业的兴盛的同时,成为直接获得收益的产业。由于香川县漆器产业的质量上乘,本地销售的成本相对经济,因此在工艺品销售相关的分销产业和会展服务产业方面,将有机会获取更为优质而成本更低的产品,在转销或服务方面,更容易获得较高的利润的同时,也更容易获得消费者的认同。

而漆器产业作为龙头行业也影响着香川县的观光产业。作为"艺术的香川"项目中重要的传统技艺观光项目,漆器产业在成为本地观光重点内容的同时,以其"体验漆艺"项目和"漆艺教室"项目,以及相关的展览等,成为艺术专业或非专业人士观光体验的重要项目,为香川县带来数量众多的游客,并衍生促进了漆器销售、酒店餐饮等行业的发展。

此外,漆器产业对于科研事业也存在着积极影响,一方面漆艺研究所的研究成果和专业人才能够在行业中接受实践的提升,进一步提升了研究的方向性和成果的应用;另一方面,漆器产业的影响力,也能够吸引更多各地人才加入该行业,成为漆艺研究所持续研究和发展的关键动力。

以漆器产业为代表的香川县"地场产业",在香川县地域振兴项目的发展过程中起到了极其重要的作用。与之相仿的其他产业,特别是著名的如和三盆糖制造产业、团扇制造产业、庵治石雕产业、东香川市的手套制作产业、赞岐市的家具制造产业等,均通过对本地传统手工艺产业发展的促进,对本地经济的整体提升起到了促进作用。

在之前提到的香川县的食品制造行业方面,一些新兴的本地食品制造行业,特别是冷冻食品制造业,依托于香川县本地丰富的种植业、畜牧业和水产业的产品,形成了丰富的产品类别和市场覆盖度,包含冷冻锅烧乌冬、速冻煎饺、冷冻烤鸡腿、速食蔬菜等产品,在香川县内和日本市场均得到了广泛的认同。

"地场产业"的发展,是产业基础与管理体系共同作用的成果,在香川县的"地场产业"发展过程中,政府、研究机构、企业的协作是其快速成长,保持发展的关键动力。"产学官"联携体系,是香川县地域振兴的重要动力,也是在香川县深入本地各个产业骨髓的发展根本。在各个产业中,"产学官"体系都发挥着重要的作用,并且直接带动香川县的地域振兴。这或许是香川县地域振兴较为成功的关键因素之一。

四、面向未来的科技环保型产业发展道路

作为制造业大国的日本,近年来越来越加大了新科技在传统产业中的应用,在一贯重视研发投入的前提下,通过产业转型,特别是低利润率产业转移或出售,逐步在国际市场上重回 20 世纪末的地位。在钢铁领域的持续领先,健康领域的后发制人,新能源领域的一骑绝尘,甚至一度被认为错过了风口的互联网和人工智能领域,日本积淀的科技能力,也在推动其在产业发展领域上向世界上的"标杆国家"逐步靠拢。这样的产业环境,不只是扎根于东京都、大阪府、京都府、神奈川县等核心区域的企业带动的结果,在更多非核心地区,这样的产业发展模式也在逐步扎根并与本地传统制造业环境相结合,在本地传统优势制造业基础上逐渐形成了新的产业发展局面,并形成了由本地向全球市场渗透的全球性企业,以及在日本国内和世界市场均无法被忽视的"王者"企业。

香川县长期以日本国内大型企业的四国地区总部所在地而著名,在高松市的 CBD 区域,拥有众多大型企业的四国派出机构总部,如三菱 UFJ 银行、日本生命保险相互会社、全日本空输株式会社等。但是,在香川县不只有这些著名企业的地区总部,如川崎重工业株式会社、今治造船株式会社、川田工业株式会社等,均在香川县设有技术研发中心或关键产品生产中心;而香川本地的大仓工业株式会社、株式会社多田野、四国化成工业株式会社等,均为从香川县成长为世界领先的大型跨国企业;而株式会社 Nippura、帝国制药株式会社等,又是在所处行业中领先的科技型制造企业。

香川县拥有的制造业,特别是技术密集型制造业的产业氛围,为香川县的制造类产业的长远发展打下了坚实的基础;随着应用技术的全面投入,在深厚的基础积累下,香川县的新型制造产业呈现出的发展势头,成为香川县地域振兴的关键动力,特别是大型本地企业在国际市场的扩张和销售,对于本地发展的推动力度可谓极大。这些企业,除了在地方收入、产业环境等方面的支持之外,在跨国经贸交流、技术交流等领域,也为香川县带来了新的机遇,进一步提升了香川县在国际社会上的知名度和影响力。

从传统制造产业的新科技应用的角度来说,香川县内拥有充足的研发资

源,如香川大学、德岛文理大学香川校区、产业技术综合研究所四国研究中心、香川县产业技术中心、香川高等专门学校等,这些机构为立足于香川县的企业提供了大量新产业技术,是香川县产业发展的重要推动力量。纳米设备生产技术、超导材料技术、有害物质吸收材料技术、生物材料技术、碳纤维材料技术、光学传感技术、机电一体化技术、超精密加工技术等高精尖制造技术在香川县已经拥有了一定数量的可应用成果,特别对于本地中小型企业来说,这些研发机构的支持,在产品、生产技术、品质控制等方面的研发应用,能够在减少本地企业成本负担的前提下,形成更具有市场竞争力的产品体系和生产管理体系,从而使本地中小型制造企业在产品竞争力、效益竞争力上,更好地立足于日本甚至世界市场。

在香川县政府的主导下,"制造业的温故而知新"项目在香川县正式推出,作为香川县五年间的重要战略发展课题,该项目旨在将香川县制造业基础继续巩固的基础上,促进新技术的应用转化,新市场趋势信息的掌握和提前布局。该项目也是香川县政府《香川县产业发展战略》中五大重点战略项目之一。该项目拥有四个目标,包含企业现有核心技术的强化、企业战略布局推进、新技术的深度应用和地域经济牵引型企业的孕育。

从核心技术强化角度来说,一方面包含了企业与本地研发机构的联动加强,通过本地科研机构的研究成果转化,形成新的生产技术和产品,提升企业生产技术和产品的技术含量;另一方面则是企业内部的研究能力提升,特别是对于大型企业来说,通过技术交流、产品研讨等多种研发组织模式,进一步提升产品的技术含量,特别是专利持有水平,这也是本地制造类企业布局未来市场的重要手段。特别是如 Nippura、帝国制药等在所在领域有深度的科研能力甚至占据大部分市场份额的企业,在核心技术强化角度上,已经走在本地企业的前端。据报道 Nippura 的丙烯水槽板技术,已经占据接近 70% 的世界市场份额,是香川县核心技术强化战略在企业成功落地的模板型企业(李娜,2017)。

从企业战略布局推进来说,包含全面的机构合作布局、最新尖端技术应用和技术市场研究三大内容。香川县作为日本"产学官"联动体系最为成熟的区域,以县政府为中介,能够为各类企业联系到适合的科研资源。香川县鼓励各类企业通过各类渠道与各种技术研究机构、市场研究机构、消费者研究机构等建立合作关系,并通过这些合作获得最新的技术、市场、投资信息,并用于企业经营过程中。一方面将最新的尖端生产技术加以应用,提升企业生产能力和产品质量;另一方面提前布局未来市场,占据未来价值。香川县的香西铁工所作为香川县机器零部件生产和金属焊接领域的"专家型"企业,在布局焊接技术领域的未来市场方面有深厚造诣,其先进技术成为众多特需产业精密加工需求的必备技术支持要素,这成为香川县在技术布局和未来技术市场管理的典型成功案例。

从新技术的深度应用来看,信息技术与制造行业的结合体现在人工智能、物联网和机器人技术上。曾经日本被诟病为错过了互联网产业的发展势头,而现在随着信息技术的应用向着人工智能和物联网方向的进步,日本的产业整体环境和技术研发环境逐渐转好,而在政府主导下这些方面的技术研究、产业应用和国际交流正在尽可能地开展。香川县也在这个产业链条和产业趋势中进行了相应的摸索,在政府主导下这些技术开始在本地的产业发展中得到应用。香川县政府主导建设的香川县产业技术中心,专门设置了 IoT(物联网)、AI(人工智能)支持业务,促进相关技术在县内企业生产和产品中的应用。据了解香川县相关商业支援机构也在组织一些相关产业的跨境交流活动,辅助本地企业进一步在相关技术的开发与应用方面,与世界接轨甚至力争走在世界前沿。

从地域经济牵引型企业孕育的角度来看,香川县则是确定了业务多元化、在细分市场占据优势、研发主导型、高速成长型等几大类型的企业作为本地地域经济牵引型企业,通过企业访问、意见交换会等形式,对这类企业进行直接的支撑,辅助其解决经营过程中的相关问题,并促进其发展成为香川县真正的"地域经济牵引型企业"。

通过"制造业的温故而知新"项目的实施,香川县希望能够建成更多的高成长型企业的同时,打造更多的本地制造业品牌,并孕育更多能够对本地经济产生牵引力效果的企业。这样的目标在战略规划中,可以通过三大领域的支持实现:健康产业的生产能力加强、传统制造业的尖端技术应用以及能源环境领域的创新型发展。

（一）健康产业

香川县本身的农业及其衍生产业中，对于健康食品的研究和应用成果在日本国内已经颇具建树；而香川县构建的日本首个覆盖县域和周边地区的医疗信息系统 K-Mix 也是香川县在医疗领域应用信息技术的首创性成就。这些都是香川县在健康产业方面继续推进的基础，也是香川县进一步推动健康产业发展的原点。

在传统食品制造领域，香川县已经开发出来了大量的健康食品和功能性保健食品，如天然阿尔茨海默症预防食品、餐后血糖预防食品、糖尿病人也可以摄取的糖类等；此外在健康食品衍生的保健品制造领域，香川县利用本地橄榄种植业的产业成果，开发出了大量应用本地橄榄生产的外用护肤品。这类产品是健康产业发展在人体直接摄取物产品领域的成果。

而在健康产业的工业制造业领域，香川县则确定了以"产学官"联携体系为牵引的产业发展之路，包含医疗产品和养老介护产品的开发和制造、医疗信息技术产品的开发和制造、健康食品和药品的开发和制造三大板块。其中健康食品的开发和制造，已经是香川县食品制造产业近年来取得的最大成果，特别在橄榄产品的应用领域上，已经形成体系化、规模化的应用。而药品研发方面，特别是糖尿病类相关药物研发方面，是香川县未来在该领域发展的重点产业方向；同时，相关的"产学官"联携体制也将一并投入，积极促进相关领域在香川县的快速成长。在此领域上位于丸龟市的株式会社伏见制药所已经初具规模，在糖尿病类保健品和药品制造领域，其产品和服务体系已经初具规模。

在医疗产品和养老介护产品开发领域，特别是医疗机械和介护工具开发领域，是香川县产业建设的重点。从产品应用角度来说，医疗用机械和介护工具是在老龄化社会发展过程中，必然产生大量市场需求的产业，特别是在整体老龄化加剧的日本社会，该产业也是具有明显增长空间的行业。而香川县在"产学官"联携体制的作用下，通过香川县产业技术中心、香川大学等机构的支持，能够在此类产品上进行有效的开发。包括株式会社伏见制药所在内的拥有医疗器械生产能力或养老介护工具生产经验的企业，能够在该体系下获得支持，并通过新产品的推出，逐步在高潜力市场中立足，并推动整体县内健康产业整体发展。

在医疗信息技术开发和配件制造领域,香川县现有的产业基础重点在于K-Mix的应用扩大化,在医疗机构完全纳入K-Mix体系的同时,尽可能地将养老介护机构纳入K-Mix的信息联通体系。在这个前提下,对于医疗检测设备的信息自动化要求和介护服务的信息收集设备的要求将逐步提升,相关的电子配件行业,特别是在香川县具有一定基础的电子配件行业,在针对此类产品的配件生产方面,将呈现一定的提升;相应的半导体材料技术、纳米设备生产技术等,将在健康产业领域得到进一步应用的空间。

作为香川县重点打造的产业方向,健康产业的发展对于本地制造业整体的推动力量是巨大的,并能够对本地制造业形成持续稳定的影响,促进“制造业的温故而知新”项目的进展。

(二)传统制造业

在香川县的传统制造业中,铁和非铁金属制业在日本拥有较高的地位,而与铁和非铁金属制造相关的机械部件制作、机械工程制作等,也均有一定的成就。特别是在利用本地研发资源进一步强化了生产技术的优势的基础上,此类产业在香川县的制造业中越发占据重要的地位。此外,石油和煤炭类制品也是香川县颇有优势的产业类别,特别是碳纤维技术应用的优势使得香川县在此类制造产业上拥有的优势进一步强化,这是香川县传统制造业继续成长,并在融合更多新技术之后,成为地域振兴关键推动力量的根本。

以株式会社槙田(轮船用柴油机制造厂商)、株式会社多田野(油压起重机厂商)为代表的大型机械设备公司(见图3-18),是香川县传统机械工程类企业的代表,这些企业在铁和非铁金属的制造领域积累的产业经验和市场销售经验是香川县传统制造业持续成长的基础。而随着更多的综合性尖端技术的应用,该行业将进一步发展成为香川县地域振兴的牵引型产业。与之类似地,在石油和煤炭类制品以及木材制品领域颇有建树的国际性企业大仓工业株式会社,更是以其聚氨酯薄膜技术成为香川县相当成功的跨国企业之一。

而随着香川县“产学官”联携体系的扩大应用,对于县外研发机构、产业协会的联系逐步增强;加之信息技术、人工智能技术的逐渐引进,传统制造业在技术和产品上的成长,将在原有技术水平之上,实现再一次飞跃,特别是信息技术与人工智能技术的应用,将对传统制造业在能耗、质量控制、产品定制化

图 3-18　高松港附近的沿海制造业工业区

等领域实现新的提升。这将是香川县传统制造业的新机遇,并将进一步提升香川县的传统制造业对本地振兴的贡献程度。

（三）能源环境领域

在能源和环境领域,日本是世界上布局较早的国家,同时也是世界上节能科技研究和新能源研究和应用最为先进的国家。随着丰田"未来"汽车、岩谷氢能源社会构想等概念逐步成为现实,日本已经进入了能源环境领域的新阶段。而在该领域的产品制造、能源应用技术开发,也是制造业发展的必然趋势。

平成 30 年（2018 年）香川县政府发布的《香川县产业成长战略》中,对于能源环境领域的促进战略包括再生能源产业的育成和能源开发技术的研发支持两大方面。在产业育成方面,在日本大型能源企业体系已经基本构建完成的基础上,香川县明确定位为氢能源电池、蓄电池领域,以及太阳光和水利能源的建设。从制造业角度来看,重点在于氢能源的应用领域的市场占有上。在能源行业领域的研发战略支持下,日本氢能源市场逐步开始构建,并且在体系尚未完成的情况下,特别是四国地区尚未有岩谷或丰田的氢能源产业的机构布局的情况下,氢能源产业的市场尚有竞争空间。而香川县的产业发展战略将推动与氢能源产业相关的制造业在这片尚未开发的领域里获得生存空间,进而形成新的产业发展突破点,从能源产业角度,为香川县的地域振兴起到推动作用。

虽然从第一、二、三产业的角度来说,第二产业在香川县所占的比例已经远不如第三产业大,但是从社会发展和地域振兴的角度来说,第二产业仍因为其基础性产业的地位,以及对技术、劳动力和资金运转的应用和促进力度,是区域经济发展的重点驱动力。特别是作为农业产业化和服务业生产工具的生产产业,制造业的发展程度几乎决定了一个区域的经济发展的基础水平,而香川县的制造业的基础水平及其发展潜力,决定了其在地域振兴领域的重要作用。再进一步结合香川县的交通基础设施能力和服务能力,香川县的制造业存在长久的吸引投资的可能性。这些都将使香川县的制造产业成为进一步拉动香川县地域振兴的动力,引导香川县的经济发展状况迈向新的阶段。

第四节 观光产业的发展和探索

一、濑户内国际艺术节

说到观光产业,让香川县开始受到全球关注的,莫过于三年一次的濑户内国际艺术节。从 2010 年开始,每 3 年举办一届的艺术节,受到了世界各地艺术爱好者的关注,甚至对艺术不甚了解的人群,也开始关注艺术节的进展,有些人也开始将濑户内国际艺术节作为了解现代艺术的窗口,这使得每一届濑户内国际艺术节都为香川县带来了众多的海内外游客。艺术节主要举办的岛屿,包括直岛、丰岛、小豆岛、粟岛、伊吹岛等,都成为濑户内海中的艺术殿堂,受到了世界范围的关注。根据艺术节主办方的统计数字,从 2010 年第一届艺术节开始,每届艺术节均能为香川县带来 100 万左右的游客(见表 3-3)。

表 3-3 历届濑户内国际艺术节游客数量

年份	2010 年(第一届)	2013 年(第二届)	2016 年(第三届)
人数/人	938246	1070368	1040050

数据来源:濑户内国际艺术节实行委员会。

虽然因为开放时间减少导致第三届艺术节的观众总数较第二届有所减少,但是从整个艺术节的日均人数上看,第三届艺术节的日均观光人数却比第二届增加了很多。因此也可以推断若 2016 年保持 2013 年的观光开放天数的话,前来艺术节观光的游客数量将有更为明显的增长。所以在 2019 年第四届濑户内国际艺术节开始前一年,香川县已经开始在各大媒体平台、自媒体渠道等,进行新一届艺术节的宣传了。

从收益角度来看,根据艺术节组织机构的统计,每一届艺术节均能够产生可观的收益,从 2010 年开始,艺术节带来的日均收益呈现明显上涨趋势,而盈利总额也因为艺术节的成功举办而呈现出明显的利好局面(见表 3-4)。

表 3-4　历届濑户内国际艺术节利润规模

年份	2010 年(第一届)	2013 年(第二届)	2016 年(第三届)
利润/百万日元	104	160	150

数据来源:濑户内国际艺术节实行委员会。

可以说,艺术节带来的收益对于香川县这样规模的地区来说可谓相当可观,也正是因为艺术节带来的良好的经济效益和宣传效果,香川县能够以濑户内国际艺术节为龙头,开始"艺术之县"的战略规划的实施。现在,为了实现"艺术之县"的世界性定位,香川县已经将濑户内国际艺术节在内的全县所有艺术观光项目全部列为"艺术的香川"项目之内,作为平成 30 年(2018 年)发表的香川县 5 年战略规划的重要发展课题之一。此外,因为濑户内国际艺术节的成功,据了解,这样的模式也在被其他的县域学习,比如新潟县的"越后妻有大地艺术节"、茨城县的"茨城县北艺术节"以及北海道札幌的"札幌国际艺术节",这些成功的模式移植均成为本地"地域振兴"的重点项目,也都让本地在一时间成为世界关注的重点。但是相对濑户内国际艺术节,部分艺术节对本地的持续性影响力则相对不够强,一方面是因为其他的区域未能抓住"艺术观光"的热点,打出来"艺术之县"的旗号,并将艺术产业发扬至全县;另一方面,与濑户内国际艺术节不同的是其他艺术节的话题性和规模则相对不足,对于艺术节的宣传力度支持性远不如香川县。

首先是话题性,濑户内国际艺术节的成功之处就在于对话题性的全面打造。在主题上,濑户内国际艺术节选择了"海的复权"主题,这种兼具艺术性、环保主张和本地特色的话题,对于本地支持的影响力极高,能够最大限度地发动本地力量实现全面的支持。在艺术家选择上,选择了大量已经具有国际影响力的艺术家,特别是草间弥生和安藤忠雄两位本身在世界范围内就拥有极高数量拥趸的艺术家的作品,他们的作品成为濑户内国际艺术节的招牌性作品,甚至草间弥生在直岛安放的黄色南瓜已经成为直岛的地标(见图 3-19)。在活动安排上,濑户内国际艺术节也将传统艺术与现代艺术结合,除了对本地和日本传统文化打磨之后形成的独特的美术展品和主题活动之外,现代音乐艺术和光影表现手法在艺术节各个主题活动中的应用也都是艺术节中被关注的热点。最后则是艺术节上的限定美食,濑户内的每个岛屿都有属于自己的独特的美食文化,这些文化在艺术节上的活用,就成为艺术节限定的美食体系。"艺术+美食"的话题本身就是受欢迎的话题,在艺术节的应用则更进一步地推进了濑户内艺术节全面话题性的构筑。也正是因为这些在项目设计时的全面计划,濑户内国际艺术节具有的话题性相比日本其他艺术节,具备了极强的瞩目效果,为艺术节的成功举办奠定了深厚的基础。

图 3-19　濑户内国际艺术节的展品:草间弥生的黄色南瓜和安藤忠雄的地中美术馆

从规模上说,濑户内国际艺术节的规模也具备着"广"和"多样化"的特点。包括海洋、岛屿、港口、山脉、梯田等元素的结合,相对于完全集中在地面的艺术节,其地质特点的多样化本身已经为艺术创作的多元效果创造了先天优势条件;而广阔的濑户内海上众多不同风格的岛屿的组合,使艺术创造在广域条件下有了更多的区域空间和素材选择;这些要素构筑了濑户内国际艺术节艺术多样化的条件。对于观众来说,不同的背景素材带来的"借景""对景""框景"等不同的审美效果,也成为艺术节中各个不同作品能够引发关注的原因;由此进一步加强的话题性,将艺术节的"艺术讨论"提升到更高的阶段,在艺术节、哲学界均能够引起反响,这也是濑户内国际艺术节有足够影响力的关键要素。

而为了吸引游客,香川县对于艺术节的支持力度也是保障艺术节能够成功的根本原因之一。特别是交通,由于艺术节的主要展区均为濑户内海上的各个岛屿,因此登岛的交通就变得非常重要。在平日,往来于高松港和小豆岛、直岛、丰岛、男木岛以及女木岛的船运,是由 4 个不同的船运公司运营的,而在艺术节期间这些岛屿间的交通,以及从高松港抵达这些岛屿的船运,均可以使用艺术节的船运通票。此外,为了保障艺术节期间的通行情况,相关机构也增加了船运的班次,甚至新开了一些岛屿与岛屿之间的新的艺术节期间限定的航路,方便了游客在岛屿间的行动(见图 3-20)。同时,对岛屿内的公共交通进行了密集化的优化,增加了公共巴士的班次,方便游客在不同观光区域间的移动。交通基础设施的全面优化,为游客的抵达提供了大量的便利,这是艺术节成功的最大保障。此外,香川县近年来重点推进的"艺术+民宿"的民宿产业,为更多的游客提供了住宿接待的条件,更与艺术节的气氛相得益彰,在高松市内距离高松港不远的区域中,类似的民宿鳞次栉比地建立起来,这也成为方便观光的基础条件,进一步加深了艺术节的受欢迎程度。

图 3-20 2019 年艺术节期间在高松港排队等候上船的游客

此外,在艺术节的营销方面,香川县推出了"艺术节通票"的模式,使用通票可以游览每一个岛屿的所有艺术作品,同时提前发售的"艺术节通票"除了价格上的优惠之外,还能够提供在艺术节的三个不同时间段任选时间进行观光,为游客提供了价格和时间上的便利选择,为有兴趣前往艺术节,但是前往时段无法确定的游客提供了更多可行性选择,从游客的角度进行的设计,进一步博得了游客的好感。这样的"事前销售"在提前开始为艺术节造势的同时,已经提前为艺术节的收入奠定了基础。

同时,在大众传媒上的密集曝光,也是濑户内国际艺术节能够形成规模化影响力的原因之一。根据濑户内艺术节实行委员会的统计报告,在 2010 年第一届濑户内国际艺术节开始前后,累计被报道事件数目为 645 件,而到了 2013 年第二届艺术节期间,各种媒体的报道和广告播出事件就已经上升到了 1699 件,而这个数字在 2016 年第三届艺术节时,更上升到了 1740 件。密集提升的曝光率对于艺术节形成更广泛的影响力,已经具有极大的推动力,而这些数字仅为大众传媒的报道;在当今社会自媒体信息爆炸的环境中,更多地通过Twitter、Facebook、微信公众号和微博传播的数量则无法统计。而在2019年第四届濑户内国际艺术节开始之前,如日本国家旅游局(JNTO)、香川县、冈山县等相关官方机构的微信公众号和微博公众号已经开始对艺术节的信息进行全面的发布,受这些官方账号发布的信息的影响,中国的众多旅游机构、艺术观察机构的微信公众号和微博公众号也开始进行转发、发布原创信息等活动;而在2019年3月,距离第四届濑户内国际艺术节开幕还剩一个月的时间时,艺术节官方邀请了中国的大众传媒机构的相关报道人员,参观艺术节举办的各个岛屿,提前为艺术节的海外媒体合作打下良好的基础。

在运营层面上,最后需要提到的,就是濑户内国际艺术节的海外合作,2019年第四届艺术节已经确定的合作机构有中国台湾的Vocal Asia(阿卡贝拉国际艺术节)、中国的瀚和文化传播有限公司等,而通过这些海外的合作,在进一步丰富了艺术节的展品和活动的同时,在合作方当地也能够发起一些联动的活动,从而实现在当地的进一步造势。2019年濑户内国际艺术节的组织机构就和中国的瀚和文化传播有限公司共同在中国举办了新闻发布会,在中国的艺术界也引起了极大的反响。

在运营层面上的成功,背后的策划和对于本地情况的认知是支撑艺术节运营的关键力量。在这个层面上,濑户内海国际艺术节组织机构的组成就是这其中如同"奥义"一般的存在了。仔细研究濑户内艺术节实行委员会的组织架构,也能够看到一些令人称道的地方。

第一,是牵头人的选择。会长是香川县知事,副会长是香川县商工会议所联合会会长和香川县高松市市长,这样的牵头人在县内的影响力可见一斑。本县的县知事作为本县行政权力最大的个人,在县内的影响力无与伦比,而县知事的亲力亲为也能够带动县内各个机构的通力合作;而作为副会长的商工会议所联合会会长和高松市市长的作用,则在本地企业和相关机构的执行力上起到了关键性作用。商工会议所联合会相当于中国的商会组织,而县级的商工会议所联合会则是起到了联结县内大多数企业的重要作用,通过商工会议所联合会的作用,能够尽可能地吸引本地企业的支持,为艺术节组织的费用支持、相关企业间的分工协作等起到有效的协调作用。而作为艺术节最大的支持城市高松市,高松市市长则在执行层面上对高松市的相关机构起到了最大程度上的影响,除了直接对艺术节发挥作用的机构之外,高松市的各项观光相关机构,如餐馆、酒店、民宿、交通等机构,也能够在市长的协调下形成有效的合力。这样的牵头人团队,最大的优势就在于执行力的保障,特别是在创办第一届艺术节的活动中,这样的影响力必不可少,甚至能够起到决定性的影响。

第二,主要合作机构的选择。香川县选择了运营了新潟县的"越后妻有大地艺术节"的公益财团法人福武财团,而时任财团的CEO福武总一郎先生则担任了艺术节的总制作人。查看福武财团的背景,可以发现这是一家专门致力于地域振兴和艺术运营的财团法人,特别是在濑户内海各个岛屿的艺术运营和地域振兴方面,福武财团更是有近30年的经验;同时由于福武财团在艺术美术方面的运营经验,以及在艺术界的影响力,能够吸引众多著名的艺术家参与到艺术节的创作之中。而福武总一郎先生,更是作为濑户内海区域出生的"本地人",对于濑户内海的各个岛屿的民风和自然特色有着深刻的理解,作为艺术节的总制作人,能够在尊重本地民风文化的基础上,充分发挥福武财团的能力,为艺术节的创意和运营发挥最大的作用。

第三,在委员方面,小豆岛土庄町长、小豆岛町长、直岛町长、香川大学校长和香川县观光协会会长的参与,进一步壮大了本地在艺术节的设计和执行方面的力量。土庄町、小豆岛町和直岛町是艺术节最重要的直岛、丰岛、犬岛和小豆岛的行政管辖地,这些地区的负责人的参与,一方面能够对本地风土文化提供有效的参考信息;另一方面在布展方面也能够更好地协调本地资源,为布展的顺利进行提供直接的帮助。而香川大学校长,作为本地学界的领军人物,在艺术节设计中对于文化理解、地区习俗的解读则拥有独到的话语权,同时也能够利用本地的科研资源,协助艺术节更顺利地举办。最后,香川县观光协会作为香川县观光产业的总推进部门,在市场推广的执行、媒体渠道的维护以及信息发布的权威性方面,均能够形成有效的推动力。通过这些委员的作用,在各方面的执行层面上,艺术节获得了有力的保障,能够实现从计划到设计再到落实的精准战略落地。

在委员会之下还有干事局和事务局,分别针对不同类型的事务进行实操性的工作。这样的结合,在战略上、设计上和执行上均实现了上下一体,全局统一,实现了将本地资源最大限度地结合在一起,同时将本地资源的能量最大限度地发挥出来,这构成了艺术节成功运营的根本基础;而这样的机构工作模式的固定化,也将是濑户内国际艺术节在此后日益成功的核心动力。

第四,通过多种渠道吸引的企业支持和志愿者支持,也是艺术节能够成功运营的原因之一。这些支持都在资金、现场服务等领域,对艺术节的成功举办提供了有效的支持。

可以说,濑户内国际艺术节的成功,是在香川县的组织和运营体系下必然的结果。而这样的结果带来的则不只是艺术节本身的收益。艺术节的成功,对于交通、餐饮、酒店等行业,也有全面的提升影响。根据艺术节组织机构的测算,2013 年濑户内国际艺术节形成的"经济波及效果"为 132 亿日元,相对艺术节的利润来说更是一笔可观的收入,这样的影响力对于香川县经济的推动作用可以说是相当明显;而随着艺术节的带动,特别是艺术节结束之后仍然继续开放的作品,能够形成的持续性观光影响力,更是艺术节为香川县带来的长期的财富。从这个意义上说,濑户内国际艺术节作为地域振兴项目的重要内容,是香川县近 10 年来观光产业快速增长的绝对龙头,也是香川县地域振兴的关键因素。

二、艺术之县的建设和"艺术观光"的运营之路

随着濑户内国际艺术节的火爆,香川县已经在"艺术之县"的领域中迈出了坚实的一步;在平成 30 年(2018 年)香川县政府发布的《香川县产业成长战略》中,更进一步提出了在世界范围内将"艺术之县"作为本地的招牌打响。为了"艺术之县"的构建,香川县提出了"艺术的香川"项目,并作为从 2018 年开始的 5 年战略中最重要的 5 个核心区域战略课题之一,希望以"艺术"为牵引事项,实现对目标游客的吸引,打造世界知名的"艺术观光"核心区域。

该项目的目标包括:①形成艺术和艺术文化的集群体系,创造出丰富的艺术核心区域;②在世界上充分树立"艺术之县"的形象,成为区域品牌;③对目标游客实现有效吸引,将"艺术观光"产业全面建立起来。

从过去10年中香川县在濑户内国际艺术节的运营成果中可以很明显地发现,建设"艺术之县"的艺术事项基础和游客知名度基础已经初步形成规模。通过濑户内国际艺术节,香川县的高松港、丰岛、直岛、小豆岛、粟岛、伊吹岛、犬岛、沙弥岛、本岛、高见岛、男木岛和女木岛等艺术节主要岛屿已经因为众多著名的艺术家的打造,形成了国际知名的现代艺术文化圈。特别是安藤忠雄、草间弥生、猪熊弦一郎、日比野克彦、久保田沙耶等国际著名艺术家的作品形成了很大的号召力。随着这些艺术作品在展览之外的继续开放,与之搭配的基础设施建设风格、受之吸引的观光群体,持续影响着这些区域,相应的"艺术观光"产业链体系已经初步形成。

但是,除了濑户内国际艺术节之外,香川县的传统文化为香川县留下了深厚的艺术宝藏,在"艺术之县"的打造过程中,这些深厚积淀下来的艺术也有了新的发掘。

一方面是漆器艺术。香川漆器作为日本第一漆器艺术,在"艺术之县"的建设和发展推广过程中必定是一马当先的。香川县为此打造了以 ZOKOKU 品牌和香川县漆艺研究所为核心的漆器艺术品牌化和研究的基地,同时在高松工艺高等学校漆器艺人培养的基础上,逐渐打造拥有国际影响力的,跨越国界束缚的世界性漆器核心地区。

另一方面,则是香川县至今保留下来的日本传统歌舞伎艺术、传统狮子舞(见图3-21)、传统书画艺术。作为日本传统歌舞伎艺术现存至今最大的舞台保留地,香川县的琴平町在"艺术之县"的品牌打造过程中,拥有着独一无二的作用;传承几百年的歌舞伎舞台"金丸座"已经被打造成为日本歌舞伎艺术除了京都之外最重要的保留地;而与之并列的小豆岛中山农村歌舞伎、肥土山农村歌舞伎、农村歌舞伎祇园座等也成为列入《香川县产业成长战略》的重要艺术事项。同时,作为日本传统艺术家和发明家平贺源内的家乡,香川县也深受日本传统书画艺术的影响,在众多寺庙和金刀比罗山的宝物馆,甚至香川县的许多美术馆中均收藏着日本历史上著名书画艺术家的作品,如圆山应举、伊藤若冲、高桥由一等,这些也成为香川县"艺术之县"的重要基础和被"艺术的香川"项目带到了全球舞台的传统艺术。

此外,在"艺术之县"的品牌化建设过程中,香川县也逐渐积累了足够吸引

图 3-21 传统狮子舞在濑户内艺术节演出

人的多样化艺术体系,包含建筑、音乐、电影等,这些均成为"艺术的香川"项目中的组成部分。

从建筑角度来说,香川县沿濑户内海的区域还有众多著名的建筑师设计的艺术馆,如山本忠司设计的濑户内海历史民俗资料馆、谷口吉生设计的猪熊弦一郎现代美术馆、谷口吉生设计的县立东山魁夷濑户内美术馆等;甚至香川县的县政府大楼也是由著名建筑设计师丹下健三设计的。而除了现代建筑艺术之外,香川县屋岛地区的四国村、琴平町的金丸座和金刀比罗宫旭社、善通寺的五重塔等,又是记录了日本传统建筑艺术和民间建筑风格的重要遗迹群。这些传统建筑艺术和现代建筑艺术结合在一起,构成了香川县"艺术之县"的建筑领域舞台。

从音乐角度来说,除了歌舞伎艺术的传承之外,香川县在现代音乐领域也形成了在日本独特的影响力;特别是每年都会举办的 Monster bash 音乐节,吸引了日本各地的音乐发烧友,是日本现代流行音乐的盛典。而著名的音乐人小田和正也会定期在夏季来香川县举办个人音乐会,吸引着众多小田和正的歌迷前来聆听。此外高松国际钢琴音乐会的国际影响力也在逐步提升。包括宝冢歌舞剧团、NHK 交响乐团等香川县外的知名音乐团体也随着香川县"艺术之县"的影响力提升,更多地来到香川县进行表演。这些由不同类型的音乐人、音乐活动组成的音乐舞台,让香川县在"艺术之县"的品牌推广上,更有力地形成了完整的艺术体系,极大地推动了"艺术的香川"项目的进度。

从电影艺术的角度来说,香川县更是日本众多电影的拍摄地。从比较远的《二十四只眼睛》开始,香川县和香川县属的濑户内海各个岛屿就成为电影拍摄的宝地。包括近年来很有人气的《在世界中心呼唤爱》、竹内结子主演的电影《春雪》、真人版《魔女宅急便》等,这些电影有些在香川县取景,有些则是通篇在香川县拍摄。这些电影的拍摄地也为香川县的"艺术之县"的全面构成完成了最后一块拼图,随着电影拍摄地的打造,香川县已经出现了几个人气旺盛的观光目的地,如《二十四只眼睛》的拍摄地已经被开发成为《二十四只眼睛》电影村(见图3-22),《在世界中心呼唤爱》的拍摄地香川县高松市的庵治地区、《魔女宅急便》的取景地小豆岛橄榄公园等,均是因为电影拍摄成为香川县重要的"艺术观光"目的地。

图 3-22　以电影《二十四只眼睛》拍摄地为基础构筑的观光设施

在众多艺术作品和艺术事项组成的"艺术观光"资源的基础上,香川县也在优化和完善"艺术观光"的基础设施。除了《香川县产业成长战略》之外,同年香川县政府还发布了《香川县文化艺术振兴计划》,在承接《香川县产业成长战略》的基础上,进一步细化香川县"艺术之县"的建设项目。在这个计划中,重点提到的就是香川县"艺术观光"基础设施的优化建设和现有"艺术相关设施"的综合性应用计划,通过政府、企业、民间组织、学校和艺术团体等机构的力量,通过分工与协作,在实现"艺术设施"的综合性应用的前提下,对现有设施的基础设施建设进行完善和升级,以期"艺术环境"的进一步升级。

在"艺术环境"建设计划中,香川县又进行了 8 项子任务的设置,包含县内综合性文化设施的利用、美术馆博物馆等机构的多样化应用、设施机构运营手段的多样化和基础设施建设四大类型。涉及的设施包括香川县内大多数非艺术节相关艺术馆和传统艺术遗产,包含县文化馆、市民会堂、县立展览馆、民俗资料馆、东山魁夷濑户内美术馆等机构。通过对相关机构开展的项目数量、项目开展模式、运营方法和无障碍化基础设施优化等行动,实现这些机构的"充分化"和"便利化"运营,目标是使得更多的县民能够走进这些设施并且融入"艺术之县"的氛围中,并在提升和融入的过程中,实现香川县"艺术环境"的进一步升级和全面构成。

通过《香川县产业成长战略》和《文化艺术振兴计划》的实施,香川县能够保障在"艺术观光"的内容、活动以及基础设施的方面,逐渐完善,特别是内容方面的充实度在《香川县产业成长战略》发布之前就已经达到了一定规模。而随着"战略"和"计划"落实过程中,其中提到的"文化艺术相关人才育成"计划的逐渐落地,本地艺术文化人才数量也将出现可预见的增长。特别是在《文化艺术振兴计划》中提到的关键性指标的跟踪计划,将进一步为基础设施和人才培养提供必要的支持性保障。

最后,《香川县产业成长战略》和《文化艺术振兴计划》的最后一部分则是关于"艺术之县"的运营和推广。这也是香川县在现阶段重点的着力点;除了濑户内国际艺术节的全球推广之外,香川县的"艺术之县"推广历程则是更值得关注的内容。

三年才能开展一次的濑户内国际艺术节带来的"艺术热潮"相对于艺术节后的两年几乎无法带来有效的"带动力"。虽然艺术节留下的众多留存展品仍可以参观,但是由于缺少了艺术节带来的规模性活动的全面吸引力和交通与服务在密度上的全面支撑,观光目的地的游客数量明显下降。在这样的前提下,有效的运营和推广模式,是香川县能够将"艺术之县"进行全球化推广的根本保障。在这里,需要考虑的问题就包括了推广媒介和推广模式的选择以及多区域间组合的规模效应的应用。而实质上,只有两者都能够得到充分应用,才能够在濑户内国际艺术节之外的时间中,实现持续性的吸引力。

首先是在推广媒介和推广模式上,近些年来,日本的不同区域均在日本国外开展了旅游观光推介活动,通过将本地文化、艺术、美食、风景等特色的展示,以互动活动、折扣券发放、纪念品赠送等模式,直接在海外进行推介。类似的模式也被香川县应用起来,甚至在日本国内的重要地区,如东京都、大阪府等地,也在进行着香川县的"推介会"。2018 年 11 月,香川县在中国上海开展了一次推介活动,该活动一方面将香川县的美食和文化进行了重点推荐,包括乌冬面、和三盆糖制作体验活动;另一方面在推介会场布置方面,则就香川县的"艺术观光"特色进行了突出,包括濑户内国际艺术节的知名展出作品、传统建筑艺术海报、漆器模型等,均在推介会现场进行了布置。而推介会场的用具和装修风格,则采取了与男木岛观光游客中心,被称为"男木岛之魂"的设计关联元素,以蓝色和白色以及柔光灯为主。该推介会以"濑户内艺术 Lounge"为主题,特别强调了香川县的"艺术"特色,而随着互动活动的进行,这次推介会也被参与者评为"好看好玩"的推介,成为一次成功的推介。而在更大舞台上的推广活动,香川县在 2018 年 11 月还参加了中国国际旅游交易会,以中国最大的旅游交流为舞台,展示香川县的文化和艺术,进一步获得了关注。此外大众传媒的推介,与旅游相关企业的联动推介以及自媒体的应用等,这些尝试也在逐步实施中,通过这些渠道对"艺术之县"的形象,在全球范围内进行推广,基本上较为有效地将香川县"艺术之县"的名号在世界范围内固定了下来。而在现有成果基础上,下一步需要推进的则是影响范围的扩大化和在亚太区域内对于"艺术的香川"的理解深度化,在现代艺术之外,着重于艺术事项的综合化、全面化和影响力构造。

　　另一方面,在观光经营的多样性上,虽然以主打"艺术观光"为旗帜,并在世界范围内进行了目标客户的推介,但是在客户规模培育的过程中,与周边地区甚至日本国内其他地区实现游客的交流和共享也是以降低营销成本提升营销效果为目标而采取的手段。这需要通过与其他地区的联合,构建"观光产业联盟",以多区域组合为目标,实现联动经营和联合揽客。在"艺术观光"领域,香川县将"香川濑户内艺术观光圈"与日本其他 12 个地区联合构成了"Undiscovered Japan"联盟,该联盟以"发现日本新体验、发现日本文化艺术、发现日本区域生活、发现日本民族精神"为宗旨,将新的观光路线、新的观光主题、新的观光目的地等进行整体性的海外推介。其中香川县作为文化艺术的典型代表观光目的地,以"艺术观光圈"为特色,成为其中的明星,而其联合推介和经营的结果,则会便于对艺术和周边区域感兴趣的游客在选择香川县周边区域的同时,将香川县的"艺术观光"作为旅行的一部分。而"香川濑户内艺术观光圈"的范围,则将香川县全域包含在内,这样的模式,对于香川县内各处的运营均有平均的推动力,虽然看上去有些缺少重点,但是对于游客来说其选择的空间更多,路线安排的方式也更为多样化,有助于促进游客最终选择前往香川县。

除了上述内容,自发性地域振兴组织的活跃,也在为香川县的"艺术之县"建设做出贡献,这些自发性机构以"艺术"为切入点,通过对本地传统艺术的发掘和保护,或者对本地资源的艺术化创作,将"艺术"融入县民生活中的同时,在一些专业性艺术报道和杂志中,也进行了本地艺术的推广。最为典型的传统艺术组织就是多度津町的白方地区乡土艺术"ヤットセー踊"保存会,该机构致力于将地方传统艺术进行保存和在现代社会中进行应用,其表演在香川县内外均受到了一定程度的关注,从"传统艺术保留"的侧面,对香川县的整体"艺术之县"的氛围进行了强化,也对外进行了推广。而活跃于志度地区的"文化沙龙源内"则是以出生于志度地区的古代发明家、艺术家平贺源内的艺术为起点,通过"源内塾""会报发行"等活动,在本地和周边地区将与平贺源内相关的艺术事项进行宣传和推广。该组织的活动也在近些年取得了一定的成果,随着平贺源内相关史话和艺术的知名度提升,香川县的"艺术传统"也在日本国内外得到了认可。

香川县在"艺术的香川"项目推进过程中,很明确地形成了基于本地资源,官民学一体化,任务明确化和有效跟踪改进的项目推进体系,从本地的《香川县产业成长战略》和《文化艺术振兴计划》中可见一斑。可以预知的是,随着"艺术的香川"项目的逐步推进和落实,香川县的"艺术之县"形象在国际社会中的影响力将很明显地提升,特别是相对于传统艺术殿堂的罗浮宫、大英博物馆等,"现代艺术殿堂"和"传统与现代艺术结合"这两个在国际艺术领域的独特招牌,将成为香川县与众不同的吸引力。甚至可以推测在未来,香川县的"艺术观光"取得的成果,也能够如欧美传统艺术中心一样,香川县成为游客络绎不绝的真正的"艺术中心"。

三、栗林公园和栗林公园的"名片化"

说到日本的庭院艺术,众所周知的是日本的"三大名园",即石川县金泽市的兼六园、冈山县冈山市的后乐园以及茨城县水户市的偕乐园。这三个被称为"名园"的庭院,均是因为其为日本古代大名(地方首领)所建的私人庭院,并且以造景精致、植物多样、规模庞大而著名。这"三大名园"还有一个共同点,就是同为采取了日本传统的环游式庭院的风格,因此,这"三大名园"被称为日本庭院艺术的代表,受到了极大的关注;同时"三大名园"也被选为了日本国"特别名胜"。

但是,这"三大名园"虽然贵为日本国的"特别名胜"却仍然败给了香川县著名的"栗林公园"(见图3-23)。同样是贵为日本国"特别名胜"的著名庭院,栗林公园却更进一步得到了《米其林旅游指南》的认可,被评为"米其林三星级观光地"。与《米其林美食指南》一样,被评为"三星级"的目的地被认为是"值得为了这个地方专程前往拜访这个国家"的地方。因此,从这个角度来说香川县的栗林公园是日本第一庭院,也绝不为过。甚至与"三大名园"相比,栗林公园还有在日本庭院文化中更为精髓的"枯山水"造景艺术,并且栗林公园的造景艺术在日本国内也拥有极高声誉。从代表性来说,栗林公园的日式庭院水平,远超"三大名园"。而香川县,正在通过栗林公园的"名片化"运营,将栗林公园的国际影响力引入香川县的"地域振兴"体系,并以"栗林公园"为招牌之一,吸引日本国内外众多的游客。

图 3-23　栗林公园

虽然栗林公园的历史与"三大名园"相比并无更久,但是作为一座用 400年时间精心打磨的庭院,栗林公园拥有着比平原建园的"三大名园"更多的优势和更细致的布景手法。同时,栗林公园也拥有着诸多"日本第一"。

第一是规模上,栗林公园的"平庭"面积是东京巨蛋的 3.5 倍大,有 16.2公顷,是日本所有大名庭院中最大的。而如果算上作为庭院背景的紫云山的面积,栗林公园的总面积就达到了 75 公顷,有 16 个东京巨蛋的面积,是日本所有国家指定文化财产的庭院中最大的。这样的规模为栗林公园的造景提供了大量的空间,栗林公园拥有 6 个形色各异的池塘和 13 座巧夺天工的假山布景,这些都是在宏大空间基础上将日式传统审美与匠人手艺结合的典范。

第二在景致设计上,"一步一景"是足以向世人夸耀的景致特点,在日本也是绝无仅有。特别是相对于大多数国家"指定名胜"的庭院设计以"坐观式"为主的情况下,栗林公园的布景则采用了"池泉环游式",将山水植物景观布置在广域空间中,构筑了"一步一景"的多彩游园效果,每走一步景致都会发生变化,这在日本国内也是数一数二的。

第三是日本最著名的松树景致。栗林公园以松树闻名,在400年的建设和完善过程中,栗林公园中植入了大量的松树,上百年甚至几百年的老松在栗林公园中遍布生长;而栗林公园特色的"箱松"景观,则更是日本庭院艺术中独一无二的存在。这些形态各异的,经年累月生长繁茂而成的松树景观集群,是栗林公园相对于日本其他庭院中更为独特的风景。以松树为景,将松树景色与"一步一景"的整体布景相结合;形态各异的松树也进一步增添了"一步一景"的趣味。

第四则是与日本历史"逸话"相连的石头布景。在栗林公园尚未建成的高松藩的第二代藩主松平赖常时代,为救助因持续干旱受灾的领民,松平赖常请领民用收集来的各式树木和石头交换食物,历史上留下"逸话"的同时,也为栗林公园留下了众多形态各异的石头;利用这些石头进行布景,丰富栗林公园的池塘景致,在水池、山地、树木的基础上,增添更多石景观,将"一步一景"的味道进一步升级。

栗林公园的四个"日本第一"成为栗林公园对外宣传的最好的"本钱",也是吸引各国游客的"招牌"。以这些著名的景色,搭配上四季不同的植物与主题活动,共同构成栗林公园观光活动主体,是栗林公园日常运营的关键手段。

一方面,利用栗林公园的四季不同的植物和因为植被茂盛而成的紫云山的四季不同颜色为背景,栗林公园会推出主题游园活动,特别是春季和秋季,结合樱花和红叶的季节,栗林公园也会推出有小吃摊、节目表演和民俗展览的主题游园活动,同时,公园的营业时间也会延长,晚上也会有专门的灯光来衬托应季植物的风采。这样的游园会的形式在这些年受到了很高的评价,也成为栗林公园游园活动的招牌之一。

另一方面,栗林公园在探寻历史上游园玩法的基础上恢复了古代大名游园的方式,如乘船游湖,驻亭品茶等。乘船游湖的活动甚至会根据游园会的安排,进行夜间游湖开放;而栗林公园中的掬月亭和日暮亭作为著名的体验茶道的场所,常年开放着,在茶亭内品茶观景,尝试一下"坐观"的感觉,也是栗林公园在"一步一景"的基础上推广的"复古的创新玩法"。这些活动现在也在栗林公园的观光宣传手册上醒目地出现了,并且有越来越多的游客会选择乘船和在掬月亭喝茶,甚至会出现排队等待茶位的情况。除了这些之外,栗林公园内有 100 多年历史的老茶屋旧日暮亭(现在日常用于品茶的日暮亭是新日暮亭)也会定期开放参观,旧日暮亭不但会提供茶道体验,还会提供香川县的民间特色小吃"红豆年糕汤杂煮",对于很多老香川的居民来说,在日暮亭品茶吃杂煮,也是感受旧时光的好选择。

这样的运营可以说是非常成功的,在平成 29 年(2017 年)栗林公园为香川县创造收入为 320891316 日元,其中门票和设施收入为 255636642 日元,在栗林公园的门票为 410 日元/人的情况下,可以推算出 2017 年最多入园观光人数约为 62 万人,在老年人和儿童均免费的前提下,这个预估数字能够有效显示栗林公园的受欢迎程度,特别是在现在跨境直飞航班数量有限的情况下。随着香川县的跨境航空逐渐发展,相信这个数字会进一步提升。

在将栗林公园打造成本地"名片"的推广基础上,香川县对于栗林公园的应用也不仅在观光一处。对于栗林公园的综合运营,也是香川县在栗林公园观光事业基础上叠加而成的对于县内整体观光事业的推进。

关于这个运营,其基础在于栗林公园内部的一些特殊场所,包括赞岐民艺馆、商工奖励馆、日暮亭等,这些场所在蕴含历史风味的同时,与栗林公园的整体景观浑然一体,对于相应的使用者来说,也能感受到"人在画中游"的味道。从这个出发点,对栗林公园的商业价值进行进一步开发,也能够通过更多要素提升观光产业在香川县的影响力,在日本国内和世界范围内提升香川县的知名度。

首先是赞岐民艺馆的"文化"和"艺术"意义。作为栗林公园内的专门展览本地民间艺术品的展览馆,赞岐民艺馆日常承担着保留和宣传本地民间文化的作用。这个作用一方面是在香川县"艺术之县"的战略下对本地艺术的传承;而另一方面则是以赞岐民艺馆为基地,对周边地区和国家进行艺术事项的交流展览。比较著名的展览包含 2018 年夏天进行的赞岐瓦片艺术展和 2017

年春天举办的中国民间艺术展。此外，作为本地文化和艺术的展览馆，赞岐民艺馆也会被用于进行一些针对本地民间艺术的讲座；这里也成为香川县本地文化和艺术传承、儿童教育的重要场地。

其次是日暮亭的租借使用。这里主要指的是新日暮亭。香川县民的婚宴仪式、重要商务宴请等，可以在日暮亭举办，这些民间或者商业的活动，能够为栗林公园带来综合性的收入，包括门票、餐饮、场地租用等，同时这些活动的举办有效地将县外的客人带入园内，在产生收入的基础上也形成了栗林公园的对外推广。

再次，也是近些年发生较多的，是商工奖励馆的综合应用。栗林公园是江户时代高松藩的文化事项孕育和推广的场所，为了强化和保留这个作用，在明治 32 年（1899 年）在栗林公园内部建设了商工奖励馆，继续作为香川县文化、艺术和产业的发源、推广地，至今都在发挥着其在本地文化艺术方面的作用。在日常情况下，商工奖励馆是作为本地手工业的展览馆存在的，包含香川县的家具制造产业、漆器制造产业、丸龟团扇制造业、乌冬面制造产业以及本地的书画作品在这里进行展览。但是，商工奖励馆也可以作为商业用途进行租借使用，包含婚宴、商业讲座、大学课堂、公开课堂等形式的租借，均在商工奖励馆有过实践。而这些应用中最著名的莫过于 2016 年商工奖励所作为 G7 集团信息通信部长会议的会场登上国际舞台，同时 2016 年商工奖励馆还作为当年濑户内国际艺术节的"赞岐晚餐会"和"东京艺术大学×伦敦艺术大学国际共同 project"的举办场所，成为艺术节的舞台。这些应用，均有效地提升了栗林公园的影响力，在近些年香川县的国际推广过程中，成为非常亮眼的成就，同时也将香川县的文化艺术在国际舞台上进行了展示，进一步提升了香川县的国际知名度。

最后，栗林公园的商业开发领域还包括对本地特色产品的销售方面。在栗林公园中建设的本地特产贩售机构"栗林庵"，作为"香川物产馆"，专门销售香川县的本地特产，包括香川县的各种手工艺特产，漆器、丸龟团扇，东香川市的手套和皮具等（见图 3-24）。香川县的乌冬面、和三盆糖、伊吹煮干，还有香川县的本地名酒等，均在栗林庵进行贩售。在栗林庵中还会出售栗林公园限定制作和贩卖的本地产品，比如栗林公园主题的和三盆糖、本地点心等；还有

图 3-24　栗林公园内的本地特产贩卖中心——栗林庵

一些栗林公园相关的产品,如明信片、台历等。以栗林公园为龙头,带动的本地特产的销售,对顾客的吸引力近年来也呈现了上升趋势,在栗林庵购物的游客数逐渐增多,也会出现排队等候结账的情况。此外,栗林庵的门前设置了茶座,在栗林庵购买的一些需要即刻食用的产品,如小豆岛生产的橄榄冰淇淋、酱油冰淇淋等,可以在此食用。

而随着 2016 年的本地动画《乌冬之国的金色毛球》在日本各地的陆续放映,栗林公园也抓住了动画的热潮进行了联动商业开发,推出了与动画相关的产品,包括徽章、贴纸、圆珠笔、便笺纸、海报等,甚至还有限量版的导游手册。在动画播出期间,栗林公园也推出了相关的游园会,并且有专属的礼物赠送。这些商业的推广,针对动画的"粉丝"有很强的吸引力,来自各地的动画"粉丝"也会前来栗林公园进行"舞台探访",购买与动画相关的周边产品,一时成为热潮。到 2018 年,虽然动画上映的热潮逐渐褪去,但是栗林公园中仍然保留了部分与动画相关的元素和产品,对于动画"粉丝"来说,这些贴心的长期要素,也是他们在后续时间中进行"舞台探访"的动力。

以栗林公园为"名片",香川县也开始发掘县内著名庭院的道路。实际上作为日本战乱较少、自然灾害也相对较少的地方,香川县保留了许多有代表性的庭院,有些是古代武士家族的居所,有些是日本近代茶道手艺人的庭院,还有小大名的别邸等。比较有代表性的有东香川市引田区域的武家屋敷、三木町的茶人庭院渡边邸、丸龟市的丸龟藩主别邸中津万象园,以及观音寺市的琴弹公园等。这些区域不同、主题各异的庭院宅邸,构成了香川县内的庭院文化和主题观光,这样的主题也是香川县区别于其他地区的观光特色之一,在一些人群中存在影响力。

此外,将栗林公园作为香川县的"名片"进行推广,重点在于"匠心"和"精致"方面,特别是针对香川县是日本面积最小的县的地理特色,"小而精"就成了这里进行观光宣传的重点内容。而历经400年逐渐完成的栗林公园则代表了这种"精益求精"的精致和"百年磨一剑"的"匠心"。在诸多旅行社推出的香川县的介绍中,也会出现将"栗林公园"和"历经400年建造的米其林三星级庭院"联系在一起。而在中国进行的调查中,知道香川县的人也主要会说到"濑户内国际艺术节"、"乌冬面"以及"栗林公园"。从这个角度来看,栗林公园作为香川县的"名片"确实已经为海外所知,并且随着观光行业的推广,日益为人熟悉。香川县选择栗林公园作为本地"名片"之一,具有其必然性和正确性。

而随着海外对于栗林公园的熟悉程度越来越高,栗林公园的配套服务体系也在逐步完善,包括多语言的翻译服务、无障碍设备租借、陪同向导服务、应急服务等,均在过去几年中逐步建立和完善起来。同时作为文化交流的核心场所,栗林公园也在通过县政府与大学和本地企业进行联合,在引入跨国文化专业人才的同时,通过跨境文化交流,逐渐强化对外国文化和外国游客行为习惯的理解,在香川县的"名片"的道路上呈现出越走越好,越走越完善的趋势。

而从产业联动的角度来说,栗林公园带来的更是餐饮和酒店行业的兴旺,近年来,栗林公园附近已经逐步新开了三四家酒店、民宿以及餐馆。受其影响,周边的配套服务体系也逐步完善,生活超市的开业更进一步带动了栗林区域的地产投资价值,现在栗林公园附近的区域也从以往所说的"高松市近郊"成为高松市地价最高的区域。

从结果来说,将栗林公园打造成"名片"对于香川县的推动力已经不只是观光产业一处,综合到地产、手工业、食品加工和制造、餐饮和酒店行业等,均在栗林公园的带动下呈现出向好的局面。从实际的角度来说,发现一个"中心"和将"中心"打造成"名片"的意义是重大的,在"地域振兴"领域中,能够发挥极其强大的推动作用。

四、特色文化观光产业的打造

香川县作为日本历史传承极为悠久和连续性很强的区域之一,除了艺术之外,还有众多著名的文化遗迹流传下来。而这些文化历史留存下来的痕迹,为香川县的多种文化主题观光行业创造了众多先天基础性优势;充分发挥这些现存资源的作用,通过同类资源的有机组合,打造多种主题的观光组合,也是丰富观光产业体系,实现多通道吸引游客的重要手段。而这些主题中,以四国八十八灵场巡礼、源平史话主题观光、乌冬面主题观光最为受到关注。

(一)四国八十八灵场巡礼

作为香川县最为重要的观光主题,四国八十八灵场巡礼在日本国内享有极大的声誉,特别是针对有佛教信仰的人来说,四国八十八灵场巡礼在日本几乎被奉为最为重要的寺庙巡游之旅,不仅是虔诚的表现,也是日本佛教信徒祈祷顺利和福气的行为。

"四国八十八灵场"顾名思义,一共有八十八个"灵场","所谓"灵场"在日本被定义为神灵会显灵的地方,这些地方与佛教相关,也基本上都会有寺庙的存在。在日本有"三大灵场"一说,分别是青森县的恐山,京都府的比叡山以及和歌山县的高野山,"三大灵场"都是佛教寺庙聚集的地方,这些灵场因为其"灵力"从而得到信众的广泛欢迎;而与高野山相关的"熊野古道"则是日本最著名的,甚至被列入世界文化遗产的巡礼道路。但是"四国八十八灵场"巡礼之路,在知名度上则不落下风,在日本国家旅游局(JNTO)的网站上,甚至将两者并列为最具盛名的巡礼之路,被称为"净化心灵的朝圣之路",同时也是"日本文化遗产"项目之一,在日本的地位可见一斑。

关于"四国八十八灵场"的起源,有传说是诞生于香川县的弘法大师(空海)为了排除自己以及人们的危难而开设的八十八所寺庙,而巡游这八十八所寺庙则被称为"遍路"(见图 3-25)。一方面,因为这八十八个寺庙串联起来组成了完整的"四国遍路",因此在佛教层面上具有极高的价值;另一方面,这八十八个寺庙组成的路线围绕四国岛完整一圈,又各具特色,因此周游八十八灵场又被称为探寻四国岛地域景色和民间风土的最佳路线。这样的线路具有的观光价值,对于四国岛的四个县来说,都是前人留下的至高的宝藏。

图 3-25 "四国遍路"的寺庙

因此,为了开发这条"四国遍路"的资源,形成四个县的规模效应,香川县、爱媛县、高知县和德岛县联合在由八十八个寺庙自发组成的"四国八十八所灵场会"的基础上建立了"四国八十八所灵场与遍路道世界遗产登录推进协议会",通过"灵场会"的民间活动与"协议会"的官方活动结合的方式,联合四国岛上的本地旅行服务机构,开展完整的"八十八灵场巡礼"主题旅游。据了解香川县本地较为有名的株式会社大川观光旅行社就是香川县牵头运营该项目的公司;同时在以大川观光为代表的本地旅游机构的支持下,日本国家级的旅游服务机构和交通运输服务机构也进行了相关的联动活动,如株式会社 JTB、全日本空输株式会社(ANA)等,均定期开展"八十八灵场"主题的旅游观光活动,这些活动通过日本全国甚至影响国际社会的大型旅游服务机构的推广,使得"八十八灵场巡礼"在国际范围内拥有了一定的影响力。

除了日本国家旅游局和四县联合的推广活动,对于"八十八灵场"的开发,香川县也在本地进行了足够深入的工作,并以此为契机将香川县内的 23 座"八十八灵场"中的寺庙进行了有效的推广,其中有些寺庙的打造,在日本甚至世界范围内均具有了相当的名望。

首先,香川县是"八十八灵场巡礼"最后 23 座寺庙的所在地。以弘法大师(空海)的初心来说,巡礼八十八灵场的目的是解救危难,让身心从世俗的束缚中解脱出来;因此香川县的 23 座寺庙被称为"涅槃之道场",这里被认为是身心解脱获得幸福的地方,这也成为香川县的口号。借用了佛教的意义,并将佛教带来的意义融汇于城镇发展的过程中,香川县是日本第一个将"安心"和"笑颜"用在区域战略中的地方,无疑是受了佛教的影响和启发。

其次,香川县内的 23 座寺庙拥有着不同的风景,在香川县的观光中也得到了充分的体现,如"八十八灵场"中海拔最高的云边寺,在观音寺市的观光宣传中,被定义为四国唯一的一座"云上之空"的寺庙,成为四国地区独一无二的存在;而屋岛山顶的屋岛寺,则因其能够俯瞰濑户内海的风景成为著名的景点,此外在屋岛俯瞰的高松市夜景也被称为"濑户内绝景",这样的景致在日本国内也受到了关注;而"八十八灵场"的最后一座,香川县的大洼寺则是因为其秋日灿烂的枫叶景色驰名日本,大洼寺不但因其是巡礼的最后一站而被称为是"结愿之地",也因为其赞岐山脉中的秋日盛景,成为四国岛极受欢迎的寺庙之一。这些寺庙的特点,无论香川县政府的观光推进课还是各个区域的政府,均在其网站上和各种场合上进行了明确的宣传,让香川县的 23 所寺庙在风景上各自与其他寺庙形成了明显的区分度。

再次,挖掘寺庙背后的故事,让故事成为寺庙的主角。位于香川县善通寺市的善通寺,被认为是弘法大师的出生地,也因此在此处流传了弘法大师传播乌冬面的故事;坂出市的天皇寺,则流传着崇德天皇被流放赞岐之地并在此得到供养的传说;而屋岛寺则更是因为其是鉴真和尚东渡的落脚地,以及周边的狸猫传说,成为与善通寺并列的拥有了国际知名度的寺庙。这些寺庙背后流传的故事,不但吸引了日本的游客,也对中国的游客产生了影响力,每年都有大量的中国游客前来这些寺庙参观。

最后则是对寺庙中的宝物资源的发掘。善通寺的宝物馆拥有 2 万多件日本国宝级藏品,定期进行展出;而屋岛寺本堂的十一面千手观音坐像则是日本所有千手观音坐像的本尊,被列为日本"国家重要文化财产";而志度寺则是因为其本堂传承之久,被认为是四国八十八灵场中最久远的,得到了日本建筑文化界的广泛重视。这些文化遗产的保留和运用,也成了香川县吸引游客的关键。

同时,在资源开发的基础上,香川县也推出了一些与"四国遍路"相关的主题区域观光活动,如香川东部五个灵场的一日漫游、女性主题的本地灵场巡游、弘法大师诞生地的 7 所寺庙一日巡回参拜活动等,通过不同的主题和时间,提供本地灵场的主题活动,并与周边的艺术馆、餐馆、传统手艺工坊等进行组合,形成了以"遍路"为牵引的多样性主题观光活动,在突出主题吸引目标游客的同时,推广本地周边观光风情,也不失为成功的观光项目。

　　此外,以"八十八灵场巡礼"为出发点,香川县也推出了其他类型的佛教主题观光项目,如小豆岛的"小豆岛八十八所巡游",以及不同寺庙在不同季节进行的法事观光活动等。这些由佛教衍生出来的观光项目,为香川县发掘目标观光客户,提供了足够的帮助,日益成为香川县除"艺术观光"之外,最吸引人的观光主题。

　　(二)源平史话主题观光

　　香川县高松市的屋岛地区作为日本平安时代结束标志的源平之战发生地,在日本历史爱好者心中拥有很高的地位;同时作为日本历史著名小说《平家物语》的发生舞台,高松市也是平家文学爱好者的"天堂"。历史为香川县的屋岛地区和庵治地区留下了众多的源平史话遗迹,这也成为香川县重点打造的国内旅游主题之一。

　　在日本历史上拥有三大末世英雄,分别为平安时代末期的源义经,镰仓时代末期的楠木正成和安土桃山时代末期的真田信繁,这三位英雄均因为其"忠义"和"勇武"在日本拥有极高的人气。而其中最早的源义经,则正是因为其在源平之战中的英勇表现,成为日本历史上的传奇人物,也正是源义经在屋岛之战中的表现以及因为屋岛之战带来的名望,与其不幸的人生遭遇形成鲜明对比,也让源义经成为众多文艺作品的创作主角。

　　这样的一段波澜壮阔的历史恰好发生在香川县高松市,留下的众多史迹和逸话正是后人,特别是历史爱好者和文学爱好者喜欢的观光目的地。香川县打出"源平史话"巡礼的主题,也正是迎合了这些历史爱好者和文学爱好者的喜好,有目标地寻找目标游客。

　　在高松市的官方旅游网站上,非常明确地打出了"源平合战巡礼之旅"的招牌,包括用人物造像讲述了源平合战故事的高松平家物语历史馆、记录日本平安时代到江户时代民间生活面貌的四国村、眺望屋岛之战古战场的屋岛山顶和因源平合战而产生的狸猫传说的结缘地蓑山大明神之祠、传说中因为战争而池水被染红的"血之池"遗迹、源义经的大将佐藤继信的牺牲地和佐藤继信墓碑、纪念因源平合战而自杀的安德天皇的安德天皇社、源家大将那须与一射落平家旗帜时的驹立岩,以及平家大将平景清生擒源家大将美尾屋十郎的发生地等。这些历史遗迹完整构成了整个"源平史话"的全貌,能够看到因源平合战而生的所有历史逸话的发生地原貌,在日本国内也拥有一定的影响力。

在香川县观光机构的自媒体平台上,"源平史话"巡礼也作为高松市一日游的重点推介项目,在诸多门户网站、旅游杂志上得到了推广。在中国举办的香川县旅游推介活动上,"源平史话"的巡礼推荐也被明显地提了出来。而随着"源平史话"主题观光路线被认知,线路上的店铺、餐馆等也成为观光推介的内容组成得到了一并推荐。搭乘濑户内海上的游船在海上看屋岛和庵治地区的五剑山,以及在五剑山眺望屋岛,也都是因为"源平史话"而被推荐的旅游项目。现在,高松市东部的屋岛地区、庵治地区和牟礼地区因为分别是源氏登陆、佐藤继信战殁、决战战场等史话的舞台,已经被打造成为"源平之里"史话观光区域。

(三)乌冬面主题观光

香川县作为乌冬面的发源地,更是日本"三大乌冬"中最有名的赞岐乌冬的原产地,香川县拥有的乌冬面馆数量在日本也是首屈一指。而在当地,香川县不但乌冬面馆多,各家的风味也各有千秋,虽然都是用昆布和煮干熬汤,但是却因为材料的配比、材料品种的选取、熬制的火候等区别,汤头风味千变万化;同样在制作乌冬面的时候,也会有因为盐水浓度、压面力道等的差异导致面的口感和味道千差万别。这样两种千差万别的叠加就使香川县家家户户都有不同的乌冬面风味,但是家家户户的乌冬面味道都很好。这样的饮食文化基础开启了香川县的乌冬面主题观光。在这个主题下,除了可以品尝到各种口味的乌冬面,还能够亲自尝试做乌冬面,然后搭配本地特产的蔬菜和渔产,煮一碗属于自己的乌冬面。

这个观光主题强调的是品尝乌冬面的"多"和"好味道",以及不同味道间的"比试";同时强调了"参与感"和"亲子活动"。这个观光主题现在已经不只是日本国内的热门观光主题,在海外游客当中,在香川县品尝不同的乌冬面馆做一份自己的乌冬,也是非常受欢迎的项目。

一方面,香川县成功运营了一些能够为游客提供自制乌冬面的店铺,最有名的就是香川县内的连锁机构"中野乌冬学校",在这个机构中游客可以通过工作人员的介绍,在工作人员的帮助下做一份乌冬面;同时,中野乌冬学校在运营的过程中发明了"乌冬舞",也成了香川县对外进行观光推广时的噱头。

这种能够将亲子活动融入的体验式观光,日益成为游客的心头好,为香川县带来一批又一批的游客。

另一方面,在品尝不同口味乌冬面的领域上,香川县分别有两家本地旅行机构提供了乌冬巴士和乌冬出租车服务。运营乌冬巴士的是香川县本地的琴参巴士株式会社,该公司作为香川县中部的老牌巴士服务公司,在对本地乌冬面店铺探访的基础上,遴选本地味道上乘的乌冬面店铺,在串联起路线上的观光景区的同时,带领游客在一天之内品尝四到五家不同的乌冬面店,同时因为这个服务低廉的价格在游客口中评价很高。此外,本地的琴平巴士株式会社则提供定制化的乌冬出租车服务,相对乌冬巴士更为高价但是更具定制化的服务模式,乌冬出租车的司机会根据顾客的要求带顾客去往不同味道、不同历史的乌冬面馆,这个服务由于其高定制性和独特的服务特色,也获得较高的评价。通过这两个主题服务,香川县的乌冬面主题观光,得到了很大程度的关注,并且日渐成功。

此外,针对一些企业的需求,香川县在响应日本"工厂参观"观光的同时,将本地著名的石丸制面株式会社加入到本地"工厂参观"项目中,在有组织的前提下,允许游客参观乌冬面制作工厂,了解半干型家用乌冬面的自动化制作过程。

"做""品""看",作为"乌冬主题"观光的三大亮点,帮助香川县获得了大量乌冬面爱好者游客,随着赞岐乌冬在日本国外的名气日益提升,乌冬面主题观光甚至也在欧美国家逐步得到关注,可以在香川县发现一些欧美游客排队搭乘乌冬巴士。

除了上述三大主题观光之外,香川县还在继续发掘本县的文化资源,逐步推出更多具有本地文化特色的文化体验观光活动。如以濑户大桥为中心的大桥观光活动,提供了登上濑户大桥、眺望濑户大桥、参观濑户大桥纪念馆等活动,让游客能够以多种视角了解濑户大桥的历史,感受濑户大桥的气魄。又如以香川县东部引田地区的怀古和体验主题的观光,包括了参观引田地区古代武士家宅和体验香川县自古流传下来的和三盆糖的制作的活动。这类专项文化主题活动每隔一段时间都会被策划出来,有些则成为香川县持续下去的主题观光线路,在自媒体、大众传媒渠道上都将进行全方位的报道和推介。

可以说香川县在深度发掘本地特色文化,打造和推广文化特色主题观光,深度挖掘文化事项间关联性并研究"多文化组合"观光的道路上进行了非常有意义的尝试,不但为本地的地域振兴做出了贡献,也为其他地区的振兴思路,提供了可行性的案例支持。

五、与"二次元"产业相关联的观光产业的兴起

日本的 ACGN(animation——动画、comic——漫画、game——游戏、novel——轻小说)产业活跃程度超过世界上大多数国家,而 ACGN 产业在日本的影响力,也不仅限于"二次元"群体中。特别是作为经济事项,"二次元"相关消费能力不容小觑。近些年,拥有与"粉丝经济"共同逻辑的"动画舞台探访",作为旅游观光领域的新组成部分,正在发挥着日益重要的作用;特别是在地域振兴领域中,"舞台探访"或叫"圣地巡礼"作为一种复合型消费,在观光产业中展现出来极强的盈利能力。

(一)"舞台探访"的主要消费方向

"舞台探访"的消费联结,从体系上包括 6 个部分。

1.光盘和书籍:动画蓝光 CD、游戏软件光盘、漫画和小说,是"二次元"群体的首选消费目标,特别是在贩售过程中由商家附加的具有特殊性的"首发版""特典版""限定版"等,因为其内容附加的独特性,相对其他普通版本产品具备更高的附加价值,是各类销售群体关注的重点,也是消费群体重点关注的商品。

2.周边产品:ACGN 行业具有的产品属性有体系性的特点,在某一成熟 IP 下,通过对角色形象、经典场景、特色道具等要素的深度挖掘,创造出与 ACGN 产品相关的人物模型(手办)、Q 版人物模型(黏土人)、海报、背包、服饰,甚至智能设备、家用产品等。这些产品具备附加值高,品种多样,定制程度高等特点,在"二次元"群体中受到较高的关注度,特别是定制量少的产品,具有一定的收藏价值,在二手市场也是深受欢迎的高价商品。

3.关联再创作产品和 cosplay 用品:与官方产品不同的是此类产品大多由受众根据自身对作品的期待进行了同角色关联创作,包括衍生的故事、角色画册、再创作海报等,具备独创性和与作品的关联性,通常由 ACGN 作品的爱好

者创作并组织贩卖,是一种非官方的销售和盈利模式。日本著名的 Comic Market 即为此类产品的聚集消费场景,并且拥有日益增长的受众群体,甚至有来自海外的受众参与其中。而与之关联的 cosplay 道具也具有类似的属性。

4. 场景"舞台"观光:专属于针对 ACGN 作品中的背景舞台进行的观光行为,支撑着上述产品的贩卖。这些"舞台"真实存在于现实中,并通过 ACGN 作品的演绎,成为具备粉丝吸引力的"观光目的地"。在 ACGN 作品的欣赏过程中,受众热衷于发现相关经典场景的发生地,并亲自踏足舞台。这样的区域随着一些热门 IP(知识产权)的影响,在日本国内逐渐出现,包括《你的名字》的舞台岐阜县飞驒市、《少女与战车》的舞台茨城县大洗町、《灌篮高手》的取景地神奈川县镰仓市等。作为 ACGN 的粉丝到故事的"舞台"进行"圣地巡礼"甚至是"二次元"群体津津乐道并为之骄傲的行为。

5. 主题餐饮和住宿店铺体验:热门 IP 往往伴随与之相关的美食,有些是在作品中出现的,有些则是根据作品的一些要素创造出来的。搭配"主题咖啡厅"是多数"圣地"成功的关键。这些"主题咖啡厅"就是提供 IP 相关饮食的场所,在这些咖啡厅内还会有身着 ACGN 主题服饰的店员提供服务,特别是高质量的 cosplay 店员的存在,是吸引粉丝群体前来消费的关键。同时,在 ACGN 作品中出现过的住宿地或其原型,以及具有 ACGN 作品要素进行布置的住宿地,也深受粉丝群体欢迎。这些构成了"舞台探访"观光的一大重要消费事项,并且能够通过 ACGN 群体的社交通道进行信息传播,迅速形成群体内的影响力。

6. 相关活动体验:在 ACGN 作品中出现过的本地的祭祀、主题活动等,是"二次元"粉丝群关注的重点,在作品中相应的场景往往极大地推动故事的进展,因此在粉丝群中颇受关注。如《少女与战车》相关的大洗町鮟鱇祭、《月色真美》相关的川越冰川祭、《飞翔的魔女》中出现的弘前城樱花祭等,都是粉丝竞相追逐的热门活动。此外,与 ACGN 作品相关的主题活动也是粉丝关注的内容,包含作品体验交流会、周边产品交换与交流活动甚至跨界联动活动等,均是粉丝们关注的重点。近年来比较有影响力的是静冈县沼津市的《Love Live Sunshine》与本地足球队 Azul Claro 沼津的赛场联动,通过相关的联动和联动产品交流活动,极大地推动了足球比赛的消费能力。

　　以上六大消费主题,有效构成 ACGN"舞台探访"的盈利体系。在高附加值的前提下,这类主题观光产品具备着其他类型主题观光难以获取的受众优势。

　　(二)"舞台探访"的受众优势

　　1.受众目标明确:"舞台探访"的观光受众均为 ACGN 作品的粉丝及其亲近人群,但是核心在于粉丝群体。这类人群的观光目标全部为作品"舞台"和与作品相关的产品贩售地、活动举办地等,从服务组织和社区安保等角度来说,相对其他类型的观光,更具有集中性和固定性的特点,相应的维护成本不高。

　　2.市场宣传简单:"舞台探访"的受众大多在 ACGN 作品中已经对"舞台"区域有一定程度的了解,通过 ACGN 作品的影响,已经形成了受众中的影响力,有影响力的 IP 能够吸引的受众数量甚至超过广告宣传的效果,同时"粉丝群体"的内部传播效率,也超过大众传媒渠道的广告投放效率。像《你的名字》热播的同时,位于东京都、岐阜县的"舞台"已经被众多粉丝群体"攻陷",甚至这样的效果连当地的居民和商业机构也措手不及。

　　3.乐于消费和乐于体验:对于"铁杆粉丝"群体来说,在"舞台探访"行程中单纯体验"舞台"的景色并不能获得完全的满足,在"圣地"购买"限定周边"对于这类人群来说具有相当的吸引力;同时,体验 ACGN 作品中的美食,居住 ACGN 作品中出现的旅馆,对于"铁杆粉丝"群体来说也很受欢迎。这些高附加值的消费行为给"圣地"带来的综合销售收益相比其他形式的观光更显而易见,也更容易实现。

　　4.出现众多新兴关注地点,形成新的销售收入点:对于"舞台探访"来说,关注的重点在于 ACGN 作品中出现过的场景,这些场景的"舞台"可能包含本地的知名景点,同时也包括很多本地日常的民生区域,一些普通的商店、居民区、社区公园、运动场、学校等,都有可能成为"舞台"并得到关注。2016 年播出的小众作品《飞翔的魔女》衍生出来的动画"舞台"包括的不只是弘前城等弘前市著名景点,甚至弘前市古城的旧街道、弘前市的教会、弘前市附近的苹果园等均成为"舞台探访"的目的地,前往这些区域的公共交通线路,这些区域附近的餐饮和住宿也呈现出人气上涨的趋势,在弘前市内成为除了观光弘前城樱花祭之外又一重要观光主题。

在日本一些地方通过"舞台探访"实现地域振兴的想法已经得到了实践，近 10 年来最成功的样本莫过于《少女与战车》影响下的大洗町。作为 2011 年 3·11 大地震受灾地的茨城县大洗町，虽然是大洗海滨浴场的所在地，但是因为地震的影响游客大规模减少；而《少女与战车》的出现则为其带来了大量的游客和收入，据报道其收取的"故乡税"在动画播出后的一年内增长了 26 倍，一举跃居茨城县内的高收入区域。而这一模式也被认为是 ACGN"舞台探访"对地域振兴项目有积极意义的最好成功模板。

上述实践经验的普适性在日本众多区域均有可行性，在香川县的观音寺市，也在尝试将动画《结城友奈是勇者》系列与观音寺市的观光联结在一起，在香川县孕育一个新的"圣地"。

原创动画《结城友奈是勇者》及其衍生的"勇者系列"是完全以香川县为舞台展开故事的动画，以其拥有多样性人物角色、萌系画风、战斗和"魔法少女"、"末世"等要素，在近几年中人气逐渐上升；在动画片播出之后，跟进推出的漫画、轻小说和游戏逐步构成了完整的 ACGN 产业链条，并且在日本国内外均拥有较高的粉丝群体。

该系列的动画主要发生的舞台包括：香川县的坂出市，包含坂出车站附近区域、坂出市南部的川津春日神社、坂出市民资料馆等；香川县高松市的峰山公园；香川县宇多津町的濑户大桥；以及遍布香川县观音寺市各街区的取景地。

随着动画的热播和完整产业链条的构建形成，观音寺市与动画制作公司达成了协议，并在香川县率先推出了"舞台探访"活动。

一方面，观音寺市挖掘动画中观音寺市的所有取景地，包括知名的有明滨海滩、钱形沙绘、观音寺车站、琴弹八幡宫、观音寺港等地，也在挖掘动画中出现的非景区"舞台"，如观音寺市财田川上的三架桥、动画中出现的乌冬面馆"鹤屋"、观音寺中学，甚至动画中角色移动经过的道路等。观音寺市政府制作了相关的"探访地图"，并精心挑选了 6 处市内著名景点，制作了联动海报，并在城市内的相关区域设置了与动画人物设定身高一致的主角人物看板，以这样的方式广泛吸引粉丝的"探访"热情。

另一方面,观音寺市推出了与动画联动的相关活动,主要有两个内容:一是与动画联动的特别活动"赞州中学文化祭 in 观音寺市"(2017 年 2 月 5 日),这个活动是邀请动画片的主角声优表演与动画内容相关的脱口秀和相关的节目;二是动画主角的图章收集活动(2017 年 1 月 28 日至 2 月 26 日),该活动选择动画中出现的部分"圣地"作为敲章地点,在 6 个图章完全收集齐之后,可以获赠一个纪念徽章,纪念徽章限量 3000 个。这样的活动对于粉丝的吸引程度之高,引起了众多媒体关注。据《四国新闻》报道,在相关活动举办期间所有抵达观音寺市的粉丝平均一人消费额接近 2 万日元(人民币 1230 元),总收入接近 3000 万日元(180 万元人民币)。这个收入数字对于香川县内高龄化最严重的的观音寺市来说,可谓"巨款",观音寺市整个 2016 年的收入不过 2929230 万日元,已经接近全年总收入的 0.1%,而这仅是活动本身带来的收入(Anitama,2017)。

此外,在观音寺市还推出了本地限定销售的联动产品,这些产品将动画角色与本地特产相结合,包含动画中出现的美食和道具,以及由本地团体创造的"周边"产品。这些产品包含动画角色的观音寺市贴纸、动画中出现的和果子"牡丹饼"、动画中角色常吃的乌冬面、在动画中出现过的店铺生产的动画主题海虾煎饼和手巾、本地清酒厂专门为动画相关活动生产的动画主题包装清酒,以及在动画中经常出现的主角喜爱的本地特产伊吹煮干。这些产品不仅是在上述活动开展期间进行贩卖,大多数产品在活动结束之后也会持续在"圣地"的指定店铺贩卖,继续吸引后续前来"舞台探访"的粉丝群体。并且,随着后续动画的陆续播出,手机游戏和 PSV 游戏的相继上市,以及衍生漫画和小说的上市,《结城友奈是勇者》系列的粉丝群体还在不断扩大。2018 年 4 月笔者曾经到访观音寺市,在第二季动画播出结束后一年,仍然有相当数量的粉丝群体前来观音寺市"探访",而随着 ACGN 产业链条的扩张,与《结城友奈是勇者》相关的"圣地"限定周边产品的种类,也在不断推陈出新。特别是 2018 年香川县邮政局推出的《结城友奈是勇者》数量限定邮票,成为新的"圣地"限定周边产品,据了解该邮票在推出后的一周之内就销售完毕,以至于后续进行了追加生产和二次贩卖(图 3-26)。

在观音寺市实践的同时,香川县的其他地区也开始尝试与"二次元"的互

图 3-26　观音寺市的《结城友奈是勇者》主题及邮票

动,形成"舞台探访"观光产业。香川县高松市推出了本地漫画家筱丸和的作品《乌冬之国的金色毛球》,以香川县的赞岐狸猫传说为引子,串联起高松市的著名景点和生活日常,同时推出了与之相关的联动活动和周边产品。香川县的小豆岛土庄町在 2018 年的热播动画《擅长捉弄的高木同学》播出之后,也由土庄町观光推进机构推出了"舞台探访"地图,可以在抵达小豆岛时下船的土庄町游客中心获取,也在相关"舞台"进行张贴,以图借助 ACGN 的力量掀起本地观光的新热潮(图 3-27)。

(三)"动画舞台"的构成条件

相对观音寺市,高松市和小豆岛土庄町作为"动画舞台"的影响力稍显不足。这是由多种原因导致的,但是若想形成较有人气的"动画舞台",参考观音寺市的经验,需要具备一些条件:

1. 吸引力强的故事和可爱的角色。这是成功 IP 的基础条件,往往具有战斗要素、友情要素、励志要素和关于人生与社会的反思要素的作品,更容易获得关注,除了《结城友奈是勇者》之外,著名作品如《魔法少女小圆》《你的名字》《少女与战车》《灌篮高手》等,均有这些要素的存在。而相对可爱系的画风和拥有多种可爱性格的角色,更容易受到关注,如《少女与战车》中的带有众多国

图 3-27　在动画《擅长捉弄的高木同学》中出现的神社——小豆岛鹿岛明神社

家文化特色的可爱女学生们、《你的名字》中拥有日本传统巫女风格的女主角宫水三叶,以及《灌篮高手》中的赤木晴子等。有些出彩的角色甚至能够推动一部作品的口碑。

2.声优的选择。话题性、偶像型声优参演的作品更容易获得关注,由此类声优参演的动画和游戏,能够获得较高的销量。参演《结城友奈是勇者》的声优中,有在中国和日本都很受欢迎甚至参加 2019 年北京电视台春节晚会直播的花泽香菜,有作为声优和歌手都较为成功的三森铃子,还有获得第 12 届声优奖女主演奖的黑泽朋世等。与此相仿的《少女与战车》中的 35 位出现频率较多的角色邀请到的声优演员,也全部都是近年来在 ACGN 圈中十分活跃的话题性声优。

3.官方支持和多媒体造势。观音寺市的《结城友奈是勇者》活动在事前进行了大量的造势,除了观音寺市政府的网站和 Facebook 的报道,本地媒体、门户网站等也进行了报道,甚至日本著名的《朝日新闻》《读卖新闻》等全国性媒体也进行了事前报道。这样的支持力度是"圣地"创造的关键(Anitama,2017)。至今在观音寺市政府的网站上还能看到《结城友奈是勇者》相关的信息;此外 2018 年观音寺市政府还对在《结城友奈是勇者》活动中参与海报支援活动的企业进行了海报赠送活动,以感谢本地企业对活动的支持。

4.国家政策的应用。日本政府有多种对于"地域振兴"项目的鼓励资金,在日本内阁的网站上可以发现地方创生先行性交付金、地方创生加速化交付金、地方创生推进交付金、地方创生抛点整备交付金四个项目。而观音寺市就是在平成 28 年（2016 年）申请到了"地方创生加速化交付金"，其金额为22809000 日元，在日本内阁的网站上能够看到观音寺市申请的项目为"动画舞台活用的地域振兴事业"。

据了解，香川县还在推出与 ACGN 相关的活动，2019 年，香川县将与任天堂的著名游戏 Pokomon Go 联动，继 2018 年后，再次将游戏中的知名角色"呆呆兽"引入，作为香川县地域振兴项目的一部分，在高松市内的各大重要场所招揽游客。

在"二次元"的产业联动方面，香川县已经有了一些经验，相信还会继续走下去并取得相应的成功。

六、以体育产业牵动的观光和其他产业

在日本的部分区域，体育产业被作为本地经济发展的重要牵引力，成为"地域振兴"的排头兵的案例，也在逐渐体现。比较典型的是以茨城县鹿岛鹿角足球队为牵引的"鹿行五市"的"地域振兴"计划，特别是以"鹿岛足球"为牵引的综合性观光开发产业，正在成为"鹿行五市"的重点观光推荐。

茨城县是日本连续多年都道府县魅力值排名倒数第一的县，但是茨城县却有日本第一的足球俱乐部鹿岛鹿角（鹿岛 Antlers）。该队是日本职业足球历史上最成功的球队，创造了众多日本职业俱乐部历史的第一，其"献身、诚实、尊重"的"济科精神"理念，以及其"技术和团队并举"的"和式巴西球风"，在日本颇受欢迎，是日本球迷群体最多的球队。

鹿岛队的主场根据地茨城县的鹿岛市、潮来市、神栖市、行方市、鉾田市合称"鹿行五市"，是茨城县的临海工业地带，并且是在渔村的基础上逐渐转型而成的"后发型"工业地带。这种区域的企业大多是外迁过来的，以传统钢铁、矿石、有色金属等行业为主，随着经济发展和智能化程度提升，一部分此类行业存在衰落的危机，一部分此类行业的企业在自动化生产的基础上降低了劳动力的需求，这样的现象的产生均导致了这样的"后发工业区"在"过疏"的道路上越走越远（袁也，2019）。最有代表性的地区就是北海道的室兰市，该市作为

曾经的著名钢铁产业中心,已经随着行业的没落而走向衰亡的边缘(中华财经,2018)。茨城县的"鹿行五市"也面临同样的问题;现在 5 个市的总人口不足 28 万人,并且在逐年下降;同时该临海地区同样也是 2011 年东日本大地震的受灾地区。区域的衰亡不可避免的前提下,区域内出现了以鹿岛鹿角足球俱乐部为龙头的综合性观光产业(袁也,2019)。

一方面,鹿岛鹿角足球队是日本最成功的球队,球迷众多,以鹿岛鹿角足球队为旗帜,将"鹿行五市"打造成为综合型体育产业主题运动区域,具有一定的号召力和现成的球迷接受度;另一方面,以"鹿岛鹿角的故乡"为名,借用"鹿岛鹿角"的名号,宣传"鹿行五市"的自然旅游资源,也能够博取球迷及其身边人群的关注,重点打造"足球+地域特色"的观光体验,具有成功的可能性。在这样的前提下,"鹿行五市"的体育产业牵动的观光产业体系逐步构建了起来(袁也,2019)。

甚至在这样的活动基础上,由鹿岛鹿角足球队牵头,2018 年"鹿行五市"市政府共同组建了以"体育运动×鹿行地区活性化"为宗旨的一般社团法人鹿岛Antlers Hometown DMO(Destination Marketing Organization,目的地营销组织),以"地域振兴"为宗旨,在"鹿行五市"开展以本地旅游事业和新能源销售事业为支柱的"活性化"事业。

以鹿岛足球为核心,在"鹿行五市"率先打造出了体育训练基地,充分利用足球品牌和地域资源,打造了足球、田径、高尔夫球、冲浪等运动的休闲体验和专业训练中心,构建了综合性体育休闲产业;同时在打造体育产业观光的同时,深度发掘本地农业和渔业产品,构建"健康生活"和"健康饮食"理念,形成本地农牧渔业产品的推广;更进一步地则是综合产品的开发和本地特色文化的发掘,形成体育产品产业链、健康食品产业链以及本地特色观光产业链;最后在"绿色"和"健康"的理念上进行新能源的销售,形成了完整的产业体系。而随着 2018 年鹿岛鹿角足球队在亚洲足球俱乐部冠军联赛的夺冠,这个产业在日本国内外关注足球的群体中,已经得到了推广,甚至有专门前往"鹿行五市"的日本国外球迷和前往学习产业文化的日本国内其他地区的"地域振兴"组织。

以体育为牵引,通过产业网络的全面布局,形成"球迷"的县内外甚至国内外的"足球主题观光"的先头力量,并逐步扩展多种收入类别,在"地域振兴"项目是具有一定的可行性的。其收入来源之广通过下述几点可见一斑:

1. "球迷"的观赛收入。在主场比赛时的收入可以通过球票销售产生,这包括本地球迷的购票和客场球迷通过本地的球票贩卖机构购买的球票;在客场比赛时,本地球迷通过本地贩票机构购买的球票收入。这是体育产业带来的最直接的收入。

2. "球迷"的移动产生的交通收入。一方面外地球迷涌入本地,为本地交通事业带来收入;另一方面,本地球迷在球场和居住地之间的移动,也将为本地交通事业带来相应收入。而一旦本地球迷追随心爱的球队前往客场观赛时,提供相应移动服务的本地机构也能够获得相应的收入。这样的收入可能相当可观,特别是出现跨国观赛或国内重要客场比赛时。

3. 观赛之外产生的观光收入。外地球迷涌入本地观看比赛时,存在观光的可能性,这种可能性就是"鹿行五市"开发本地特色文化和自然观光资源的原因。通过前来观赛的球迷附加的观光行为,一方面是对本地已有观光资源的应用,产生观光收入;另一方面这些球迷的观光行为也会为本地的旅馆行业、餐饮行业带来收入。而重点打造的以体育训练、体育休闲为主营业务的体育产业基地,则还会出现以体育产业氛围为影响的专门的使用费用收入。特别是足球、棒球、篮球等运动的专门训练场地,其使用费用收入较高的同时,衍生的其他餐饮、住宿甚至洗浴行业的收入,也是较为可观的。

4. 物品贩售收入。包含体育用品贩售、本地体育运动队的相关产品贩售和本地特色产品的贩售。其中本地运动队的相关产品贩售的对象大多为球迷、粉丝群体,在本地观赛并购买相关的产品几乎是"真球迷"的必选行为。而体育用品贩售和本地特色产品的贩售对象,则在球迷、粉丝群体之外更扩大到前来本地进行体育休闲和体育训练的人群,甚至也会有专程前来观光的游客。

上述四项收入的产生,是体育产业牵头能够带动的联动价值中最明显的部分,而通过体育产业的拉动,因为"球迷"群体的存在,在市场推广的难度上相对较低,特别是针对一些不只在本地有影响力的体育运动团体,其"球迷"群体的范围甚至是跨国的。最著名的莫过于英格兰足球超级联赛(英超)的曼彻斯特联足球队(曼联),据报道曼联的球迷数量在全球有 3.52 亿人,这个数字是英国人口的 5.4 倍,每年都会有来自世界各地的球迷涌入曼彻斯特市的老特拉福德球场观看曼联的主场比赛,为曼彻斯特市带来极大的收入;而曼联的相关产品也在全世界各大洲各个国家保持畅销。这样的模式在日本国内随着鹿岛鹿角、浦和红钻、大阪钢巴(Gamba)等球队在亚洲舞台甚至世界俱乐部冠军杯赛的表现,也开始超越日本列岛的束缚,在世界范围内为球队和球队驻地带来收入。

香川县在近几年也开始尝试在体育运动领域发力,一方面在打造本地的球队,希望通过本地球队的活跃,来推进本地观光;另一方面,在县内也打造了一些著名的运动场馆,通过运动场馆的运营实现多种渠道的收入(见图 3-28)。

图 3-28　赞岐釜玉乌冬海队的主场 PIKARA 球场(香川县丸龟竞技场)和现场观众

首先在球队打造方面,香川县从 2014 年开始,拥有日本足球职业联盟(J League)的职业球队——カマタマーレ赞岐(赞岐釜玉乌冬海),现在虽然这个球队还处在运营的初期,但是通过几年的积累,球队的球迷数量已经有了明显的上升。特别是这支球队还在作为半职业球队参加日本半职业联赛(JFL)甚至更低级别的联赛时,其在 2008 年为中国四川汶川大地震捐款的事被报道了出来,在中国也拥有了一定数量的支持者。

从成果来看,球队的球迷数量始终在增长,球迷数量的上涨带来了球队收入的增加,虽然 2018 赛季结束的时候这支球队还是不幸从 J2 联赛降级到了J3 联赛,但是球队的收入没有明显下降。特别是这支球队在运营初期招募了曾经在日本足坛非常有知名度的国脚前锋我那霸和树,使得很多我那霸和树的球迷也很关注这支球队的表现。此外,为了增加球迷数量,球队也在香川县内各个中学、小学举行了大量的"足球教室"活动,吸引了一定数量的学生和学生家长。每周球队也有在县内各个车站进行的球员与居民近距离接触的互动,通过这样的互动也吸引了一些本地的球迷。此外,每年新赛季前的"新体制发表会"(类似于介绍球队新赛季的球员、球衣设计理念以及球队目标等的发布)也是免费邀请本地的球迷参加的,这些都使得球队在本地居民中的曝光率逐步提高。特别是球队在近些年的本地社会活动中的出场(见图 3-29),也进一步提升了在本地社区中的人气水平,包括纪念濑户大桥通车 30 周年的活动、本地的祭祀活动,此外球队还为因 2018 年水灾而受损的本地著名历史遗迹丸龟城进行了募捐,并在 2019 年 2 月底将募集到的捐款交到了丸龟市市长手中。

图 3-29 PIKARA 球场外赛前小吃街和濑户大桥纪念日时赞岐釜玉乌冬海队的足球体验活动

在球队周边商品的贩卖方面,一方面球队在高松市和丸龟市开辟了 3 家专门的球迷商店,便于本地球迷购买各种相关产品的同时,保障了球队在城市内的"存在感";另一方面,球队开发了除了球衣之外的多种周边产品,包括球队风衣、卫衣、铅笔、便笺纸、笔袋、手机擦、明信片、钥匙链等共计 103 种商品;这些商品均与球衣拥有相同的设计主题和设计理念。而球队的球衣设计在 J League 众多球队中具有很高的认可度,拥有"本地濑户内海的波浪"和"将香川县的力量汇聚在一起"的意义,在 2019 赛季的所有球衣中,一度风评极高,因此相关的产品也获得了较高的关注度,甚至有中国的球迷专程前往香川县购买球队的球衣和周边产品。

此外,在观光方面,每次球队主场的比赛都会举办"香川魅力体验 Days"活动,这个活动将球队的主场赛场布置成本地主题的观光聚会,除了球队相关产品和球票的贩卖之外,还有本地著名的美食由本地著名的特色餐饮店铺摆摊贩卖(见图 3-29),一些本地限定的饮料也会在此贩卖。同时,除了美食的"联动"之外,一些本地的观光信息也会同时推出,在 2017 年和 2018 年,"香川魅力体验 Days"活动还有针对前来香川县的客队球迷推出的住宿和餐饮打折活动,只要持球票和前来香川县的车票或机票就可以享受 5% 至 10% 的折扣;这样的活动极大地吸引了外地的球迷前来看球,同时折扣也涉及一些本地的特产,因此一些前来观赛的外地球迷会购买香川县的特产作为礼物送给亲友。这也在一定程度上促进了本地产品的销售。而对于本地球队的客场比赛,球队会联系相关的交通出行机构提供收费的长途巴士或包车服务,对于一些"死忠"球迷来说,这样的带有折扣的巴士价格,在成本上也比较划算,因此往往会出现巴士满员的情况。此外,相关的机构也会推出"观赛+观光"的活动,通过球队的客场比赛,带动整体的观光业务,并产生更多的收入。

这样的全面的运营活动,为香川县带来的不只是主客场球迷在观赛和购物等方面的收入,同时还带来了更多的"香川魅力"的宣传,特别是对于周边县域的球迷和游客来说,来到香川的球场,看一场球赛,品尝一些美味,再参加一些球场外的亲子活动,之后在本地进行一些观光活动,也不失为不错的周末;特别是家中有孩子的家庭,这样的"足球主题亲子观光"现在已经是日本的足球联赛为每个城市都带来的新的旅游主题。

除了足球的运营之外,香川县也在运营一些其他的运动,如四国地区棒球联赛的香川橄榄强者队,还有小豆岛橄榄马拉松全国大会等,这些都在多个角度为香川县带来了观光的盈利,与足球运动一起构筑着香川县的体育运动产业。

在球队运营之外,香川县也开始通过体育运动设施的运营招揽顾客,但是这种模式需要首先构建基础设施体系,而香川县近些年在这个领域也的确进行了一定规模的投资。首先是位于高松市东部屋岛的屋岛竞技场,这个竞技场在 2017 年完工,是香川县内最新的综合性露天运动场,在 2018 年这个运动场曾经作为中国台湾的残疾人运动员训练场地,租借给中国台湾的运动管理机构。其次是位于香川县丸龟市的 PIKARA 球场,这个球场本身是作为本地足球队赞岐釜玉乌冬海队的主场,同时这个球场也是四国地区设施最先进,草皮质量最好的球场,因此也成为日本女足国家队的主场。此外,位于丸龟市的丸龟赛艇场,也因为在赛艇服务和赛艇博彩领域的投入,在日本国内外均有一定名气,现在也是四国地区赌船行业的核心场地(见图 3-30)。

图 3-30　丸龟赛艇场

通过这些体育运动设施的运营,香川县实现了在设施运营、比赛贩票、周边收入、观光产业甚至博彩产业的综合收入,现在到香川县进行训练的运动队也在增多,这个产业体系也逐渐在香川县落地生根,开始发挥其综合性收入的优势。

以体育产业为龙头拉动的综合性产业发展路径,在"地域振兴"项目中具有足够的可操作性,但是体育产业的构建需要依托本地的自然资源,特别是气候资源。对于香川县来说,因为其日照充足,降水较少且在所属范围内有足够量的平原地区,所以具备了建设专用体育场馆的条件。此外由于香川县位于濑户内海沿岸,具备赛艇的基础,因此也可以作为赛艇场地开展相应的运动。

但是,对于体育观光产业来说,一定的运动成绩和市场运营手段也是必不可少的。对于香川县的足球运动来说,现在面临的最大瓶颈就是球队的实力和成绩。2018 赛季的降级对于球队已有市场势必会造成一定的伤害,降级带来的不仅是球队收入在新赛季的明显减少,同时也会存在球迷数量缩小,客场球迷数量减少的问题。这个瓶颈的突破,可能需要一段时间的积累和一定金额的投入才能实现。

就体育运动产业本身来说,想要快速打造一支"不败"之师,任何一个国家和任何一项运动均需要极大的资金量。而从"氛围"和"文化"开始,逐步着手打造这样的产业环境,则需要较长的时间。这样的平衡是在决策的时候进行评估的关键。

以场馆运营为主体的综合体育产业运营,和以运动队为主体的产业推广,两者具有一定的因果性。因此,在体育产业牵引的领域上,香川县可以说是刚刚开始,但是也可以说现在已有的探索已经发现了一条通往成功的道路,可以预见的是,在未来这个产业领域在香川县一定能够有其一席之地。

第四章 本地政府和相关机构的作用和影响

第一节 以地方政府为主导的企业扶持

地域振兴离不开招商引资扩大就业,各个地方政府也为吸引企业在本地投资出台了诸多政策,特别是在非核心区域,在地域振兴的目标下,招商引资的需求相对东京都之类的地方更大。因此政府主导的企业扶持政策尤其重要,在吸引外部投资、孵化科技产业、促进本地企业发展等方面,能够对本地经济形成有效的积极影响。

在香川县,已经形成的政府主导的企业扶持政策,包含县政府相关政策和市町村政府的扶持政策。这些政策瞄准企业成长过程中的最大痛点——成本,从帮助企业削减运营成本、研发成本、税务成本等的基础上帮助企业降低成本负担,从而使得企业能够获得更多的利润,进而促进在香川县经营的企业的发展。

从县政府的层面来说,在引资方面,直接的资金补贴已经覆盖到工厂建设、试验研究设施建设、物流中心建设、信息和决策中心建设、地方分支机构强化等。此类资金支持的上限为 5 亿日元(约 3000 万元人民币),该数字对于在香川县投资的企业来说,可以说是一大笔资金支持,对于企业在本地的发展能够起到的促进作用也是十分明显的。此外,在引入企业的员工招聘方面,香川县具有雇佣支援补助金;同时针对工厂和物流设施等高资产投入的企业,香川县政府在其融资方面也将与本地的银行合作对这些企业进行相应的支持。而针对与本地经济关联度较为密切的企业,包含"地域经济牵引事业促进领域"、"地方活力向上领域"、"过疏地区"和"离岛区域振兴"四个类别,进行了相关企业的税收优惠政策的实施。这些税收政策直接作用于与"地域振兴"直接相关联的企业和地区,在促进当地企业发展的同时,促进区域经济的进一步发展。

根据香川县商工劳动部企业立地推进课的统计,从平成25年(2013年)至平成29年(2017年),香川县累计引入或新建企业164家,创造了累计2412个就业岗位,在平成27年(2015年)香川县企业附加值增长率为12.2%,在完成既定目标的同时,也创造了香川县经济发展的新的高点。

而在不同的市町村中,相应的企业资金扶持政策也针对本地的情况,进行了进一步的完善。根据区域经济环境的区别,包含针对产品零售设施的建立、观光设施的优化、经营困难企业支援等多种方面和多种情况的企业本地创业和本地投资的资金支持项目,均有成体系化的管理和基本明确的申请和操作方法阐述。这些市町村的企业扶持政策,更进一步针对本地的经济组成,在全面促进提升的情况下,更有针对性地面向市町村的企业发展。县政府支持政策的重要补充,从作用领域的角度来说,使本地的资金支持政策更为有效和更为全面,帮助企业更好地在本地实现立足。

虽然,从成本角度来说,香川县已经有了完善的企业支援资金管理体系,但是,从企业发展的全面性来说,成本仅为企业持续经营和成长的影响因素之一,更是企业在诸多管理运营的方面共同作用的结果性表象。能够实现对本地经济在就业率、技术水平、财政收入、海外影响等多个领域全面影响的企业,必定需要在更多的方面实现全面的"科学化"。而政府通过扶持手段,帮助企业在多个运营层面实现支持,在企业用人、决策、销售、开发等多个领域进行除资金支持之外全面帮助,对于企业的发展的支持效果比直接的资金支持更为有效。特别是针对以"小而精"著称的家族企业或者已经拥有了长久历史的跨区域企业,经营支持的需求更多地在于信息、人才、研发和销售领域。在这个全面的经营支持的领域上,香川县政府商工劳动部就成为整个县域内的"大管家"。

从商工劳动部的部门定位来看,作为香川县政府专门负责对本地经济发展提供支持服务的部门,商工劳动部承担着对县内企业的发展支持和针对县外企业的招商引资工作。一方面,商工劳动部通过内设的各课对县内的企业提供全面的经营服务;另一方面,商工劳动部通过各课所管理的下设研究所、专业人才培养机构和对外交流机构在专业领域和对外招商引资领域进行专业化服务；通过两个层次的工作，商工劳动部能够实现明显的对县内外企业的联系和支持，通过提升企业的经营效益，实现香川县的地域振兴。

商工劳动部设置了产业政策课、企业立地推进课、经营支援课和劳动政策课四个课；在课下设置了大阪事务所、产业技术中心、产业技术中心发酵食品研究所、计量检定所和高等技术学校等机构。其中产业政策课的工作重点就在于进行商业和产业信息的收集，促进新产业孵化，进行本地重点产业的经营促进等；该部门下设大阪事务所负责吸引县外企业和县产品对外销售，产业技术中心和产业技术中心发酵食品研究所则是针对重点行业进行产品和技术研发的专业机构。企业立地推进课重点在于研究市场信息，制定企业引进和开创的扶持性政策等。经营支援课重点在于对部分行业企业的经营指导、重点行业的发展扶持等；下属计量检定所的职责在于向企业普及先进计量技术和计量设备，辅助企业保障质量。劳动政策课则是针对本地人才培养、人才发掘等劳动力相关的专业机构；其管理的高等技术学校是为香川县的各个行业进行专业人才培养的公办学校。

通过商工劳动部的上述体系建立，商工劳动部能够为企业提供经营支援、技术开发支持、产品销路和海外业务支持、创业和新业务开展支持、融资和补助金管理支持、商品展示场地运营、商店街活性化运营支持、本地地场产业引导和支持、人才和劳动关系支持以及知识产权保护支持等 10 个项目类别的本地企业服务。这些服务基本涵盖了企业经营过程中除生产之外的所有方面，能够对本地企业的发展形成强有力的帮助。

其中商工劳动部主导的香川县"产学官"联携体系，已经成为香川县企业发展的重要动力，特别是以稀少糖、橄榄牛等为代表的具有市场领先性的产品，更是"产学官"联携体系的重要成果，甚至将香川县的影响力从濑户内地区推广到了全世界。这可以说是商工劳动部对香川县地域振兴项目的最大的影响，也为不同地区的经济发展建立了模板。

可以说，在香川县的地域振兴过程中，商工劳动部的作用极大，甚至是香川县能够实现地域振兴的核心推手。

在平成 30 年（2018 年）香川县政府发布的《香川县产业成长战略》中，政府将对本地产业发展的支持作为 5 个"横断战略"之一,成为香川县在近 5 年内的政府工作重点内容。从政府的角度来说,在近 5 年内,将重点通过政策优化和基础设施优化吸引日本国内和世界的企业来香川县进行投资;进一步优化县内的交通网络,在现有的交通设施基础上进一步完善县内交通体系,在高松机场、濑户大桥、高松港等多重交通体系全面应用的同时,鼓励企业构筑物流枢纽和产业总部等;同时,政府将对于企业产品研发、专业技术人才的培养和引进、金融和信息机构对企业经营的引入支持等方面,进行进一步的工作,在"产学官"联携体系下,通过多种方式,从研发、经营、人才和资金等层面上,对本地企业进行全面的主动支持。

香川县建立的扶持体系具有下列 4 个明显特点:

(1)公开性。香川县在其政府发布的《香川县产业成长战略》中,将对于本地企业的扶持作为政府重点战略项目,并将其具体实施方式进行公开,在政府的网站上同时披露相关的信息,并支持在线获取支持,在信息公开的同时保障了服务便捷。同时,政府的战略规划建立在跟踪分析的基础上,建立了跟踪性的 KPI 指标,并进行实时分析监控,这提升了战略目标的有效性和严肃性,促进了政府公职人员在相关领域的积极性。

(2)全面性。摒弃了单纯进行资金支持的方式,全面利用政府作用,联结众多本地或区域间资源,利用政府构建的公允信用,通过政府行为对企业进行包含资金支持在内的多种经营支持,覆盖企业经营大多数方面,形成全面的支持推动。

(3)窗口化。形成了以商工劳动部为主要窗口,针对不同的企业经营支持需求的"窗口化"需求接受方式,并对不同企业进行针对化的支持。

(4)针对性。本地的企业扶持政策,特别是扶持对象企业,拥有本地的特色。以香川县的经济基础来看,企业的经营总部、研发中心和物流中心是高松市的重点经济形态;而对于丸龟市、坂出市和东香川市来说,工厂则是本地的重点。香川县的企业扶持政策对于这些特色进行了有效的评估,特别是从税收角度来说,"地域经济牵引事业促进领域"更突出了本地的经济发展方向,而"过疏地区"和"离岛区域"等又拥有着对地域的针对性。这些针对性对于特定领域和特定区域的企业的促进力度极大,直接瞄准地域振兴设计,在实行的过程中能够更有效地促进企业发展,促进地域振兴。

从成果上来看,地方政府主导的企业扶持政策和扶持服务体系,在香川县地域振兴过程中起到了重要的促进作用,并随着这些政策和服务的应用,香川县逐步形成了一些具有日本市场甚至国际市场竞争力的新兴企业,特别是被经济产业省认定为"地域未来牵引型企业"的本地企业,如以制造远洋轮船柴油机著称的本地企业株式会社槙田,以汽车用金属配件制作著称的山城金属株式会社、在海外进行了规模化产品推广的本地乌冬面厂商石丸制面株式会社、以树脂材料生产著称的四国化成工业株式会社等。这些企业的存在和发展,不仅是本地政府行政业绩的代表,更是香川县长久经济发展和地域振兴的动力;这是香川县政府主导的企业扶持政策和服务体系的重要功劳。

第二节 "产学官"联携体系和"稀少糖"的创举

各个地方政府在地域振兴方面的重要作用,除了通过行政管理手段和政策支持手段对各类产业形成"起业支援"①之外,"产学官"的联携体系的应用,也是"地域振兴"项目中由政府牵头进行的,最重要也是最有影响力的体系运作模式。通过这个模式,企业与大学、科研机构形成了技术、产品、市场等多方面的合作,在减轻企业负担和推动科研成果应用的基础上,不断推出符合市场需求的新产品,并逐步在产品研发和销售领域,为各地创造出新的市场空间和影响力,促进地域振兴。

"产学官"的联携,在日本存在了很长的时间,虽然其正式提出是在 20 世纪 80 年代,但是其影响力却贯穿日本大学发展全程。从历史沿革上说,"产学官"的联携重点在于三大方面:一是市场和商业模式的发现,包含发现市场需求和创造创新商业模式,提升企业在现有市场的收入利润;二是创新价值,利用各自资源,为市场和社会提供新的产品,满足市场长期发展的需求;三是研发技术,通过对新技术和新科技的研究与应用,创造出能够应用于生产的,对生产和销售有促进作用的生产技术,提升企业的经营效益。

---

① 即创业支援。

在"产学官"的联携中,政府作为主导部门,通过一系列的预算影响、政策指导、项目牵头等方式,在构筑"产学官"联携的社会氛围的基础上,对"产学官"联携项目形成直接的促进作用;而大学和科研机构在政府的号召下,配合企业的研发需求和市场研究需求,发挥自身的科研基础优势,通过政府的相关支持,为企业的各项研究工作提供有效的学术支持;而企业则根据自身的经营状况、市场发展情况和产业发展模式,向政府和研究机构提出共同开发或委托开发的请求。三者在上述模式中进行的合作,逐步向民间和个人延伸,并以此推动日本整体的知识型经济产业的发展。

随着"产学官"联携的应用,应用于市场的研究成果数量日益提升;同时,具有市场影响力的产品层出不穷;这些构筑了日本现在的经济发展的基础,甚至是日本经济未来能够持续稳定的基础。从优势上来说,"产学官"联携体系在企业研发成本和研发风险管理方面,能够对企业起到有效的帮助;在知识成果的市场应用方面,通过"产学官"的联携,企业更容易获得与市场需求相符甚至对市场发展有预见效果的产品;在大学人才培养领域,通过"产学官"联携的体制,将学生培养与市场需求相结合,能够为企业培养出适合企业发展的人才,同时也能够在研发课题选择上进行更有针对性的筛选,特别是在政府支持的前提下,对于基础技术、底层理论的研发方面,在应用保障和资金支持的前提下能够更为有效地开展,进而从根本层面实现生产力水平的全面提升。

研究成果的应用与产品的市场占有率,对区域企业的经营、人才获取和社会建设等方面均有明显的推动作用。在产品受欢迎程度提升的情况下,企业的经营状况实现向上的趋势,进而刺激企业扩张需求并实现了工作机会的增长;在就业增长,企业发展的同时,在科研环境与市场结合度高的环境下,本地能够形成对人才的吸引力,进而为本地获得更多的高级人才;新人才的引进刺激着本地市场需求扩大的同时,进一步提出了本地基础设施和社会制度完善的需求,刺激着本地在非经济方面的全面发展。"产学官"联携体制的应用,在本地发展的过程中能够构建出的良性循环,是地域振兴的关键一步,也是推动地域振兴的最强动力。"产学官"联携体制在日本全域的推广,也是日本全域实现"地域振兴"的重要因素。

香川县的"产学官"联携体系应用,是日本地域振兴项目中,各地"产学官"

联携项目的典范。在香川县,通过政府的规划和运作,在高松市南部建成了香川智能产业园区(Kagawa Intelligent Park,简称 KIP),该园区成为香川县最重要的"产学官"联携的驱动园地,在其中落户了诸如香川大学社会联携机构知识财产中心、香川县新产业创新支援中心、香川县科学技术研究中心、地域共同研究设施 RIST 香川、产业技术综合研究所四国中心等由国立大学、地方政府企业支持专门部门、地方政府主办的研究机构和设施以及国家高级科研机构等。甚至一些民间运营的研究机构,也在 KIP 落户并开展研究工作。而以 KIP 为中心分布着众多本地企业和其他区域在本地落户的企业分支机构,特别是企业的研发部门,在 KIP 附近设置甚多(见图 4-1)。以 KIP 为中心,形成了香川县的"产学官"联携核心区域,企业研发对接机构与大学和研究所形成的便利性对接,使针对性研发的效率更高,项目管理难度下降,从而提升了研究质量和市场应用效果。现阶段,KIP 已经成为香川县"产学官"联携效果最大化的区域,而从香川县政府的运营目标来看,未来 KIP 将成为香川县"产学官"联携相关新研究机构和新产业的创业起点。

图 4-1　高松市智能产业园区和园区内的机构

在 KIP 之外,香川县还有县立产业技术中心、发酵食品研究所、香川县农业试验场、香川县畜产试验场、香川县水产试验场等"产学官"联携体系相关的机构,在不同的领域对不同的产业进行着专项支持:著名的"赞岐三畜"、橄榄鲡鱼、小原红早生蜜柑等农牧渔业产品均是在相关机构与相关生产者合作的基础上进行研究开发而成的；新的机械设备产品如高效树脂成型机、金属表面污渍检测机器人等，也是由县立产业技术中心进行主导研发的。这些机构的研发支持，对香川县各个产业的发展，均起到极大的促进作用。

　　而在香川县，近年来最著名的产品，就是在"产学官"联携体系下被发现的稀少糖、稀少糖大量生产技术以及稀少糖商品（见图 4-2）。

图 4-2　稀少糖和稀少糖产品

　　稀少糖顾名思义，是自然界中存在的数量极少的单糖品种，据了解一共有 50 多种。自然界中的单糖主要是以葡萄糖、果糖为主的 7 种，其余品种均为稀少糖。根据香川大学医学院的研究，相比砂糖，稀少糖具有低热量的特点，并具有抑制体脂率和血糖率上升的作用。此外，稀少糖被认为在脑梗死、心肌梗死、高血压等疾病的预防上也有一定的作用。可以说，稀少糖是健康食品的代表，更是符合现代市场"健康饮食"需求的产品。

　　关于稀少糖的研究，主要由香川大学的几个机构负责进行，其中香川大学医学院主要负责稀少糖的健康效果研究以及在药物、健康食品应用的可能性；香川大学农学院负责开展稀少糖生产技术的研究。现在在香川大学农学院的科研成果上，已经开发出来了通过非化学手段大规模生产稀少糖中的一种——阿洛酮糖的技术，并已经为企业所用，这样的技术，让稀少糖的大规模市场应用成为可能。此外，香川大学也在进行稀少糖的商品化研究，现在已经推出了一些稀少糖产品，并由一些企业进行生产和销售。在上述研究基础上，香川大学成立了香川大学国际稀少糖研究教育机构,该机构在研究上涉及了稀少糖的生产技术和应用技术的研究,力图从更多的方面构建稀少糖的"学—产"体系。同时该机构建立了稀少糖国际推广部门,负责稀少糖在国际上的研究交流、研究推广和技术交流;此外该机构也起到了对于稀少糖在国际市场认可方面的推动作用。此外,香川大学国际稀少糖研究教育机构还设置了社会联携知识财产管理部门,通过该部门实现对稀少糖知识财产的保护和应用,特别是在对接市场需求方面,该机构承担着稀少糖商业应用的重要作用。通过香川大学的工作,香川县构建起来了稀少糖"技研—应用—人才"的完整体系的建设,在国际上建立了稀少糖研究和应用领域的优势地位,并为稀少糖的研究与应用培养了众多人才。

除了香川大学,在稀少糖的应用研究方面,香川县的发酵食品研究所也是重要的参与机构。作为发酵食品研究所的主要工作项目之一,研究和推广稀少糖是发酵食品研究所近年来与企业互动过程中最重要的研究方向。从平成21年(2009年)稀少糖产品化方针制定以来,发酵食品研究所已经向各个企业提供了7种不同的含有稀少糖的食品,并向市场进行了投放。其中比较著名的包括本地点心连锁店果子工房 Löwe 生产的稀少糖甜面包圈、香川县的乳业企业有限会社大山牧场生产的稀少糖酸奶、小豆岛的宝食品株式会社生产的稀少糖野菜佃煮等。这些产品覆盖了香川县食品制造产业的多个领域,成为香川县食品制造业在本地橄榄的应用之外,又一新的增长点。而稀少糖和橄榄的应用,更是香川县打造本地健康食品制造分支产业的重点,甚至已经成为香川县的招牌,在日本甚至世界市场得到了认可。

从企业角度来看,除了委托相关机构研发含稀少糖的产品之外,民间的研究机构也是稀少糖生产技术研究的重要机构。其中最著名的莫过于株式会社稀少糖生产技术研究所,一方面,公司是稀少糖生产技术发现者何森健教授亲自建立的,致力于稀少糖生产技术的研究和提升;另一方面,该公司是与香川大学国际稀少糖研究教育机构紧密合作的,作为香川大学稀少糖生产技术研究的合作机构,从不同的角度,利用不同的资源,对稀少糖的生产技术进行全面的研究和提升。

通过上述三大体系的设置,香川县在稀少糖的科研领域完成了包括国立大学、县立研究机构和企业研发机构三个层次的研发体系,各自利用自身的资源和优势,对稀少糖的生产技术、应用技术和市场需求进行研究,共同构建稀少糖产业的知识基础。这也是"产学官"联携体系中"学"的体系。

而在"产"的模块上,作为在本地最主打的健康食品,稀少糖在香川县的食品制造领域的接受度日益提升,其中最著名的本地食品是由高松市的点心制造商株式会社 Löwe 生产的稀少糖甜面包圈和连续多年获奖的点心赞之岐三;此外众多的佃煮厂商、牛奶厂商也在尝试使用稀少糖进行商品生产,这些商品在香川县很多地区均有销售,并成为本地的特色产品之一。此外,调味料厂商株式会社 Rare Sweet 也在香川大学的研究指导下生产了含稀少糖的调味品,作为普通砂糖的替代性商品。该产品因其使用稀少糖、葡萄糖和果糖等单糖,相对具有更为明显的"健康"效果,从而逐步受到市场的欢迎。

而香川县政府在稀少糖的产业领域中,则进行着全方位的支持。

首先,在市场拓展的方面,香川县交流推进部县产品振兴课在其网站"Love 赞岐"上,对稀少糖及稀少糖产品进行了详细的介绍。同时,该机构在栗林公园开设的本地特产销售机构"栗林庵"也在进行稀少糖制品的贩卖,如含有稀少糖的佃煮、稀少糖调味品等,均能够在栗林庵购买(见图4-3)。这成为县政府对于稀少糖市场推广的最前沿的阵地。

图 4-3 栗林庵和栗林庵内的特产贩售

其次,在专业人士的培养支持上,香川县政府商工劳动部产业政策课主导了"稀少糖制造技术者养成"活动,作为县政府网站上主推的活动,该活动是香川县 2018 年的重要活动,也是稀少糖生产技术传播的重要一步。

最后,也是最重要的,就是产业战略环境的构筑。香川县稀少糖的世界推广项目,是香川县政府在平成 30 年(2018 年)发布的《香川县产业发展战略》中县内战略重点项目中排名第一的项目。在该项目中,香川县将通过建立世界范围的稀少糖研究中心,全面建设县内稀少糖产业以及树立世界影响力的香川县稀少糖品牌,力争将香川县打造成为世界稀少糖研究、生产和应用的中心。在这个战略项目下,香川县政府明确提出了在稀少糖研究方面加强"产学官"联携体系的应用深度,特别在保健食品和医药品的开发领域上,以及稀少糖生产技术上,继续深挖研究空间,力争创造更有利于人类健康的食品和药品的同时,发现更先进的,支持稀少糖更大规模生产的生产技术。此外,香川县政府在稀少糖的"产学官"联携体系基础上,进一步对稀少糖的产业应用进行拓展,包括研究成果商品化支持、市场营销支持等多个领域,目标是通过对整个产业价值链的打通和相关科研机构、生产企业和销售机构的联结,在香川县内构成世界瞩目的完整的稀少糖产业;并最终通过优质和多元的产品,在世界范围内树立"香川稀少糖"的地域品牌。通过公开的发展战略的设置,香川县政府为稀少糖产业在县内的发展创造了极好的县内重视程度。在政府各个相关机构提供的产业发展支持政策的共同作用下,稀少糖产业从战略到支持再到市场实际操作,均得到了政府机构的全力支持,这也成为引领稀少糖产业发展的最重要的牵引力。

可以说,在完整的"产学官"联携体系的推动下,香川县的稀少糖产业在未来的发展一定是前景光明的。特别是在市场消费趋势倾向于"健康"的大环境中,这种被称为"梦之糖"的稀少糖一定能够拥有越来越大的市场,其成功也是可以明显预见的。

在香川县,有"产学官"联携体系应用的产品并不只是稀少糖这一个,前文列举的内容也仅是此类产品中的一部分。在现在的香川县,随着"产学官"联携体系的应用,香川县的企业与香川县各个大学、研究所以及政府相关事业管理机构的关系日益密切,企业发展的科研支持力度和政府扶持力度也在逐渐增大。甚至还出现了"产学官金"联携的体系,在"产学官"三方的基础上,将本地的金融机构也一并纳入,在原有的基础上为产业发展注入金融动力,进一步促进本地产业的快速发展。

在信息技术应用于物联网、人工智能和机器人领域的今天,"产学官"联携的体系更能够将最新科研成果进行有效的应用;在将金融体系纳入之后,在新技术领域的投入方面,政府与金融机构的共同投入,将对企业新产品生产方向的扩张产生更有力的支持,在香川县未来构建更完整和更有冲击力的产业发展环境方面,起到更好的推动作用。

可以说"产学官"联携体系对香川县地域复兴的作用是极大的,并且在未来,该体系的作用将发挥更大的作用,特别是当"产学官金民"五个方面全部融入产业发展的动力体系中时,这样的推动力一定能够将香川县的发展推至更高的高度。

第三节　多角度人才的获取与"地域振兴"

从造成"过疏"的原因来看,最主要的影响因素就是在非核心地区的人口与劳动力的减少,"少子化"与"高龄化"对于非核心地区的影响是体系性的,而解决"少子化"与"高龄化"却是长期且持续的过程,特别是在人口负增长的情况下,想要彻底扭转现状几乎是不可能的。因此,地域振兴的关键在于"少子化"和"高龄化"的有效应对,其中更核心的内容,则是在无法立刻扭转局面的情况下如何对本地企业进行人才支持,在进行内部挖掘和外部引进的前提下,通过多重手段,在本地形成人才洼地,一方面促进本地居民的本地就业;另一方面吸引外来人才在本地工作和创业;这是促进本地有效劳动力增长,推动企业发展,实现地域振兴的必经之路。

在传统的日本社会中,社会经济的中坚力量几乎完全被男性占据,女性在社会经济中被认为处于"从属"地位。而随着"少子化"与"高龄化"的逐渐严重,女性在经济生活中的作用得到了逐步的认知和重视,从经济发展的推动力来说,作为有效劳动力的女性群体,本身能够成为经济活动中的推动力量,通过实际的工作实现企业业务的操作;而从战略思维的角度来说,女性与男性不同的视角和思维方式,能够为经济发展的策略提供有效的智力支持,在弥补男性的"直男"思维缺陷的同时,帮助企业在产品的审美、应用、市场信息的分析细度等角度,进行有效的支撑,协助企业发现更多的市场需求并引导出更好的竞争战略。在这个角度上现任东京都知事,日本女性政治家小池百合子女士持有明确的认识,在其个人网站上列举的其主张中明确写明了"女性力"与经济活跃度的关系,并且力主将东京都建设成为女性企业家创业和发挥其才能的活跃地区。

而从"高龄化"角度来说,随着老年人数量的上涨,以及日本对高龄人士在认知症和老年病方面的重视,能够持续工作的老年人数量也呈现出一定的上涨趋势,特别是在非核心区域的"过疏"地区,老年人在种植业,以及从种植业衍生出的餐饮、农产品零售等行业中,广泛地进行工作。另外对于以家族企业为形态进行传承的日本中小型企业内,众多老年人群体仍然在为自己家的企业进行工作,特别是在以手工技艺为主的轻型工作领域,高龄群体的经验、技术仍然是行业得以发展的关键依仗条件。甚至部分高龄人群从技术角度,仍然是行业内的标杆;最典型的就是被多家媒体报道过的"寿司之神"小野二郎先生,在 80 岁高龄仍然在餐饮行业的一线进行工作。

从社会人群的构成角度来说,日本社会还留存一定的劳动力数量的增长潜力,但是这需要通过政策的引导和支持才能够更为彻底地激发潜力的兑现。而另一方面,随着日本全社会的人口数量减少,广泛地从海外引入人才,并使得海外人才在日本经济社会中更好地融入和发挥才能,也是日本社会自上而下形成的共识。

而在香川县,女性在职场上的活跃程度,一直高于日本全国的平均水平。香川县政府商工劳动部根据日本总务省《平成 24 年就业构造基本调查》的数字统计,香川县在平成 24 年(2012 年)的女性创业者比例为 13.6%,位列日本全国第 16 位。而在同一年,香川县 25 岁至 44 岁的女性群体中,就业女性比例为 74.3%,该比例远高于日本全国平均值。而相对于比香川县比例更高的高知县、岛根县、鸟取县等,香川县的经济情况则明显好于这些地区。这一方面说明了香川县的女性劳动者在香川县经济发展过程中起到的重要作用;另一方面也体现了香川县的就业空间较大,为女性劳动力提供了足够的就业机会。

在海外人才应用领域,据了解,香川县的部分地区与中国、东南亚等国家或地区有较为密切的人力资源合作项目,通过"研修生"项目引进部分劳动力。同时,在来日留学生的选用方面,香川县同样具有一定的作为,除了企业任用之外,香川县政府及政府相关机构也在积极任用留学生和移民。此外,香川县通过一些本地移住政策，对于县外人口也具有吸引力，特别是针对重点企业的相关人才具有吸引力。这些都为香川县打造了更多的人才获取通道，成为香川县在"少子化"和"高龄化"环境中，促进企业发展和劳动力增加，实现县内良性循环的重要手段。

在女性就业领域，香川县政府在平成 29 年（2017 年）制定了《香川县职业女性活跃推进计划》，以政府引导的方式，进一步推动本地女性的就业。该计划包括三大工作：企业经营者、男性和女性的观念更新；创造便利女性工作的职场环境；创造更多的女性工作机会和男女均等的工作机会。香川县旨在通过该计划的实施，在更新本地企业经营者和居民的就业观念基础上，更为有效地刺激女性在职场上的工作热情，扩充本地职场的就业机会，更多地容纳职业女性并使其拥有更为均等的就业和升职环境。

现在在香川县，包括政府机构、研究所、大学以及各类企业，均有大量的职业女性员工，有些甚至在关键性岗位进行工作。特别是在传统工艺技术领域，香川县着力打造的本地漆器品牌 ZOKOKU，更是以"女性职人"为一大特色，在本地着力进行推广。此外，县政府每年在县内进行"香川县职业女性'职场生涯促进'奖"的评选，对于县内进行支持职业女性的职场发展改革或专项计划的企业进行公开表彰，2018 年获奖的企业株式会社 Senior Life Assist（シニアライフアシスト）正是因为其推出的针对女性员工的"生育回归支援计划"而获得奖励。该计划帮助女性员工在产假后能够适应职场环境，同时辅助女性员工在育儿和职业发展两方面获得平衡，从而受到了女性员工的欢迎，在促进本地女性就业方面取得了很好的成果。2017 年，香川县获得该奖励的企业富士施乐四国株式会社，也是因为针对女性员工休假和职业发展而进行了专属的计划，同时力图打造男性员工与女性员工共同工作的职场环境并取得了显著效果，从而成为本地女性就业方面的标杆型企业。

此外，在香川县政府政策部的主导下，香川县建立了香川女性光芒应援团，该组织在香川县通过多种活动宣传和促进本地女性的就业的同时，通过职场环境提升支持活动、职业技能提升培训活动和育儿支援活动等，提升香川县女性的职业能力，是香川县女性就业的重要支持力量。此外，香川县政府商工劳动部劳动政策课还建立了"香川女性·高龄者等就职支援中心"，在女性就业方面通过职业生涯规划、专项技能学习、就业实习联络以及企业访问参观等活动,进一步提升女性群体的就业能力,帮助女性群体更容易在香川县内获得工作机会,并实现长期的就业。

在老年人就业领域,与女性相同的是,香川县政府商工劳动部劳动政策课的"香川女性·高龄者等就职支援中心"的作用。该组织针对老年人群体进行就业意向交流、技能培养、实习和企业参访,直接帮助老年人群体获得工作并为其创造持续被雇佣的机会。

此外,县内针对高龄人群的就业,由商工劳动部推出了"高龄者雇佣推进企业主助成制度",该制度包括特定求职者雇佣开发助成金(分别针对 60~64 岁的"特定就职困难者"和 65 岁以上的"高年龄者")和高年龄者雇佣安定助成金(包含高年龄者雇佣和高年龄者移动支持两部分),通过两个助成金,推动本地企业乐于雇佣具有工作热情的高年龄人群。

同时,日本的独立行政法人高龄·障害·求职者雇佣支援机构香川支部在香川建立了帮助包含高龄者、残疾人士在内的求职者提升职业能力的机构香川职业能力开发促进中心(ポリテクー香川),通过该机构的服务,进一步提升了本地高龄者的职业能力。

在外国人才应用领域,这不仅是近年来日本国内的人才应用主题,更是日本在现阶段应对"少子化"和"高龄化"的最重要的手段。但是相对核心地区的吸引力来说,香川县并无更多的优势以吸引外国人才前来就业和定居。特别是在本地教育资源的知名度相对东京都、大阪府、京都府等更为弱势的前提下,获取留学生资源的能力相对有限。因此,一方面,香川县需要本地大学的留学生、毕业生能够在本地留用并充分发挥其能力,甚至在留学生的留用方面需要鼓励企业开拓更多的留学生晋升空间,以保障留学生在香川县的长期工作;另一方面,香川县的企业需要前往周边的区域进行人才招揽,特别是大阪、广岛、京都等距离较近的经济核心区域,香川县政府主导的一些地区推介活动也在定期开展,特别是商工劳动部的大阪事务所,是香川县在县外发现人才,吸引人才的重要前线机构。

随着日本政府对于外国人才的重视,香川县内对于外国人才,特别是高端人才的应用也颇为重视,针对有效应用外国人才的企业,本地媒体也会进行报道,并作为标杆企业,向县内其他企业进行宣传。特别是与观光、会展、跨境销售、跨国合作相关的领域上,外国留学生人才拥有的跨文化沟通优势,不仅是香川县和本地企业依仗的能力,更是促进香川县和本地企业在国际上享有更高知名度的重要依靠。

为了能够更好地促使外国人才在本地就业,香川县还推出了"香川县外国人商谈支援中心"和"外国人劳动人材关系商谈窗口",该项目由香川县知事办公室国际课和香川县政府商工劳动部劳动政策课共同推出,从平成 31 年(2019 年)4 月 1 日开始运营,前者为在香川工作的外国人才提供全面的生活保障服务,而后者则为在香川县工作的外国人才提供与工作签证和职场相关的信息服务。这两个机构也是香川县独创的综合性外国人才服务机构。

同时,香川县持续推进着与中国和东南亚地区建立的研修生项目,通过此类含有"劳务派遣"性质的劳务项目,为香川县获取多种类型的劳动力,从而充实香川县各种类别人才的应用需求,并对各种类型的企业和公共需求进行支持。

在"内部挖潜"的同时,香川县政府主导的多个专业研究所、人才培养机构等,均在日本全国范围内进行招生,通过对其他地区相关人才的吸引和本地化培养,进一步将县外专业人士吸引进来。最为典型的就是香川县漆艺研究所,其培养出并在 ZOKOKU 作为主力的女性艺人中大多数为香川县外出生的。

这样的方法,也是香川县发掘专业人才的重要手段,通过这些研究所和学校,香川县获得了一部分日本国内的专业人才,这也使本地经济发展,特别是本地特色产业的发展,获取了更多的人才。

从人才获取的角度来说,香川县可以说是充分使用了其能够使用的各个渠道,更是充分挖掘了其最深的潜力。从结果来说,通过这些方式香川县,特别是高松市获得了大量新人才,这些都使得香川县在出生率未能实现有效提升的情况下,人口下降趋势得到了缓解,也成为日本非核心地区人口下降趋势较低的地区之一。

据了解,香川县提出了将高松市建设成为 50 万以上人口的中型城市的目标。相信随着上述政策的持续实行,特别是外国人才的进一步有效引入,高松市实现该目标的可能性很大;而随着该目标的实现,高松市作为区域核心城市的地位也将进一步提高,这将是香川县地域振兴基本成功的关键代表性成果。

第四节　政府主导的企业海外业务支援

日本的经济是明显的外向型经济,对于海外市场和海外资源的要求程度极高;从世界市场来看,北美洲、欧盟和亚太地区是日本企业最仰仗的市场和资源聚集地。尤其是以中国和东盟国家为代表的亚太地区和以印度为代表的南亚次大陆地区,随着近年来的经济急速发展,日益成为日本企业海外拓展的重点地区。而其中广阔的中国市场和中国消费者的消费能力,使得中国市场的吸引力日益增强;同时中国在多年来积累下的制造业基础和中国国内的资源供应能力,也是日本企业所需要的。虽然近年来随着中国劳动力成本的日益提升,日本企业在中国的生产开始出现向东南亚转移的趋势,但是从更为高端的制造角度来说,特别是化工、制药等领域,中国仍然是日本企业制造业务的首选资源地。

而从地域振兴的角度上看,地域振兴的前提是本地企业的有效发展,而作为以外向型经济为主的日本,日本企业的发展,无论核心地区还是非核心地区,均无法回避海外拓展这一路径。香川县的企业海外业务拓展,作为香川县政府在平成 30 年(2018 年)发布的《香川县产业成长战略》中的五大"横断战略"之一,是香川县政府近年来重点进行的企业支持项目。

从政策上看,香川县政府制定了七大措施推动本地企业的海外业务拓展:①对于开展新的海外业务的县内企业进行直接的扶助,通过整合县内外资源对企业的海外业务提供信息支持、知识产权保护支持等直接的支持(见图 4-4);②利用国际低成本航空(LCC),在其直达区域及其周边进行针对本地企业的经营支持活动,包含商务开发、销售拓展、观光推广等活动;③促进海外经济联合协定的签署和应用,增强本地与海外特定区域的关系密切程度,并以此形成在投资、贸易自由化等方面的诸多便利,促进本地企业海外业务的拓展;④通过"产学官"联携体系促进海外业务拓展负责人的培养;⑤县产品海外贩售渠道拓展,增强与海外销售机构的联络,拓展本地产品的海外销路;⑥海外工作派遣,对重点地区派遣相关专业人才,较为长期地驻扎在目的地国家,开展对于当地经济环境、政府关系等的信息搜索,促进香川县与当地的经济交流;⑦强化企业海外支援机构网。

在该战略引导下,香川县很明确在近年来将重点开展针对海外业务拓展的企业的经营支持活动,特别是针对经济高速发展地区,香川县政府的支持力度将进一步提升。

图 4-4 香川县的海外商务拓展活动

资料来源:高松商工会议所。

从 2018 年上述战略颁布开始,香川县政府的针对企业海外业务开展的支持行动力度明显提升,特别是针对 LCC 直飞的四个城市——上海、台北、香港和首尔,香川县的商务交流力度明显提升。

2018 年 8 月中旬,香川县的代表团参加了由笔者所在公司与当地政府机构协办的,在中国无锡和上海临港新城举办的商务交流活动。日本国经济产业省四国经济产业局国际课的相关负责人和香川县高松商工会议所企业活化课的大西理之先生,号召并组织了香川县的部分企业参访。据笔者所知,部分企业在中国的销售拓展,已经有了一定程度的进展;而一些香川县的企业持有的技术专利,也得到了中国投资方的青睐。

此外,高松商工会议所也承载着一些有官方性质的跨境商务调研。2019 年,香川县的商贸代表团在大西理之先生的带领下,先后与俄罗斯滨海边疆区议会、符拉迪沃斯托克市商会和中国河北省石家庄市工商联、江苏省海安市上湖创新区管委会等相关机构,进行了多次商贸洽谈,在积极拓展香川县海外经贸合作路径的同时,让东北亚更多的国家和地区了解香川县,了解香川县的企业。

早在 2014 年,香川县政府就已经在上海市内设立了针对香川县企业在上海及其周边地区开展商务活动的机构——香川县上海商务支持中心,该机构通过安排香川县企业在上海及其周边地区的商务考察、为香川县企业提供商务开展的信息服务等为手段,为香川县企业在上海及其周边地区的业务拓展进行有力的支持。该机构办公地点设置在上海市中心的港汇中心,拥有便利的公共交通条件,同时距离日本企业的上海办公室聚集的上海古北地区较近,对于香川县的企业寻求支持和组织考察均较为便利。该机构的设立,对已经在上海及其周边地区进行商务活动的香川县企业和计划前往上海开展商务活动的香川县企业,均形成了有力的支持。在香川县政府的推动下,该机构在近年来逐渐扩大了其商务支持活动范围,对香川县企业在上海的商务活动,提供了更多的支持和推动。在 2018 年 8 月笔者所在公司组织的香川县商务交流活动中,香川县的代表团负责人大西理之先生也曾与该机构取得联系。

同时,从 2019 年 4 月 1 日开始,香川县政府设立的香川县海外商务机构利用支援事业补助金开始接受申请,并预期在 2020 年 3 月 31 日前进行支付。该"补助金"是香川县政府针对在海外开展业务的香川县中小企业专门设置的补助金,用于支持本地中小型企业在海外的多语种信息发布、海外认证申请和获取专业服务等。同一天开始,香川县政府设立的另一个企业海外支持补助金——香川县直航地域现地调查支援事业补助金,也开始接受申请,该笔补助金是专门针对香川县企业在 LCC 直飞地区的商务考察活动而专门设立的。这两个补助金的设立,也是香川县政府针对本地企业的海外拓展,进行的直接资金支持。

在海外事业人才培养方面,香川县政府、高松商工会议所和 JETRO(日本贸易振兴机构)共同开办了海外商务人才培养讲座,包含贸易实务入门和英文商务邮件写作课程。两门课程分别于 2019 年 5 月 8 日和 5 月 9 日开课,是香川县政府主导的海外商务人才培养的首次集中性培训。

这些举措的逐步实施,是香川县政府从政府层面上对本地企业的海外拓展进行的支持,是推动本地企业海外业务拓展的典型业绩。这些行动的实施,也切实为香川县企业走向世界起到了推动作用。据了解,随着香川县政府主导的企业海外拓展事务的扩大化,香川县也在计划开设与亚洲其他地区的新的 LCC 直飞航路,从而进一步拓展香川县企业在海外开展业务的空间,为本地企业提供更多的选择。

除了香川县直接进行的企业海外业务支援活动之外,香川县政府还组织成立了公益财团法人香川产业支援财团。该公益法人财团致力于为香川县创建新产业、强化本地企业的经营基础、提高本地产业技术水平、振兴本地科研应用等事业,以促进产业振兴和地域振兴为目的进行运营,是香川县内企业的综合性支援机构。

在该机构的主导下,平成 24 年(2012 年)香川县成立了香川县中小型企业海外商务支援协议会,该协议会旨在将香川县内的各机构进行最广泛的联合,对县内企业的海外商务活动进行最强有力的支援活动。在这个主旨下,香川县政府、高松商工会议所、JETRO 香川、香川大学、香川产业支援财团、香川县内各大金融机构、日本国际协力机构(JICA)四国支部、日本中小企业基盘整备机构四国本部等香川县内和日本国内机构的香川县派出机构形成了全面的联合,共同形成了针对香川县中小型企业在信息收集,与主管机构进行咨询和审批行政事务等海外商务事务密切关联的领域,进行有力支持的体系。其中笔者印象最为深刻的是香川县本地银行百十四银行的上海事务所,该事务所设立在上海市的金融中心陆家嘴,是能够在上海市的经济最前沿捕捉市场信息和金融信息,并向香川县企业进行发布的本地金融机构的前沿分支。

此外,香川产业支援财团还针对中国市场的情况,对香川县内企业进行了全面的信息支持活动。除了对香川县企业进行中国市场的商务信息发布、中国新闻链接推介之外,每个月还会针对中国市场的经济信息,委托在上海设立的香川县上海商务支持中心向香川县的企业发布名为《中国商务新闻》的电子期刊。这为香川县企业在中国的经营提供了充足的信息支持。此外,产业支援财团还委托了驻上海的香川县上海商务支持中心对香川县企业的上海经营情况进行了调查,从多个企业经营实绩的角度,向本地企业发布海外经营的情况报告,鼓励本地企业向海外,特别是中国市场进军。

通过这些官方直接和间接的手段,香川县政府形成了政府主导的一系列企业海外业务支援措施,并在香川县内外形成了有效的支援体系。这些体系的全面应用,对香川县企业在信息、产品研发、政府关系、资金等方面,起到了全面的支持作用。这些政府主导的支援措施的存在,也提升了香川县企业瞄准海外市场发展的观念认知和信心。随着香川县企业的产品在海外市场的大规模推广,香川县企业在海外进一步投资的可能性也在逐渐提升,特别是在健康食品、精细加工等领域,香川县的产业优势将在政府支持下进一步在海外市场得到扩展,这也成为香川县企业在海外实现成功经营的内外因结合形成的助推力。

现在,除了如株式会社多田野、大仓工业株式会社等本地跨国企业在中国建设了工厂之外,更多的本地中小型企业也已经涉足中国市场,如四国化成工业株式会社、赞岐面业株式会社、小出钢管株式会社等,均在中国设立了分支机构。此外,以石丸制面株式会社、帝国制药株式会社为代表的香川县本地企业,还在中国进行了大规模的市场开发,并通过中国本土渠道进行有效的产品销售。可以说,香川县政府的企业海外业务支援活动已经对本地企业的海外拓展产生了积极的影响。

而随着企业在海外业务的开展,《香川县产业发展战略》的逐步实现,这将是香川县地域振兴的重要动力,并且能够在此后对香川县的发展产生持续的推动。

第五节　地域联结与区域合作

地域振兴项目,除了地域内自身的努力之外,本地及周边地区的合作,实现"抱团"效应,也能够有效构建地区品牌化,并通过地区推广从中获取与本地相关的经济利益。这一方式在日本尤其适用。原因如下:

首先,国土面积小的同时行政区划密集,且各具特色。如日本的"东北地区",一共有青森县、岩手县、宫城县、秋田县、山形县和福岛县6个县,6个县具有类似的自然地理特色却因为山地阻隔形成了不同的人文特色。这样的特色从观光角度来说均可以形成"雪山＋温泉＋N"的产品特色,并由此形成了共同的推广模式和推广体系。每年,日本东北地区的6个县共建的"东北观光推进机构"都会在中国组织6个县联合的观光推介活动,地点大多选择在中国的北京、上海、广州三大城市的核心商业区中,以共同的自然地理特色和各具特色的人文地理特色为噱头,进行包含风光展示、文化体验和互动抽奖的活动,吸引了众多当地观众参与,并推动了相关地区的观光活动在中国的推广。

其次,由于区域地缘空间狭窄,区域内容易形成"六小时交通圈",便于多种产业形成地区内完整循环,在降低物流成本的同时,形成有效的产业互动。特别是以物流枢纽城市为核心进行区域内产业布局,在日本的九州地区有一定的体现。九州地区的福冈县作为地区内的物流枢纽,是县内跨境航空、与本州岛联络的新干线和高速公路以及远洋港口的综合性物流枢纽;作为区域内的核心外向型城市,九州岛的大多数城市产品均通过福冈县进行外送。在福冈的龙头效果带动下,九州地区的经济发展极其迅速,福冈县也成为除东京都、大阪府、埼玉县、神奈川县外,日本少有的人口正向增长地区。

再次,地域接近性利用与基础设施建设方面,能够产生有效的投资效果,特别是在道路桥梁、下水道、农田设施、水利设施等拥有跨区域影响力的基础设施建设方面,地域接近性的利用能够降低单一区域投资的额度,在多方协商的前提下,能够最大限度地发挥基础设施优化建设的效果。在该领域中,东北新干线的建设可以作为典范,随着东北新干线的建设,在东北六县和东日本铁道株式会社(JR东日本)的联合作用下,东北地区观光得到了极大的推动,特别是青森县、秋田县和山形县,据统计近年来这3个县的观光游客数量都取得了极大的提升。

最后,日本国内具有针对地区经济统筹发展的专门机构。经济产业省下属的各个区域的经济产业局,专门负责所在区域的经济发展支持,特别是统筹经济发展。据了解,经济产业省根据日本国内区域划分,设定了8个经济产业局,分别负责北海道、东北地区、关东地区、中部地区、近畿地区、中国地区、四国地区和九州地区(含冲绳县)的经济发展;这些机构的存在,从国家的层面上对本地的区域发展形成了支持。在2018年8月笔者所在的公司同香川县进行的经济交流项目中,四国经济产业局国际课的官员也作为观察员参加了该活动,并在活动中,向中国的无锡市和上海市的临港新城地区推介了四国地区。此外,JETRO(日本贸易振兴机构)在各个区域也设置了办事机构,也是各地区进行联合贸易行为的可以依靠的机构。

可以说,在日本无论自然地理环境还是经济发展基础,均具备了在区域内进行联合推介的基础,而地方政府与相关主管区域经济发展的机构进行联合,是从政府的角度推动区域联合,促进区域"抱团振兴"的重要行动。

对于香川县来说,四国经济产业局就坐落在高松市的核心 CBD——高松阳光港。相对于四国地区的其他 3 个县来说,香川县政府具有独特的地理优势。也是因此,香川县的对外经济交流活动,更容易得到四国经济产业局的支持。而作为负担着区域经济发展促进的职责的四国经济产业局来说,立足四国地区,与地方政府联合推动经济发展也是其必然的选择。

在这样的背景下,《四国产业竞争力强化战略》应运而生,在该战略中,四国经济产业局与四国地区各县联合,根据各自职能和地方特色,在四国地区经济发展方面规划出 11 个重点战略项目,分别由各县或四国经济产业局牵头推进,形成了对本地区经济全面推动的经济发展状况。

在 11 个项目中,四国经济产业局牵头的项目有 4 个,香川县牵头的项目有 3 个。而其他四国地区的经济发展促进机构,如四国产品外商网络会议、四国运输局、产业技术综合研究所四国中心、东亚输出振兴协议会、各地的商工会议所等,均在其所在领域进行了参与。该战略最大限度地集合了四国地区的与本地经济发展的相关机构,并在战略落地过程中给予各个机构在所在领域的决定权;对于地方政府,除了本地牵头推进的项目之外,还会在诸多项目中进行主要辅助,如香川县在四国地区制造业技术竞争力推进项目和健康产业创造项目上,作为四国经济产业局的主要辅助力量,负责项目的推进支持。

此外,各个项目除了牵头和主要辅助的机构或地方外,所有的县均参与到项目中,一方面通过各个县实际情况和需求的沟通,形成项目推进过程中的有效协同;另一方面在项目推进过程中,各个县的优势进行了融合,更好地推进了项目。其中较有代表性的就是以香川县为牵头的四国八十八灵场观光巡礼项目。作为区域观光重点主题,四国八十八灵场观光既是各县的重点推广项目,更是能够有效融合区域特色的项目,该项目不仅是四国地区的重点,也是日本国家旅游局(JNTO)主推的项目。

在香川县的牵头下,4 个县的旅游观光机构,包含政府的观光推进机构、观光协会、商工会议所和从业企业均在项目中发挥作用。其中,香川县作为重点接受海外游客的地区,在交通方面发挥着重要的作用,香川县内的大川自动车株式会社、琴平巴士株式会社等,均开通了四国八十八灵场的包车服务。特别是针对中国的游客,两个企业也进行了中文服务的补充,进一步成为推进四国八十八灵场项目的一线企业。而通过香川县政府的协调,4个县的观光责任机构共同成立了"四国八十八所灵场与遍路道世界遗产登录推进协议会",并通过该机构的作用推动四国八十八灵场的世界文化遗产的申请工作。

除了地方政府层面的区域联合之外,一些企业行为也将地区政府下属的机构或者本地经济促进机构进行了联合。近年来在"观光立国"的国策下,观光领域的区域联合在日本各地有趋势性的发展。除了前文提到的东北地区的联合推广之外,随着日本铁道(JR)在地区的企业化运营和株式会社JTB的活跃和区域化运营,强化了在观光层面上的区域联合。各地的观光推广机构,包括政府下属的交流推进部、县观光协会、海外事务所等机构,均会在以JR和JTB为牵头的活动中进行深入的参与。在2018年的上海世界旅游博览会上,在JR四国牵头下,四国地区4个县的观光机构均提供了与本县观光相关的资料,并一同随着JR四国的展示在博览会上进行了亮相。此外,在JTB和JR的销售方面,四国各县相关机构也与之进行了紧密合作,在其牵头下,四国地区形成了半官方性质的观光"抱团合作"。

而在对外经济交流方面,JETRO则会根据海外经济交流活动的情况,在地区内进行牵头和组织。随着JETRO的活动牵头,四国地区各县的经济"抱团"情形在更多的层面上得到了体现,并且逐步成为四县联合的发展趋势。

可以说,通过政府层面和非政府层面的活动,四国地区的区域联合发展已经形成了完整的体系,这些联动的深化还体现在四国新干线计划的推动方面和四国地区广域交通网络的整合完善方面。随着这些项目的逐渐深入,四国地区的四县联合将向着更为深入和广阔的方向发展。这种联合的影响,也将是从区域整体的角度,带动4个县的"地域振兴"。

从未来的发展来说,香川县所占据的地域联合的优势将进一步推动香川县在地域联动过程中获得更多的收益,香川县政府抓住地区联合的机遇将具有更为积极的意义。

第五章　民生体系构筑振兴基础

第一节　新濑户内田园都市的创造基础

居住环境,是民生的基础,打造与本地自然资源相适应的居住环境,是在可持续发展的基础上,建立有本地特色的生活氛围,为本地居民打造本地生活方式的基础性工作。对于香川县来说,在濑户内海和赞岐山脉之间的绵长海岸线、山海间的沿海平原和星罗棋布的海中岛屿,带来了自然环境的多样性和与海相伴而生的自然特色。

虽然日本是群岛国,但是香川县与大多数沿海地区的区别在于,香川县是完全朝向内海的,而大多数面朝大海的地区,都是与太平洋、日本海、鄂霍次克海等广袤的海洋相邻。濑户内海是因为周边海洋平面抬升导致海水倒灌进而形成的内海,也因此濑户内海中布满了岛屿。而作为深入濑户内海中央的地方,香川县与濑户内海之间形成的紧密关联,是香川县在自然地理与人文地理上都无法割舍的重要影响因素。可以说,濑户内海塑造了香川县的自然环境,也影响了香川县民的生活方式。正因为受到濑户内海的深刻影响,香川县在其平成 28 年(2016 年)发布的《新濑户内田园都市创造计划》中,大量体现着对城市与海洋共生发展的主题。

通过该计划,香川县明确提出了"成长""信赖·安心""笑颜"的发展主题,特别是在"信赖·安心"方面,包含教育、医疗、儿童抚养、居住安全、灾害防治等众多民生课题。而对于民生状况的提升,最重要的内容则是通过基础设施的优化,实现对城市生活基础最大限度的包容,该包容度的核心便是:便捷、支援度高和可持续性。

从便捷性来看,最重要的方面就是道路建设与交通体系建设,以及与生活更为相关的城市规划水平,包含商业区与居住区的距离和核心 CBD 的通行便捷程度;便捷性的提升,能够提升本地居民出行、出勤和日常生活的舒适度,形成对本地的良好印象,能够对维持本地居民的长期居留起到一定的推动作用。

从支援度高角度来说,重点则在就学、就医、育儿、灾备等居民日常生活中,可能对工作与生活平衡度造成影响的内容,以及涉及生命财产安全的安全内容。通过建立支援度高的民生体系,能够为居民减少在本地落户的诸多不便,能够成为吸引外部人才内迁的重要推动力。

而可持续方面,则是通过与本地的自然资源,形成互动,构建与之匹配的基础设施体系,并在此基础上形成本地特色的生活模式和民生文化模式,在环境保护的前提下形成持续优化的民生体系。该重点在于低能耗、低排放和循环经济。独特的田园环境不仅能够吸引外部人才,甚至对文化创意产业和与文化创意产业相关的手工艺产业,也能够形成特别的吸引力。

因此,从城市民生体系的构筑角度来说,最基础的体系在于交通体系、城市规划和环保体系的构建。其中,交通体系是便捷性的核心,城市规划是平衡自然基础与城市发展的关键内容,而环保体系则构成了可持续性的基础。

一、交通体系

香川县的交通体系,由于濑户大桥和高松机场的重要影响力,在四国地区内拥有极其独特的优势。其中道路交通、铁路交通和航空交通能力在四国地区均为最佳。

从道路建设角度来说,香川县的道路密度(每平方千米中道路长度)在日本 47 个都道府县中排名第四,道路密度达到 99.9%,仅次于大阪府、东京都和爱知县,相比近年来经济发展情况较好,基本未出现"过疏"情况的神奈川县、千叶县、埼玉县、福冈县等,均有相当程度的领先。该比例从数字角度体现了香川县内的道路交通便捷性,几乎每个市町村都能够通过县内的各类公路方便出行。这对于香川县这样一个离岛和山区占据一定比例的地方,能够有效进行道路的普及,可以说是本县在民生基础设施建设中的一大成就。在非离岛区域,香川县构成了以高速公路高松自动车道为核心的鱼骨状分布的道路体系,同时与之并列的 4 条国道和 3 条主要县管道路,构成了沿海、沿山的横向联结香川县各个市町村的道路体系,为县内居民提供了更多的县内交通方案。此外,高松自动车道与濑户大桥、鸣门大桥相连,形成了香川县与本州岛的直接联结。与此同时,多条纵贯香川县的道路与横贯道路相连,构成了香川县内便捷的道路交通网络。与邻近县相比,香川县的道路密度几乎为德岛县的 2 倍,城市便捷度在道路体系建设中得到了充分的体现。而对于大多数有人居住的离岛,已经建成的离岛内的环岛公路,将离岛的港口与岛上主要商业区、居住区进行了联结,使得所有的有人居住的离岛均能够在海运辅助的情况下,和本岛区域形成交通联络,特别是在渡轮能够进行车辆摆渡的情况下,这样的便捷度得到了进一步的体现。

与道路交通相媲美的,就是香川县的航空运输。作为四国地区,甚至濑户内地区数一数二的机场,高松机场在航线开拓数量、价格合理程度和机场便捷程度来说,均有较大的优势。根据高松机场工作人员的说法,对于德岛县的很多地方,如三好市、美马市的居民来说,抵达高松机场的方便程度甚至超过德岛阿波机场,更何况德岛机场仅有到东京和福冈的航班运行,这样的情况,让大多数德岛县的商旅乘客必须选择与之最接近的高松机场作为往来日本和东北亚各地的交通枢纽。类似的情况在爱媛县和高知县也发生着。而对于冈山县,虽然也拥有与上海、香港和台北的直飞航线,但是由于价格原因,冈山居民也会选择从高松机场进行跨境飞行。高松机场的不断发展,为香川县居民提供长途出行的便利性,提供了极大的保障。在"机场+道路"交通体系上,濑户内地区最为便利的机场与日本国内领先的道路体系的结合,成为香川县内城市便利性最大的体现。这也成为香川县吸引众多周边区域人才内迁的重要招牌。

在两大主要交通手段均位列日本全国或地区领先地位的基础上,铁路和海运的补充,则成为本地居民出行和出勤的重要补充。特别是在香川县内所有城市的核心地区均位于四国铁道(JR 四国)沿线或琴平电车沿线上,这使得县内的居民跨城市出行和出勤获得了有效的保障。在推进中的四国新干线项目,则是香川县政府在地域振兴的目标牵引下,以提升县内居民出行和县外居民进县商旅的出行便捷度而在四国地区牵头推动的项目,该项目的推进和成功将是香川县交通体系建设的进一步提升,对于提升本地民生体系的便捷度有更进一步的推动作用。

同时,香川县还在进一步提升县内的交通水平,2019 年 3 月高松自动车道的东段拓宽工程完成,此外截止到 2019 年 3 月高松机场联络公路的高架部分也启用了一周年。这些工程对于提升县内交通的便利性进一步起到了促进作用。此外,香川县也在积极拓展自行车使用道路的建设和规划,为居民的短途出行提供更为便利和环保的健康出行基础设施。近年来,笔者在高松市内发现,使用自行车出行的人数在逐渐增多,自行车专用骑行道路数量也有了一定的提升。高松市中心的大多数道路,均有自行车专门骑行的道路,这也成为县内居民安全出行的保障。

二、城市规划

日本大多数城市因为其山地和沿海特色,导致其城市规划时需要综合考虑山地、海洋资源的利用,形成综合性的城市规划体系。香川县也不例外,相对其他地区,香川县更需要一起考虑的是濑户内海的众多离岛。在这样的情况下,里海建设计划(里海づくり计划)应运而生,该计划的目标就是通过综合考量山地、河流、海洋和城镇的关联,构造人类社会与海洋环境共生的生态发展体系。在这样的思考体系下,平衡海洋资源的使用,并在此基础上构建观光、饮食文化和休息场所等综合应用,实现"丰饶之海"的构想。

香川县作为全域均为濑户内海沿岸的地区,通过里海建设计划实现对濑户内海的可持续开发,是香川县构建城市基础的重要手段。一方面,通过与濑户内海相关联的传统文化,发展现代濑户内海的饮食、艺术文化,能够成为本地教育、城市发展的重要影响因素,并将对海洋的敬畏态度传承;另一方面,通过可持续的开发手段,在保障城市资源应用的前提下,对海洋环境进行保护,构建对海洋污染较低,对海洋生态环境破坏较小的城市生活和生产体系,也是保证本地环境质量,构建良好居住环境的关键保障。

从海洋生态保护角度来说,最重要的就是废水净化体系。从民生基础角度来说,废水净化体系的前提是城市排水体系的建设,该体系是保障生活和生产废水排放的重要基础设施,排水体系的优化,能够在构成城市基础设施体系的前提下实现城市排水体系的构成,并在此基础上形成城市对暴雨导致的内涝的应对能力。而从环境保护,特别是海洋环境保护的角度来说,通过城市排水体系的建设与废水净化体系的连通,能够有效地进行城市废水的集中处理,并在无害化处理的基础上再向海洋进行有计划的排放。

城市下水道体系的优化建设和废水处理系统的升级优化,是香川县近年来重点支持的城市基础设施建设项目,在县政府的推动下,香川县的下水道体系建设水平有明显的提升。一方面从城市生活保障来说,2018 年夏季的西日本暴雨灾害对香川县没有产生明显的影响,足见该计划在近年来取得的成就;另一方面,根据平成 29 年(2017 年)水质测定报告,香川县所属海域的富营养化指标已经符合日本政府规定的指标,这可以说是从 20 世纪 70 年代以来,在日本政府推动下,濑户内海沿岸各县通过治理和维护优化濑户内海水质的最大成就。而随着濑户内海的水质优化并持续改善,香川县的濑户内海沿岸综合开发也进入了新的阶段。包括濑户内艺术节在内的文化观光项目持续推进,本地海洋特产的饮食文化、海洋教育设施、沿海公园以及海岸居民区等设施逐步建成。

从规划角度来看,在里海建设计划下,香川县的城市规划呈现出以海洋维护为手段,以海洋开发为目标,以社会持续进步为最终任务的规划体系,并在该体系下逐步形成了城市循环体系,这成为香川县城市规划的重要成就,也推动了本地"新濑户内田园城市创造计划"的实现步伐。

除了以海洋为核心的城市规划之外,在城市中设置城市绿地和公园,形成与自然相辅相成的城市生活圈,也是香川县的"田园都市"建设关键内容之一。

特别是城市公园的设置具有重要的意义。首先,城市绿地和公园的设置为居住区提供了体育运动、放松休闲和文化活动的场所,对于居民区的生活丰富度有极大的提升;其次,城市绿地和公园的建设,在生活区附近留出了自然空间,在区域空气质量提升、自然环境提升和水土资源保护等方面有积极的促进作用;再次,城市绿地和公园预留出来的空间,可以成为区域居民社会公共活动的场所,也成为增进区域内居民熟悉度,提升区域稳定性的载体;最后,日本作为地质灾害频发的国家,城市绿地和公园的规划,将为区域内的居民提供应急避难场所,提升了地质灾害发生时的存活率。

　　基于上述考虑,香川县以"町"为单位,在城区内设置了众多绿地和公园,根据香川县政府的统计,截止到平成 29 年(2017 年)3 月 31 日,香川县的人均城市绿地面积为 18.9m²,相比日本全国的 10.4m²,香川县的人均城市绿地面积拥有相当大的领先程度。而香川县的城市核心区域共计有 68 处有名的城市公园,而分布在"町"内的被归纳为"住区基干公园"或"都市基干公园"的小规模公园或绿地则几乎遍布香川县各处。结合香川县便利的道路交通,县内所有的城市绿地和公园均能够较为便利的抵达。这样的规划也为香川县的居民提供了众多亲近自然的场所。高松市南部的"鹿之井出水"沿岸的绿地是香川县著名的赏樱场所,在樱花开放的季节,甚至吸引了海外的游客前来观光。

　　可以说,香川县的城市规划秉承了"海洋"和"田园"两大主题,在保证自然环境和人文环境的基础上,完成了对自然与人类社会循环发展的紧密关联。香川县的城市内所具备的海洋和田园要素,让香川县的城市在便利的基础上,拥有了独特的风格,特别是高松市,在建设濑户内地区中等核心城市的过程中,形成了与其他城市相比明显的濑户内海沿岸田园风格,其宜居性和便利性在城市规划的推动下,日益彰显。

三、环保体系

　　除了作为城市规划中关键内容的下水道和污水处理体系之外,香川县在环保体系建设上,重点还在于对可再生能源的开发应用,特别是太阳能的应用。除了政府推出的太阳能设备使用鼓励金之外,香川县还设立了香川县能源节约研究所,作为推动太阳能应用的主要机构,在香川县重点推广太阳能设备应用。在这样的政策推动下,香川县南部山区中,设置了大量太阳能发电设备用于支持周边居民和企业的生活与生产。而在众多新建成的居民区中,太阳能发电设备也被广泛地采用。

　　除此之外,香川县的城市循环体系基本完成建设,生活废水与垃圾处理系统的构建,一方面使得生活废水形成了循环应用,另一方面也使生活垃圾形成了无害化处理后的再利用。这样的体系进一步促成了香川县整体的可持续发展体系建设,逐步完成与自然和谐共生的城市发展体系建设。

　　香川县的民生基础构建工作,使得香川县能够将交通便利性、都市生活便利性、自然灾害影响小、濑户内海文化成熟性和亲近自然的城市风貌作为香川县内迁宣传的关键内容,并以此吸引了众多人才前往香川县居住。

第二节　医疗保障的建立和广域医疗信息网络的支持

医疗保障对于地区吸引力构成来说影响巨大。在这个领域,香川县的相关各项指标恰好在日本全国排名整体靠前。根据平成 30 年(2018 年)版的《从100 项指标中看香川》可以发现,与医疗保障相关的指标,香川县均比较亮眼(见表 5-1)。

表 5-1　香川县医疗指标

分类	项目	数值	全国排名
医疗指标	医师数量(每 10 万人平均)/人	289.4	12
	护士数量(每 10 万人平均)/人	1557.5	13
	急救医院数量(每 10 万人平均)/所	4.9	6
	医院数量(每 10 万人平均)/所	9.3	13
	特定健康诊察实施率/%	41.6	13

资料来源:香川县政府《从 100 项指标中看香川》。

通过该指标可见,香川县的医疗保障体系在日本全国可以算是比较领先的。近年来,香川县在医疗保障领域的成绩很多,除了建立了从县医院到町医院的完整医院层级体系之外,各项专科医院也发展迅速。政府主导的"产学官"联携体系,也在医疗保障体系方面起到了重要作用。特别是在覆盖县内的广域医疗信息网络建设方面,香川县成绩斐然,一方面,以 K-Mix 为代表的香川县医疗诊疗信息体系,是日本最早的医疗诊察信息系统;另一方面,针对本地居民寻求医疗急救服务的信息网络"医疗 Net 赞岐"也在本地开始应用。通过这两个信息网络的建设,香川县已经完成了在诊疗方面的信息共享和在医疗服务方面的信息公开,前者在诊疗层面上实现了县内医疗资源的整合,更为有效地及时获取多种医疗资源,为患者提供及时有效的医疗诊断和救治服务;后者最大限度地整合县内医疗资源信息,将医疗、药店、医师信息进行及时汇总和披露,最大限度地方便本地居民寻找有效的医疗和药物资源,特别是在有急诊需求时,能够更为有效地获得救治。

这两个医疗相关的信息系统可谓日本国内的创举,通过这两个网络系统的使用,香川县的医疗资源能够更为有效地运营,在数量基础上,进一步形成了服务质量的提升,这成为香川县居民能够如县政府所说的"信赖·安心""笑颜"生活的关键性支持体系。

一、K-Mix

K-Mix 全名为"香川远隔医疗网络",是香川县政府主导的"产学官"联携体系在稀少糖产品之外的又一大创举。据国内医疗相关人士评价,该体系也是中国医疗诊疗信息化体系的未来发展方向。而 K-Mix 网络系统,在平成 15 年(2003 年)就已经上线使用,香川县在医疗信息化的领先程度可见一斑。

该系统是由香川县政府牵头,香川大学医学部、工学部,日本国家产业技术综合研究所四国研究中心等机构,在香川县各类医疗机构和医疗相关、网络技术相关的企业支持下,联合构建的本地医疗诊断信息网络,最初应用于区域医院和地区诊所中,作为初诊记录和信息共享系统被广泛地应用。在平成 25 年(2013 年)该系统进行了升级,实现了参加该系统信息共享的医院在电子诊断记录、医疗影像资料等信息上的网络应用,提升了跨医院联合诊疗的可用性,进一步提升了初诊的效率和准确度。此后,香川县内 16 家核心综合医院在电子诊断记录和医疗影像资料共享的基础上构成了"香川核心医院医疗情报网络",实现了二次诊疗和重大病症诊疗的信息共享和医疗资源整合。在此基础上,在香川县政府引导下,K-Mix 和"香川核心医院医疗情报网络"进行了对接,构成了"香川医疗情报网络"(K-Mix+),香川县内正式形成了将县内各个层级医疗资源进行全面联结的信息系统,在诊断记录、医疗检测、医疗影像和治疗方案等方面,对县内资源进行了最大化的应用。

随着《香川县产业成长战略》的发布,香川县的医疗信息网络建设程度进一步呈现出向县外扩展的趋势,根据香川县政府的战略规划,K-Mix 的关联医疗机构将在 5 年内从县内向周边地区进行大范围扩张。据了解,现在已经有一定数量的县外医疗机构成为 K-Mix 的关联机构,并通过 K-Mix 的信息交流,对香川县民进行了医疗服务。随着香川县在 K-Mix 方面的进一步投入,这个数量还在逐步上涨,冈山县、德岛县、爱媛县等邻近地区的医疗机构,成为该网络下一步重点发展的目标对象。同时,作为县政府的重点战略项目,K-Mix的海外推广也将成为 K-Mix 在未来建设发展的重点方向,进一步发挥 K-Mix在数据信息交流上的优势,引入全球领先的医疗诊断机构,将成为更为有效的应用医疗信息体系,构建高效高质区域医疗服务体系的重要工作;而 K-Mix 在全球的推广,也将为香川县居民打造"专属全球顶尖医疗服务",成为香川县居民的"特权"。

此外,健康产业是香川县重点发展的本县优势产业,相关的信息技术和设备的家用化,也是香川县在近年来重点推广的医疗产业信息化方向。通过家用医疗诊断设备和诊断工具的广泛应用,进一步拓展医疗信息网络在获取居民健康信息时的及时性,在信息保护协议的规范保护下,居民的健康监控信息与 K-Mix 进行信息传输。地方医疗机构能够通过对获取的信息与居民病历进行对比,并在此基础上做出主动的医疗服务判断,将对县居民的医疗服务从病患产生后的资源有效调用和及时准确救治,逐步转变为在疾病产生之前的预警和科学预防。

通过 K-Mix 的建设,香川县的医疗服务水平在诸多方面产生了良好的效果,医院能够更为便捷和迅速地掌握患者的病症和检测情况,能够更为准确地制定诊断方案和诊断,对于患者家庭的诊断方案说明也会更为具体和细致。这些都减少了患者和患者家庭在接受医疗服务过程中的麻烦,并且有助于患者更为安心和便捷地接受医疗服务,在降低医疗服务的支出方面,也能起到一定的帮助。在 K-mix 的支持下,香川县内的医疗资源呈现出的高效化、低成本化、高质量化,成为推动香川县整体医疗服务保障提升的根本动力,也有效地提升了县内居民的生活质量和平均寿命。近年来香川县居民的平均寿命排名呈现出上涨趋势,并位于 47 个都道府县的前 30%,也是 K-Mix 体系的功劳。此外,随着扩大 K-Mix 应用的呼声提高,香川县已经计划在现有的介护服务体系基础上,引入 K-Mix 系统,从而实现在老年人健康管理、疾病诊疗、服务方式优化等方面的进一步提升,在现有排名日本第 13 的介护设施普及程度的基础设施条件优势基础上,实现服务水平和获取服务成本的进一步优化,从而实现老年人健康保障体系信息化的建设。

二、医疗 Net 赞岐 (医疗 Netさぬき)

居民医疗服务获取方面,医疗 Net 赞岐作为香川县政府主导的医疗急救信息网络,已经向本县居民进行了开放和服务。该网络服务系统收集了县内的诊所、医院和药店信息,并根据地域和科别进行区分,支持患者根据居住地区、个人判断的症状科别和病患位置进行医疗服务机构的搜索,同时及时更新县内医疗机构和药房在休息日的工作状况,提升居民在公休日获取医疗服务的准确性和及时性。

医疗 Net 赞岐作为香川县政府主导建设的本地医疗急救信息网络,在县内灾害救援、急诊和临产医疗方面有独特的优势。一方面,该网站作为信息检索系统能够为居民提供准确的实时医疗服务信息,辅助居民发现对应的医疗服务机构,方便居民及时找到对应的诊疗服务,在紧急情况下能够获取有效的信息支持;另一方面,医疗 Net 赞岐提供了在线诊疗咨询服务,能够帮助居民及时获得应急救援信息,并在紧急情况下降低疾病的影响,减轻病痛。

在医疗 Net 赞岐网站上,不仅能够搜索到县内几乎全部的医院、诊所、药房的信息,还能够获得在儿科、妇产科和急救方面的专项信息,可以说是广泛适用性和专项针对性并存的网站,因此,该网站在县内居民获取医疗服务支持方面,具有独特的优势。

第一,在全面性方面,由于整合了县内的全部医疗相关的资源信息和工作信息,能够及时地为县内居民提供有效的医疗引导性服务,减少了居民无谓的搜索时间和出行时间,方便居民更为切合自身实际地寻找有效的医疗服务和购买处方药,降低了获取医疗服务的成本,提升了全县居民获取医疗服务的效率。

第二,在医疗服务的针对性方面,在特定科别的信息服务方面,进行了针对性的增强,特别是妇产科和儿科方面,对于提升育龄妇女的生产安全性和儿童的健康水平,有很大的帮助。在该系统的支持下,香川县育龄女性能够获得的医疗支持与儿童能够获得的医疗保障得到了全面提升,在医疗 Net 赞岐与 K-Mix 结合的前提下,针对性的服务和更为有效的资源整合可能性变为现实,推动着专项医疗更为有效地在县内发挥作用。

第三,医疗 Net 赞岐还兼有医疗知识普及的作用,特别是在重点科别领域,医疗 Net 赞岐起到了知识汇总和集中发布的效果。对于本地居民来说,应用该网站进行信息搜索的同时,能够获得针对相关领域的家用医疗知识,辅助居民在面对健康问题时,能够进行准确的应对,在专业医疗应对体系抵达之前,实现对居民身体状况的有效应对,提升救助的有效性和居民存活率。

第四,通过医疗 Net 赞岐提供的在线急诊服务,能够在家庭急救方面获得辅助,通过在线专业辅导,提升家庭急救效果,为患者生命的延续提供支持。

作为以支持急救为出发点而产生的医疗 Net 赞岐,已经实现了在居民生命保障领域,对全县居民进行全面支持;在非急救领域,该网络也能够有效地发挥作用,有效地支持居民医疗服务的获取并支持居民在购买处方药时的效率。

同时作为能够与 K-Mix 共同应用的医疗信息网络系统,两者在县内的共同应用,实现了服务获取、诊断支持、救治效果和医疗成本等多方面的优化,为香川县的医疗保障领域提供了其他地区无法比拟的优势地位。

三、香川县疑难病支援体系

随着医疗科学的发展,大多数疾病能够得到有效的诊断和救治,但是仍存在一部分被定义为"疑难病"的疾病,此类疾病在患病原理无法被知晓的同时,也存在确定治疗方案上的难度。针对此类病症,医学界大多数处理方案为通过较为长期的疗养,进行缓慢治疗。

但是长期的疗养对于患者的家庭将带来持续的问题,除医疗负担外,还会产生心理上、生活上等多方面的问题。针对此类疾病的患者,香川县构造了"香川县疑难病支援体系"。作为结合了医疗服务系统、社会支援系统和劳动支援系统的综合性疾病治疗支持体系,该体系致力于构建疑难病患者安心就诊、家属生活维持和心理健康支持以及社会理解构建的全面疑难病治疗环境。

香川县疑难病支援体系的构建核心是疑难病患者及其家属,以病患家族为核心,将香川县疑难病商谈支援中心、患者生活地区的保健所、香川县疑难病就业支援中心,与疑难病相关的社会组织和保险公司,以及疑难病指定诊疗机构进行联合。同时,疑难病指定诊疗机构与日本全国的疑难病医疗支援网络进行信息沟通,获取相关的医疗服务支持和研究支持。

该体系的优势在于将疑难病的治疗体系从县内支持拓展到全国性的支持,从而在日本全国范围内获取更多的支持,能够更为有效地形成针对疑难病例的救治方案,从而促进患者的康复。在县内,则将对患者的支持进行了扩展,在承认疑难病症的长期治疗的前提下,通过县内多项专项支持部门,在患者的治疗、生活服务、就业等方面,进行多种支持,特别是就业劳动支援中心的介入,是对患者和家属在心理上和社会理解上的双重支持。帮助患者和患者家属获取与其身体状态和生活需求相符合的工作,是在保证患者社会接受度的同时,提升患者生活质量,保障患者家庭生活压力尽可能不增大的情况下,促进其以积极心态应对长期治疗的手段。

香川县疑难病支援体系的构建,为本地疑难病患者和家庭的生活创建了尽可能优越的条件,成为本地疑难病患者生活和治疗的积极保障。从本地医疗服务体系来说,该体系完善了本地医疗保障体系,在资源应用高效化、应急支持便捷化的基础上,进一步实现了疑难病症服务的全局保障,以此为标志,香川县的县域医疗保障体系完成了全面建设。

香川县的全面医疗保障体系,具有下述几个特点:

第一,信息化的全面应用。该信息化的应用,是在信息交流的基础上,通过打通医疗机构间的信息壁垒,通过信息交换与共享,实现跨机构的服务联携,进而实现了医疗资源的有效分配。信息化体系在香川县的广域医疗信息网络的建设方面起到了重要的作用,并直接推动了本地医疗服务的提升。

第二,本地医疗支持的全面性。无论是在服务获取阶段,还是诊疗执行阶段,甚至疗养和恢复阶段,香川县拥有的医疗支持体系都是完整的。通过该医疗支持体系,患者能够在高效高质的医疗服务体系的基础上,尽可能地维持正常的生活状态,从而实现了心理上和身体上的双重保障,在促进康复的基础上,保持患者家庭与社会的同步。

第三,医疗服务的延展性。该延展性包含服务支持的延展性和地理范围的延展性。从服务范围的延展性来说,以医疗服务为龙头,与之相关的心理咨询、就业支持、营养咨询等均在体系内有所涉及;而从地理延展性来说,则是通过信息系统的构建,将本地与周边甚至世界的医疗机构进行了联系,能够为县内居民在最大范围内寻找医疗服务支持。

第四,多机构协调性。这是香川县医疗服务体系能够持续进步的根本原因。"产学官"联携体系的应用,使最新的技术得到了应用,并促进了医疗技术、医疗信息技术、诊断技术等在医疗体系上的全面应用,在资源升级的同时,不断提升资源分配的科学性。

近年来,香川县开始在四国地区四县联合的健康产业项目中发挥越来越重要的作用。随着该产业的不断深入,香川县企业在医用技术方面,特别是药物和健康食品方面的产业技术优势将更多地应用在医疗体系中,这将更有力地推动香川县医疗资源的全面升级,也将进一步实现本地医疗资源与周边医疗资源的对接,从而构建跨区域的医疗服务支持体系。

从体系上说,香川县政府作为整个医疗保障体系的牵头机构,在该体系的建设过程中起到的作用极其明显。从结果来说,具有一定超前性的医疗保障体系,特别是广域医疗信息网络的建设,将成为香川县医疗体系持续发展和对居民进行持续保障的关键动力,也将是香川县吸引更多居民内迁的亮点。

第三节　育儿和教育支援环境构建

在日本社会中坚的生活面貌中,对于老年人的赡养需求随着日本社会的老龄化程度加深和针对性服务水平在世界范围的标杆地位加强,存在着下降的趋势。随着养老院、多种介护服务的全面普及,大多数日本人养老的问题得到了解决,日本社会中坚人群在赡养老年人方面花费的精力逐渐减少。相应地,随着少子化和高龄化,社会中坚人群需要承担的社会责任逐渐提升,虽然养老压力降低,但是在养育子女方面,仍然面对较多的压力。而随着日本社会对于老年人群的服务水平日益完善,核心区域和非核心区域在老年人群的生活支持服务方面的差异日益缩小,因此,非核心地区吸引人才迁入的关键,就集中在本地育儿体系和子女教育体系的建设方面。

对于迁入人群来说,迁入后的工作和生活平衡,是入居本地之后的最大挑战,特别是对于职业女性来说,随着少子化和高龄化的程度加深,以及女性在职场的作用被日益认识,日本社会职业女性数量日益增大,在这样的情况下,对于职业女性的全面支持,特别是在儿童养育方面的支持,将是决定女性生活状态的重要影响因素。对于迁入人群来说,职业女性的生活与工作的平衡,也是家庭稳定的保障。可以说,解决了儿童养育的问题,避免儿童养育的问题影响迁入人才家庭的正常生活,通过育儿和教育体系对迁入人群家庭进行全面的支持,是实现地域人才吸引,促进地域振兴,解决"过疏"问题的重要路径,甚至可以说这是从民生角度解决"过疏"问题,形成地区吸引力的极重要的路径之一(另一个重要路径就是医疗保障体系的建设)。

同时,对于非核心地区来说,实现在儿童养育方面的全面支持,能够帮助更多的家庭降低在育儿和教育方面的支出负担,也能够成为刺激本地居民生育的手段,对于本地少子化问题的缓解,能够间接地起到一定积极影响。

这样的逻辑影响下,香川县的育儿支持体系得到了极大的促进。平成30年(2018年)版的《从100个指标中看香川》披露的数据显示,截止到2016年,香川县的区域内育儿支持机构数量(每1000名婴幼儿为单位)在日本47个都道府县中排名第5;相对于排名日本全国第11位的人口密度来说,这样的育儿支持机构密度,足以证明香川县的相关社会服务体系建设的完善程度。从这个角度来说,香川县的儿童养育支援环境的基础,在日本国内占有较为领先的地位。而香川县利用这个基础设施的优势,进一步通过支援服务体系的建设和完善,逐步构建起来了从儿童生育到成人的全面儿童养育和教育支持体系。

在香川县支持女性就业的大环境下,香川县的育儿支持体系,为香川县职业女性在职场上的活跃,提供了更大的支持。根据日本政府总务省发布的《平成29年就业构造基本调查》中,香川县25～44岁间的育儿状态女性就业率达到68.3%,高于日本全国64.2%的平均值,较上一次统计也有所提升。这也从统计角度证明了香川县儿童养育支援环境,对于本地职业女性的就业有一定程度的促进作用。

一、支援服务体系

香川县育儿支援体系能够提供的服务,从生命阶段的角度来看,可以从婚姻介绍服务开始,包含结婚支援、备孕支援、妊娠支援、生产支援、低幼儿童育儿支援、小学生养育支援和初中高中生教育支援。从内容上看,则包含了托儿服务、游乐和活动设施运营、问题咨询服务、单亲家庭全面支持、障碍儿童生活支持、经济支持、生产后回归工作的支持服务以及儿科疾病服务等。从能够进行支持的年限到提供服务的范围,几乎包含了与儿童生育到教育成长中的各个方面,其完备性保障了其支援服务体系在运营过程中能够最大限度地解决相关问题,促进育龄家庭,特别是育龄女性在家庭与职业两者间实现平衡。

从目标来看,家庭与职业的"两立"是支援服务体系的最终目标,因此除了专门机构的服务体系之外,从政府角度的引导也是其中重要的辅助手段。通过政府的管理手段,一方面提升托儿机构在居民心目中的认可度,促进县内家庭能够安心将子女送入托儿机构,这需要制定相关的标准和管理制度,从而进行有效的标准化管理;另一方面,则需要通过与企业的合作,建立企业支持的针对育儿家庭,特别是有育儿需求的女性的支持体系,从而在"两立"方面打造出职场上的"支持性"。

在"安心"的环境构成方面,香川县政府根据厚生劳动省颁布的《关于推进入学前儿童教育、保育等综合供给的法律》的基础上制定了《香川县认定托儿机构认定标准条例》,用以对县内的托儿机构进行规范化管理,形成了能够提供一些政府运营的公立幼儿园无法提供的服务的托儿服务机构,这些服务包含了在加班发生时的延时照料服务、儿童入学前的学前教育服务、儿童生病时的疾病照料服务等。通过该认证,香川县有 300 多所私立托儿服务机构,这些机构定期接受政府相关管理部门的检查,这些机构与政府运营的幼儿园一起,共同成为县内"安心"的入学前儿童保育体系(见图 5-1);对于大多数育龄家庭来说,入学前儿童的保育是最占用精力的问题,通过政府的认定制度建立的支持体系,对家庭来说能够起到极大的帮助。根据《从 100 个指标中看香川》披露的数据,截止到平成 29 年(2017 年),香川县的幼儿园入学率(小学入学新生中曾经接受幼儿园等相关机构教育的人数比例)为 52.8%,在日本 47 个都道府县中排名第 11,可见香川县的家庭已经存在将学龄前儿童送入托儿机构进行保育的倾向,相关机构对于家庭的支持效果也逐渐显现出来。

在"支持性"方面,厚生劳动省香川劳动局在其中起到了很大的作用,根据《次世代育成支援对策推进法》,香川县劳动局在县内进行了"育儿支持企业"

图 5-1　香川县最大的连锁福祉企业——株式会社乐乐（株式会社らく樂）的育儿设施

（子育てサポート企业）认证项目。该项目旨在通过对企业行为的引导，鼓励企业支持女性员工在职业和家庭间形成平衡，并为之采取企业内促进措施；获得认证的企业将在企业公共关系方面和税收方面得到相关管理部门的优待。该项目实施的好处在于对企业形成鼓励的同时，对县内育龄女性形成就业引导，帮助相关人群定向发现适合家庭需要的企业。从该认证项目实施以来，香川县共计 39 家企业获得了认证，每年获得认证的企业数量从最初的 2007 年的 3 家到 2018 年的 8 家，虽然认证条件较为严苛，但是每年能够获得认证的企业数量逐渐上升，这也在香川县的企业中逐步形成了支持"两立"的企业发展环境，进一步促进了县内育儿环境的优化。

　　此外，香川县内存在的诸多非政府组织和志愿者在育儿方面也起到了重要的作用，这些机构和志愿者建立的儿童保育机构、儿童教育设施和障碍儿童辅助项目等，在政府主导的服务体系和支援政策之外，形成了有效的补充，进一步完善了县内育儿支援服务体系。而在"产学官"联携体系下，香川县的科研机构，也在儿童健康领域进行拓展，"给食"制度在幼儿园和学校的实行，对儿童的身体健康形成了有效的保障；此外，对儿童心理健康的保障也在政府主导下向学校和家庭进行主动延伸。此类全面支持体系，构成了完整的"安心"和"实用"的儿童养育支援服务体系，为众多家庭解决了最大的麻烦，为县内育龄家庭形成良性循环，起到了促进作用。

二、教育和文化体系

在实现职业与家庭"两立"的目标方面,全面的教育体系也能够起到关键性促进作用。特别是对于拥有学龄子女的家庭来说,教育政策的科学性和教育体系的完备性,将对长达 12 年的学龄子女起到积极影响。在日本有"教育县"美称的香川县,虽然其教育体系核心与日本全国其他地区无二,但其教育组织却自有特色,从结果来说,该教育体系能够为家庭带来的"安心"程度足以称为领先。

首先,"香川型指导体制",作为香川县近年来主推的教育组织形式,已经成为香川县教育体系的招牌体系,该体系由香川县教育委员会在平成 13 年(2001 年)推出,最初针对小学低年级学生,通过"小班教育"和"多负责人制度"形成了针对学生特色进行教育指导体制,该体制被称为"香川型指导体制"并在此后得到了推广应用。在平成 22 年(2010 年),在对学校体制内出现的问题进行再度审视的基础上,教育委员会扩充和优化了该体系,在"小班教育"的基础上,加入"少人数班级"和"学力向上基础构成",从而以上述三点为支柱形成了被称为"新香川型指导体制"的教育体制,在学生的整体学力提升和校园暴力事件抑制等方面,均起到了积极作用。

其次,"课后儿童教室"(放課後子ども教室)项目的实施。该项目由文部科学省倡导,在平成 19 年(2007 年)开始运行。该项目的重点对象是小学生,在其放学后和假日开设,组织小学生学习和阅读,开展体育和文化体验活动,进行日本传统民间游戏活动,以及同活动所在地的居民进行交流等,通过此类活动的开展,力图在保障小学生的安全,为家庭创造能够安心工作的教育支持环境的基础上,提高小学生的学习能力,培养学生的阅读习惯并理解日本的传统文化。

最后,"儿童读书活动"(子ども読書活動)的开展和推进。该项目作为《香川县教育基本计划》中的重要项目,是香川县培养本地儿童阅读习惯的重要项目。包含家庭主导、地域图书馆主导和学校主导的儿童阅读习惯培养活动,以及家庭、地域图书馆和学校联合推出的儿童阅读活动等,均是此项目的重要活动内容。通过该活动,香川县力图引导县内儿童养成阅读习惯,在县内形成具有香川县特色的阅读习惯。从平成25年(2003年)该项目推出以来,香川县在阅读环境建设方面已经初见成效,《从100个指标中看香川》显示,2017年香川县的图书馆书籍出借率和书籍杂志购买消费金额在日本全国排名分别为第4名和第2名。

在相关机构的教育活动和体制引导下,香川县建立起来了足以令家庭安心的教育体制,在学生的学力培养、习惯引导和文化传承方面,均能够起到有效的帮助。

同时,从文化资源角度来看,香川县作为濑户内国际艺术节的主办地,拥有丰富的现代艺术资源;同时作为日本传统文化的传承地,香川县还拥有众多传统文化事项传承。这些特色的艺术和历史文化,也成为香川县独有的教育资源,文化馆、艺术馆、历史遗迹等,也成为在教育体系外对县内的学生进行教育的可用资源。可以说,香川县的教育体系在有效的体制引导外,还拥有丰富的文化教育资源,这在香川县现有的领先的教育体制基础上,进一步完善了香川县的教育体系,为香川县家庭创造了教育学龄子女的优厚条件,进一步促进了家庭与职业的"两立"。

三、关联基础设施的完善

香川县的育儿和教育体系,在关联基础设施方面,存在足够的优势。特别是能够应用于体育活动、文化活动的城市公园和城市绿地规划上,香川县优势明显。截止到平成29年(2017年)3月31日,香川县的人均城市绿地面积为18.9m^2,而日本全国平均值仅为10.4m^2。由此可见,香川县的居民拥有相对其他地区更多的绿地用以进行多种类型的活动。对于儿童和学生来说这样的优势将为他们提供更多的交友玩耍的场所和体育运动的空间,这一方面对于本地儿童和学生的身体素质提升有极大的帮助;另一方面也能提升本地儿童和学生的心理健康水平;从而促进了香川县儿童的全面发展。

这也正是本地教育理念"创造梦想挑战者"的关键实现手段。在该理念下,香川县主张儿童在拥有梦想的同时,获得较好的学习能力、充实的内心和健康的体魄。而在现有城市基础设施的支持下,这样的理念正在逐渐发挥作用。

香川县的育儿和教育支援体系的完善程度在支持居民职业发展和提升在职居民的职业专注度方面的促进作用已经展现出来；促进家庭与职业"两立"的前提下提升香川县的地区吸引力，在香川县内构成促进地域振兴的良性循环。这些积极的意义，也是香川县在地域振兴项目的发展过程中，极其重要的推动力量。

第四节　地震灾害预防与安全城市打造

日本是世界上地震极多的国家之一，也是世界上大型地震发生频率最高的国家。造成了 15893 人死亡和 2553 人失踪的东日本大地震被认为是震级超过 9 级的超大地震；而 2018 年发生的北海道胆振东部地震和 2016 年发生的熊本地震也造成了重大的人员伤亡。近现代发生的阪神淡路大地震、南海大地震和关东大地震，更是在日本历史上留下了惨痛的记忆。地震和因地震引发的海啸，对日本各地都有极大的影响，特别是阪神淡路大地震以来，日本社会对地震和海啸的预防日益重视，无论在建筑技术、城市规划、抗震和海啸对策方面，都在最大程度上进行着准备；东日本大地震之后，日本社会更进一步对海啸有了深刻的认识，并开始进行专项的准备工作。

从科技上说，日本已经拥有了世界上最先进的地震预报技术，据报道该技术能够在地震发生前 10 秒准确预报地震发生并发布避难通知；而日本的免震建筑技术和制震建筑技术的广泛普及和不断提升，也极大程度地减少了地震对建筑物造成的损失；而在应对海啸方面，防波堤、水闸和高台避难所的规划和应用，也是日本城市建设过程中的"标配"。此外，备灾急救包的普及，也为日本人在灾害发生时，提供了更多的生存机会。可以说，日本社会对于地震和海啸的应对已经基本做到了"完备"和"体系化"。但是，这仍然无法避免地震对居民造成的伤害。其原因除了地震本身的震度和引发的海啸的浪高之外，众多的非技术和体系化的工作和居民对于灾害的准备，也是重要的影响因素。

香川县政府的网站上，统计了历史上对香川县造成影响的地震发生情况和灾害情况（见表 5-2）。

表 5-2　香川县地震信息统计

年份	地震名	震中	震级	伤亡和损失
1707 年	宝永地震	纪伊半岛	8.6 级	死亡 28 人 房屋倒塌 929 间
1854 年	安政南海地震	纪伊半岛	8.4 级	死亡 5 人 受伤 19 人 房屋倒塌 2961 间
1927 年	北丹后地震	京都府北部	7.3 级 香川:4 级	无损失记录
1946 年	南海地震	纪伊半岛	8.0 级 高松:5 级	死亡 52 人 受伤 273 人 房屋倒塌 608 户 房屋受损 2409 户
1995 年	阪神淡路大地震	淡路岛	7.3 级 高松:4 级	受伤 7 人 房屋受损 3 间
2000 年	鸟取西部地震	鸟取县中西部	7.3 级 高松:4 级	受伤 2 人 房屋受损 5 间
2001 年	艺予地震	安艺滩	6.7 级 高松:4 级	无人伤亡 房屋受损 10 栋
2013 年	淡路岛附近地震	淡路岛附近	6.3 级 高松:4 级	无损失记录
2014 年	伊予滩地震	爱媛县伊予滩	6.2 级 高松:4 级	无损失记录

数据来源:香川县政府危机管理局。

　　从该统计数字可见,从 18 世纪开始,对香川县有影响的大规模地震一共有 9 次,而香川县因为地震而死亡的人数仅为 85 人,这其中还包括了在日本影响深远的阪神淡路大地震。但从 20 世纪 90 年代开始,香川县就没有再因地震造成过人员死亡。虽然这里有香川县从未成为震中的原因(高松市距离淡路岛的距离为 93.3km),但是抗震技术的普及和地震海啸应对计划的提前准备也是预防灾害的关键。

一、地域防灾计划的制订

　　针对可能性的自然灾害,香川县政府每年都会根据本地的情况制订地域防灾计划,该计划涉及水灾、火灾、滑坡等自然灾害,以及与交通、建筑相关的灾害等。但是其中最为核心的两部分内容,分别为地震防灾计划和海啸防灾计划。香川县的防灾计划体系包含灾害预防计划、灾害应对计划和灾后复兴计划三个部分,每个部分再根据实际情况进行了进一步细化,构成了"官民产"三方联合的灾害预防和应对体系。灾害预防计划,主要有 22 个分支计划(见表 5-3)。

表 5-3　香川县灾害预防计划体系

计划	主责机构	计划	主责机构
都市防灾对策计划	县、市、町政府	紧急输送体制整备计划	县、市、町政府 警察本部 四国地方整备局 交通运营企业法人
建筑物等灾害预防计划	县、市、町政府 警察本部	避难体制整备计划	县、市、町政府
地质灾害预防计划	县、市、町政府	食品、饮料、生活物资确保计划	县、市、町政府 香川县广域水道企业团 日本水道协会香川支部
火灾预防计划	县、市、町政府	文教灾害预防计划	县、市、町政府
危险物等灾害预防计划	县、市、町政府 中国四国产业保安监督部四国支部	志愿者活动环境整备计划	县、市、町政府 香川县社会福祉协议会等
公共设施灾害预防计划	县、市、町政府 县内媒体 交通运营企业法人	需要重点照顾人群对策计划	县、市、町政府
生命线灾害预防计划	县、市、町政府 中国四国产业保安监督部四国支部 四国地方整备局 媒体和交通运营、能源供应企业等	防灾知识普及计划	县、市、町政府 警察本部 防灾相关机构
灾害设施整备计划	县、市、町政府 防灾相关机构	防灾训练实施计划	县、市、町政府 警察本部
防灾业务体制整备计划	县、市、町政府 防灾相关机构	自主防灾知识育成计划	县、市、町政府

计划	主责机构	计划	主责机构
保健医疗救护体制整备计划	县、市、町政府 国立医院机构 日本红十字会香川支部	无家可归者对策计划	县、市、町政府
受灾动物救治计划	县、市、町政府 香川县兽医师会 动物爱护团体等	业务继续计划	县、市、町政府

资料来源:香川县政府危机管理局。

可以说,通过这些计划的制订,香川县足以建立起有效应对地震和海啸灾害的体系。其中,最大的亮点在于防灾训练实施计划、防灾知识普及计划和自主防灾知识育成计划,通过这 3 个计划的实施,对于居民来说,能够形成有效的灾害应对技能和知识储备;相应地也会自行进行应对灾害的准备工作,这对于灾害发生时的自救有重要的帮助。

在相关的计划指引下,众多应对灾害的行动在香川县逐步推进,包括居民防灾演习、自主防灾活动补助金、建筑艺术品防灾加固、建筑物耐震工程知识普及、学生防灾知识读本等均在香川县按计划开展。

而在灾害预防计划的制订和实施基础上,香川县制订了覆盖多个领域的共计 31 项的灾害应对计划(见表 5-4)。

表 5-4　香川县灾害应对计划

救灾应对体制计划	香川县内广域救援计划	自卫队灾害派遣申请计划
地震、海啸情报传达计划	灾害情报收集、传达计划	通信系统应用计划
舆情管理计划	灾害救助法适用计划	救急救助计划
医疗救护计划	消防活动计划	紧急输送计划
交通确保计划	避难计划	食物供给计划
供水计划	生活必需品供应计划	防疫和保健卫生计划
废弃物处理计划	遗体搜索、处置和埋葬计划	住宅应急确保计划
社会秩序维持计划	文教对策计划	公共设施应急修复计划
生命线应急修复计划	农林水产相关联的应急计划	二次灾害防治对策计划

续表

危险物等灾害对策计划	志愿者申请接受计划	需要重点照顾人群对策计划
受灾动物救护活动计划		

资料来源:香川县政府危机管理局。

从灾害应对的角度来说,31项计划基本覆盖了灾害发生的各项相关领域,对应灾害预防计划的各个领域,在灾害预防的基础上进行救灾行动。

同时,与之匹配的是香川县制订了4项灾后重建计划,包含基本规划计划、基础设施恢复计划、灾民生活援助计划和捐款接受与分配计划。至此,香川县完成了从政府层面上对灾害应对的完整准备计划。该计划具备的特点包括:

(1)完整性。具备"事前"、"事中"和"事后"不同阶段的应对准备,重点在于事前的准备和事中的执行。这样的计划体系保障了在灾害应对面前基础设施、物资供应、社会保障体系的有效应对,在居民自救的前提下,有效降低损失、加速救灾并实现快速重建。

(2)联系性。计划体现了政府、社会机构、企业和居民的联动,通过多种社会角色构成的主动联动体系,将政府公助、组织共助和居民自主形成有效的结合,在形成多层次的救助体系的同时,保障了灾难发生时的多头合作,形成有效的救灾协力体系,促进救灾有效开展。

(3)公开性。政策的公开和救灾应用信息的公开,能够在民众生活圈中形成有效的影响力,居民也更容易发现与自身生活圈相适应的自救信息,在多层级政府相关机构的主动推动下,各区域居民能够有效掌握灾害应对方式,并形成有效的自救行动计划。

基于上述计划特点,香川县进一步针对预测中的南部海沟大地震进行了防灾计划。

作为日本近年来被报道次数最多的,甚至被称为"宿命的地震"的南部海沟大地震,被认为将有与东日本大地震一样破坏度,甚至破坏程度和影响程度将超过东日本大地震的"超级强震"。据多家日本媒体报道,有日本学者甚至认为2/3的日本领土将受到地震的影响,从关东到九州的朝向太平洋的地区均会受到地震和海啸的极大破坏,濑户内海沿岸因为靠近南部海沟区域,也会受到相当大的影响。

针对这个"宿命"，香川县在划定政府、社会组织、企业、居民各自的行动目标的基础上，通过了 117 项行动计划，细致描述了为了实现不同人群组织目标的行动方案，在提升县内居民防灾意识和防灾能力的前提下，通过政府、企业、社会组织和居民的通力合作，形成县内应对"宿命"的行动体系。县政府为应对"宿命"定下了"无人伤亡"的目标，根据以往地震对香川县的影响来看，这个目标的实现在科技提升、政策准备到位的前提下并非遥不可及。

二、基础设施的应用

在预防灾害方面，香川县优越的基础设施条件，能够发挥重要的作用。一方面，香川县拥有便利的交通条件，交通基础设施为香川县支撑起了应对灾难时的生命线；另一方面，香川县在应对海啸灾害方面通过水闸、蓄洪池、防波堤的设置，形成了对海啸的有效防御体系。此外，香川县还规划了大量的紧急避难场所，这些基础设施的规划和建设，不仅是香川县政府防灾计划的一部分，更为香川县政府的防灾计划全面有效落实打下了坚实的基础。

从交通方面来看，香川县道路网络是保障香川县在灾难发生时进行物资保障的最重要的生命线。跨越濑户内海与本州岛相连的濑户大桥是能够抵御8.5 级地震的重要交通要道，其抗震性决定了在地震发生时濑户大桥能够成为香川县的重要保障，本州岛的物资能够通过濑户大桥向香川县输送，保障县内居民的食品和生活必需品的供应。此外，高松机场作为四国岛上最重要的机场，其基础设施的优化也能够成为香川县应急物资供应的枢纽，通过高松机场将物资以更快的速度运抵灾害发生地区，能够促进在灾害发生后的黄金救援期的物资保障，并推动救援更有效地开展。此外，海啸影响过后，香川县的多个港口在能够及时恢复应用的情况下，也能够作为运送物资和救援的保障力量。香川县的综合性交通运输保障，是香川县应对灾难的最重要基础设施。

而由于香川县的自然地理条件中有降水较少的特点，因此香川县居民自古就在县内建立了众多的蓄水池以保证灾难发生时的供水。这样的习惯在现代应对海啸方面也得到了应用，除了保障供水的蓄水池之外，香川县规划建立了众多蓄洪池。据香川县政府危机管理总局的统计，高松市拥有蓄洪池 83

处、丸龟市拥有蓄洪池 57 处、坂出市拥有蓄洪池 32 处,其他各市町也均有不少于 20 处的蓄洪池建设数量。广泛建设的蓄洪池,对于海啸冲上陆地之后的缓冲有一定的帮助,同时也能够降低大量海水涌上陆地引发的水灾危害。在香川县沿海防波堤全面建成的基础上,防波堤和蓄洪池的共同作用,能够对海啸形成有效的防护,也能够为众多居民提供逃生的可能。

在紧急避难场所的规划建设方面,根据危机管理局的统计,香川县内建设了能够容纳 617915 人的紧急避难建筑物,此外还有大量的城市绿地和公园供居民避难。从人数上说,香川县的观音寺市、赞岐市、土庄町、小豆岛町、直岛町、满浓町和琴平町,不但能够保证町内全体居民在紧急避难建筑物中避难,甚至还有一些空间允许周边地区的居民前往暂避。而高松市、丸龟市、坂出市和多度津町则是接近一半的居民能够保障在建筑物中避难,其他居民需要在城市绿地和城市公园中暂避。由于香川县是日本人均绿地面积相当大的地区之一,这足以保障本地居民在灾难发生时能够迅速找到避难场所。

从基础设施的角度来说,香川县也拥有了足以保障居民安全和灾难发生后基本生活的条件,这样的基础设施程度对于本地居民来说,能够有效地提升其安全感,对于保持本地居民的人数有积极的影响。

在针对地震和海啸的预防的体系之外,香川县在针对其他灾害、社会治安优化、交通安全、居住安全、产业保安和青少年健康成长方面,也在着力投入。通过这些与本地生活直接相关的安全与平稳发展相关的投入,香川县日益向着"成长""信赖·安心""笑颜"的方向前进。特别是在香川县本地自古就较少有自然灾害的前提下,居住安全已经成为香川县对外宣传的重点。

从这个角度来说,香川县因为其较少的自然灾害发生率和较完备的自然灾害应对体系,在日本这个地质灾害频发,台风危害较大,水灾影响也有增长趋势的国家,显得更具宜居性。特别是近 15 年来,在周边地区分别被地震、水灾、台风接连影响的前提下,香川县几乎没有被任何灾害影响,这形成的与众不同的"宜居性"让香川县在近两年对周边居民也形成了独特的吸引力。可以说,这样的"宜居性"是香川县进一步实现地域振兴的促进因素,也必将成为香川县地域振兴过程中的重要推动力量。

第五节 多手段促进居民迁入

通过基础设施的优化建设,在区域内形成卓越的交通体系和城市规划体系,在出行、医疗、育儿、教育和安全方面构成对本地居民的全面支持,是形成良性本地生活氛围的重要的手段。通过这些体系的完善,香川县形成了区域内的宜居优势,特别是以高松市为核心的香川县中部城市圈,城市基础服务体系对居民的生活支持水平尤其高。特别是在整体物价水平排名日本第19位(2016年统计,《从100项指标中看香川》)的情况下,香川县的宜居性和城市生活氛围展现出的吸引力就相应地得到了提升。在平成30年(2018年)版的《从100项指标中看香川》中能够发现多个支持本地生活氛围优越的指标(见表5-5)。

表 5-5　与民生相关的指标数据

分类	项目	数值	全国排名
生活和起居	存款数额(以家庭为单位)/千日元	16403	3
	消费者物价地域差指数(本地平均物价与全国平均物价相比)/%	98.5	19
	住房持有率/%	70.5	16
	平均居住面积(人均叠数)/枚	15.29	9
生活环境	大型零售店数量(每10万人平均)/家	60	5
	城市人均公园面积/m²	18.92	6
	饮食店数量(每1000人平均)/家	4.34	10
	道路密度(每1km²中道路长度)/m	1030	4

数据来源:香川县政府《从100项指标中看香川》。

这样的城市生活氛围,对于县外居民的迁入吸引力,特别是对于现居于大型城市的居民的吸引力是相当强的。与之相比,香川县因为近年来经济整体向好,地域振兴呈现出成熟的趋势,县内经济的综合开发效果使得县内就业情况也在提升,香川县的有效求人倍率指标达到了1.65,位列日本47个都道府县的第8位,众多的就业机会为迁入香川的居民提供了足以支持其长期生活的发展空间。

这样的状态证明香川县居民的生活和发展的良性循环体系已经基本形成；这也是近年来高松市商店街呈现出繁华度明显提升的重要影响因素，特别是近年来观光行业的发展，为本地带来了相关行业领域的众多岗位机会，也带动着区域内其他关联行业的整体提升，在这样的产业发展环境下，香川县对于外部人才的迁入需求，更加如饥似渴。也是在这样的背景下，香川县发起了众多吸引外部居民迁入的活动和政策。

一、迁入补助金制度

对于县外居民进行迁入补助金支持，从鼓励迁入的角度来说，这是最直接有效的方式。通过在搬家、购房或租房、创业等多方面的资金支持，在现有的提供良性循环的基础设施体系下降低县外居民的搬迁和起居成本，对于县外有迁入倾向的居民的影响力最大。

特别是针对现居大城市的居民来说，在物价降低、就业保障、生活支持体系完善的情况下，能够低成本或无成本地迁入一个更加宜居的地方，相应的生活压力、通勤时间、工作压力等生活负面因素均能够有一定程度的下降的情况下，迁居的可能性就会极大地提升。特别是"电通坠楼事件"之后，在东京都居民对在职者生存状态的反思日益深刻的情况下，工作与生活的平衡也成为日本社会的热门话题。2019 年春季日剧《我，准时下班》的热播，更进一步证明了日本社会在工作与生活的平衡问题上的需求状况。因此，对于众多大城市居民来说，反而香川县的状况，为其描述了一种理想的生活状态，也成为吸引其迁居的重要因素。在这样的背景下，香川县政府从 2019 年 4 月开始，针对东京都的在住居民提供了"以从东京圈迁居到香川的就业·创业人士为对象的'移住支援金事业'"。

该项目针对在东京都居住不少于 5 年的居民或在过去 5 年内需要从东京都周边每日前往东京都通勤的人士，若其移居香川并且计划 5 年内持续居住并可能延长居住时间的，可以获得"支援金"；通过该项目，非单身人士能够获得支援金 100 万日元（约人民币 6 万元），单身人士可以获得 60 万日元（约人民币 36000 元）。该笔资金作为在香川县工作和创业的补贴经费，根据香川县的物价和房租价格水平,基本上可供全年的非住房生活支出,在香川县还有其他补贴的情况下,支援金对于东京都在住人士能够形成一定的吸引力。

在"移住支援金事业"之外,香川县针对在县外居住 3 年以上的迁入人士,从平成 28 年(2016 年)3 月 1 日开始推出了房屋租赁补助金政策,该笔金额将用于对迁入人士每月房租的一半和租房初期费用(包含礼金、手续费和保证金)的一半进行补贴,总额为每月房租补贴上限 2 万日元(按月补贴)和初期费用上限 6 万日元(一次性支付)。这笔"补助金"的力度可以说非常大,特别是对比香川县的房租费用来说,这笔金额的吸引力相当大。

而在此基础上,各个市町也拥有本地的迁入居民的补贴政策,从直接的现金补贴来说,还有旧屋重修补贴、转入奖励金、结婚定居奖励金、生育奖励金、单亲家庭儿童入学补助金、奖学金、上学交通补贴、离岛孕妇健康检查补助金、创业支援金以及离岛居民通勤航路补贴等。这些支援性资金几乎覆盖了居民生活的各个方面,对于迁入居民来说,有效地利用这些支援性资金,也是直接减轻迁居带来的各种经济负担的重要手段;这也成为吸引迁入者的重要手段。

二、综合迁入鼓励

对于县外居民来说,迁入香川县虽然意味着生活状态的优化和生活成本的合理化,甚至还能够获得很多大城市无法获得的生活保障,特别是在育儿和医疗保障方面,东京都在相关指标的排名都远远落后于香川县,但是,更多的问题在于对于本地的适应和融入程度。对于迁入居民来说,快速实现正常起居,甚至实现更高质量的起居,是县外居民关注的重点问题之一;除此之外,获得工作机会则是更受县外居民关注的影响因素。

在这两点上,香川县早已构筑了完整的支持体系。特别是在获得工作机会方面,香川县政府运营着本地就职网站"Job Navi 香川";该网站尽可能地收录了香川县内的大中型企业,在政府的运营下,将迁入居民的求职和本地企业的用人需求进行对接,同时香川县将"移住支援金"发放条件同在"Job Navi 香川"登录的企业挂钩,一方面刺激了迁入居民使用该网站获取工作机会,另一方面刺激了本地企业更多地登录到"Job Navi 香川";从而实现了用人需求和求职需求在县域内最大程度的整合,对于迁入居民的就职起到了促进作用。

此外,部分市町也建立了"求职支持中心"用以针对迁入本市町的居民进行市町内工作机会的对接,鼓励迁入居民在本市町内就近工作。

在综合性生活支持方面,大多数支持措施由市町政府根据本市町的情况进行计划并主持执行。这些市町的政策包括起居方面:公营住宅、高速网络设施、净化槽设施补助和太阳能安装补助等。而在生育和子女教育方面,则包含了:哺乳期儿童免费体检、疾病儿童和病愈儿童的保育设施、指定保育所的临时儿童照料、休息日儿童保育服务、放学后的儿童俱乐部服务等;这些服务通过保障儿童的健康、促进家长工作与家庭的平衡、提供儿童课后教育等手段,将迁入居民的本地生活需求进行有针对性的解决,在基本保障迁入居民的家庭基础生活条件的前提下,优化迁入居民在职业与生活之间的平衡。特别是"临时儿童照料"服务,能够为迁入居民提供日常对于生活区域的熟悉机会,以便更好地在本地开展生活日常,利用本地设施,提升在本地的生活质量。

此外,香川县汽车租赁行业协会还推出了"香川生活体验队"活动,该活动是香川县租赁车协会和香川县政府、株式会社界搬家中心、株式会社百十四银行等4个机构联合推出的,包括针对迁入居民考察时租赁车辆的费用折扣、搬迁时的服务费用折扣和定居香川县时的住房贷款优待服务等全方位的搬迁和入住优惠服务。作为本地吸引外地居民迁入的服务之一,该项目得到了香川县政府的大力支持和推广,并在香川县移住信息网站的醒目位置上进行公布。

总体来说,在对于县外居民迁入的全面支持上,香川县基本上能够保障有比较完整的服务体系,从考察、搬迁、入住、工作到子女照看和教育等多方面,对于县外居民的搬迁和县内生活来说,能够起到足够的保障并在成本方面实现优化。从吸引县外居民迁入的角度来说,这样的支持体制能够起到一定的刺激作用。

在完善的基础设施体系的前提下和全面的迁入支持项目开展的促进下,香川县的移居宣传活动在县政府的推动下每年都会在东京都、大阪府、福冈县和香川县内的诸多地方进行。香川县政府的东京事务所和大阪事务所在香川县的移居宣传活动中扮演着重要的角色。而各种本地的基础设施成果、安全安心的城市生活理念以及多种宜居支持政策,为这些宣传活动提供了充足的宣传内容。

从地域振兴的角度来说,在日本国内其他区域吸引人才迁入并形成人才迁入的长期吸引机制,是在短期内解决"高龄化"和"少子化"的有效途径。同时,配合日本逐步开放的移民窗口,香川县能够在更大的空间内获得迁入居民,从而对本地人口的下降趋势进行一定程度的遏制。香川县现在已经基本在高松市实现了人口迁入对人口变迁的积极影响,因为人口迁移影响的人口变动已经呈现了正增长的趋势。这说明香川县,特别是高松市的城市吸引力在逐步加强。

随着香川县的基础设施继续优化和县域"品牌化"知名度加强,香川县在吸引县外人才迁入方面,还将产生进一步的优势,特别是在观光、艺术、健康产业和信息化方面,重点发展的领域将进一步对相关的人才产生需求,相应的发展支持、生活支持等,将进一步产生针对相关人群的吸引力,进而促进重点人才的进一步迁入。

第六章　香川县"地域振兴"的可行性经验

第一节　地域振兴的战略成功关键

现在,日本各地均在进行着众多的地域振兴项目,其中不乏知名成功案例,如茨城县大洗町、德岛县上胜町、北海道夕张市等,香川县则更以其成功项目覆盖面大,成功率高,在近年来获得了越来越多的关注。

通过对这些案例,特别是针对香川县的实地研究和考察,可以明显发现地域振兴成功的关键因素主要有下列几点:①行动组织,拥有多机构联携的行动组织;②特色战略,结合实际情况制定与本地特色产品、产业、文化相关的发展战略;③顾客吸引,在特色基础上,通过对多种需求的满足吸引顾客;④基础优化,瞄准产业和民生的基础设施完善与运营;⑤民生氛围,通过构筑安全性和支援性高的民生体系吸引人才。

一、行动组织

地域振兴的核心驱动力量是地域振兴的行动组织,通过多种组织的形成,与多种类型组织的紧密合作,在区域内形成目标一致性与行动针对性相统一的行动组织体系,充分发挥各个类型的组织在其所在领域的优势,并将优势结合起来,从而形成了符合"木桶效应"逻辑的行动组织模式,对于地域振兴行动计划的实际推进和在行动计划过程中各个组织都能够实现"共赢"提供了基础,直接驱动地域振兴计划的高效推进。

二、特色战略

形成本地特色,强化本地特色,是形成本地区域品牌、产生文化影响力,推动地域振兴的关键。一方面,与本地相适应的特色战略对于本地产品与产业特色的全面区分度构造,能够形成对各种类型顾客"尝鲜"心态的刺激,形成体验性消费的吸引力,从而招徕多种类型的顾客;另一方面,在区分度方面,"与众不同"能够使本地突破价格竞争的泥潭,从而在高附加值的前提下,形成较高收益。打造本地的产品、产业和文化特色,是地域振兴的关键性战略。

三、顾客吸引

顾客是本地地域振兴的关键因素,不同产业的顾客,能够为本地产业带来不同的收入来源,从而为地域振兴项目的推进实现经济保障。在突出地域特色的前提下,针对顾客的多种需求,提供多种适应其需求的产品和服务,甚至进行产业模式的优化,能够更好地提升顾客满意度,并以此形成对顾客的吸引力提升,并进一步成为本地产业发展的动力。

四、基础优化

本地基础设施的优化,特别是交通、医疗、教育等基础设施的完善性和运营科学性,能够形成本地产业与民生发展的基础性保障;在基础设施完善的基础上,能够在本地构成产业发展稳定、居民生活安定化的本地发展氛围,从而为地域振兴提供核心保障。

五、民生氛围

通过多种手段,在基础设施的基础上,构筑"成长""信赖·安心""笑颜"的民生体系,实现本地宜居性的提升,是吸引外部人才迁入和本地人才稳定的关键,也是解决"高龄化"和"少子化"问题的最直接的手段,在地域活动中发挥着极其重要的作用。

第二节 行动组织:核心驱动的形成

地域振兴的推动,需要有明确的行动组织并以组织为纽带形成分工明确、联动清晰的行动体系,根据小长谷一之等发表的《地域活性化战略》,该体系需要具备一定的要求。

信赖性。组织体系的构成机构间、组织体系对体系外部均应具备较高的信赖度,这是组织内部能够有效工作,组织对外能够产生影响力的决定性因素。

开放性。在组织体系行动过程中,特别是随着地域振兴的推进,新产业、新业态甚至新的职业身份等均有出现的可能,对这些新事务或组织机构的接纳和对不同类型诉求的包容与尊重,是保持组织体系持续有效发挥其影响力的关键。

共赢性。组织体系内的关联机构和组织体系与外部机构间,只有在活动过程中产生"共赢"的效果才能够强化信赖和开放,从而对地域振兴活动实现全面的有效驱动。

行动组织体系构成的路径,需要在尊重各个组织自身的特点的基础上逐渐完成。一方面,组织的形成具有自发型、接合型和联携型三种类型,能够形成有效的地域振兴组织模式,需要在容纳自发型组织和接合型组织的基础上,通过政府建立组织间的联携,进而形成完整的联携型体系;另一方面,在组织联携的过程中需要充分发挥各个组织在其领域内的影响力,并通过联携体系的构建形成组织内的"共赢"模式;在上述两点过程兼顾的情况下,地域振兴的行动组织体系能够基本满足驱动型组织体系的三大特性,并成为地域振兴的有效推动力。

一、联携体系建立

通常状况下,组织的建立包含自发型、接合型和联携型(小长谷一之等,2012),其特点如下。

自发型。以地缘为依托,在地理范围内通过共同利益和追求为联系,自发形成以居民自治、产业发展或地区进步为核心行动的区域性组织,其影响力集中在其产生的地理区域内,并拥有较强的影响力。

接合型。以产业发展或跨地域产业链联动发展为目标的跨地域组织,此类组织在自发型组织的基础上,形成了以产业发展为核心目标的组织,形成了跨区域产业交流和功能联合,并在此基础上孕育新的产业模式,特别是在"六次产业化"过程中,接合型组织能够发挥有效的作用。

联携型。在政府行政机能的影响下,将行政范围内的多种组织和机构进行联合,在形成拥有一定影响力的新组织的同时,构成组织间联携机制,在扩展单一组织影响力的前提下,通过发挥各个组织和机构的优势,形成"木桶效应",进而实现区域内最大范围的行动整合和战略推动。

根据小长谷一之的理论,在地域振兴的组织体系构成的过程中,首先形成的是自发型组织,在日本社会中通常以"町内会""商店街振兴促进会"之类的形式出现,成为最基层的地域振兴促进组织。在此基础上,一些行业型组织逐步出现,成为接合型组织的雏形。这类行业联结型组织的作用在产业发展过程中十分明显,特别在信息交流、经营支持和产业孕育方面,具有自发型组织无法相比的优势,因此在日本社会中构成了诸多接合型组织,如"渔业联合""石雕产业联合"等,成为以产业为核心,推动地域振兴的核心型组织。最终,政府对于地域振兴的重视,促成了行政力量对各种自发型组织和接合型组织的连接,从而构成了将地区内多种组织联合,并促进其功能在其所在领域有效发挥的组织机制;在政府协调作用的促进下,在发挥自发型组织和接合型组织特色,强化组织间联系的基础上,引入了众多组织外机构并形成互动,由此形成了联动性组织体系。从最终的结果来说,香川县形成的"产学官"联携的机制,就是联携型组织体系在地域振兴过程中的主要成果。

虽然从组织内联系紧密度来说,联携型组织缺乏自发型组织的强大纽带,在组织运作机制上也需要依托接合型组织在信息交流、互动协调、产业提升方面的能力,但是由于政府对组织体系外部的影响力和行政方面的协调力,在产业间和区域间多重互动的方面,能够产生更为有效的协调能力,形成区域内的有效联动。通过行政力量联合的多种类型的机构,能够为组织提供多种视角和运营支持,从而协助各个组织更为有效地发挥其作用,甚至直接对组织成员企业形成有力的支持。香川县成功实践的"产学官"联携体系和在"产学官"基础上发展起来的"产学官金"联携体系,是联携型组织的代表。

除了政府、企业和研究机构的作用外,金融机构在地域振兴中的作用也应当得到重视,法政大学的博士论文《关于地域再生及地域活性化过程中地域金融机关的机能研究》(穗刈俊彦,2014)中,强调了金融机构在资金支持、信息服务和资产管理方面的重要作用,特别是在地域振兴方面,通过"产学官金"的联携,发挥金融机构在资金和信息方面的优势,对于本地产业的发展和就业的促进均有极其明显的促进意义(见图6-1)。

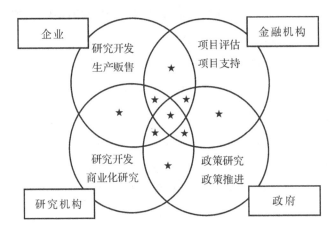

图 6-1 "产学官金"联携模式示意

资料来源:穗刈俊彦,2014.地域再生及び地域活性化における地域金融機関の機能に関する研究[EB/OL].(2014-03-24)[2019-04-10].http://hdl.handle.net/10114/9500.

二、"共赢"模式的创建

从最初的自发型组织的建立,"赢利"就是组织成员在活动过程中追求的目标。如果说在最初非核心地区衰退的过程中自发型组织的建立是为了维持成员间的利益,那么在地域振兴过程中,组织的建立,特别是接合型组织的建立,更多地考虑则在于组织成员利益的扩大化和风险应对能力的有效提升。而在政府机构介入并形成联携型组织的阶段,组织建设的目标就进一步扩展到"地区赢利"的层面。

"地区赢利"的目标实现,是在地区内各个产业和地方均能够实现"赢利"的基础上实现的。这也是地方政府在协调联携型组织内不同组织和组织外机构行为的重要依托。作为区域公允性机构,地方政府的"公正性"体现在对于行动参与组织利润分配的平衡性上。

以"产学官"联携体系为例,通过政府的协调,企业和组织能够获得在产品和服务研发方面以及销售渠道拓展方面的支持,从而降低了运营成本;而以大学为代表的研发机构则能够通过人才匹配和共建机构实现研究成果的应用和促进研究人才的就业,而其具有国际意义的研究成果也能够使其在国际学界获得更大影响力;最后,从政府角度来说,也能够通过"产学官"联携体制,帮助地方政府在实现区域发展的阶段性目标方面取得突破并获得"政绩"。

随着地域振兴项目的逐渐推进,地方政府的影响力日益提升,其在资源协调、协作构成、地域宣传以及向更高层政府机构的资源争取方面,拥有其他组织无法相比的优势;而通过政府牵头,"产学官"联携体系的建立,更是进一步发挥"木桶效应"的组织体系。因此,在构成与地域振兴相匹配的行动组织体系的过程中,地方政府应当成为核心,发挥其无可替代的作用。

第三节　特色战略:从地域特色到品牌地域

长期以来,日本被认为是一个单一民族国家,但是即使如此,由于历史原因和自然地理差异,日本各地的文化也存在区域间的差异,这也成就了不同地区的不同面貌。即使在四国地区,人们也能明显地区分 4 个县的差异,以山地和阿波舞著称的德岛县、以坂本龙马和四万十川闻名的高知县、以正冈子规和岛波海道为人称道的爱媛县,以及被称为乌冬面之乡的同时又以"艺术县"享誉世界的香川县。

从地域品牌来说,只有具有与其他地区不同的特点,才能够有效地形成对外部人群的吸引力,并成为构成地域品牌的重要影响因素(小长谷一之等,2012)。同时,"特色"也是本地区分于其他地区的关键"象征",就像大多数海外顾客提到东京就会想到天空树,提到大阪就会想到大阪城,提到北海道就会想到白色恋人饼干,提到名古屋就会想到丰田汽车一样,这些当地的特色已经成为当地向世界宣传的窗口。从观光产业来说,这些特色成了游客的观光目的;而从产品销售角度来说,这些特色产品也成了各国顾客竞相购买的"名物"。"特色"带来的影响力,成为地域振兴的关键(见图6-2)。

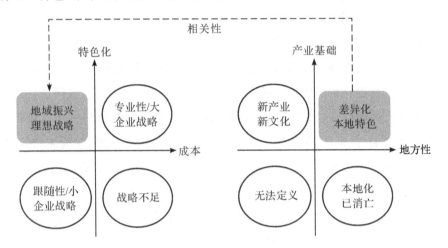

图 6-2　地方性与特色化的关系

"特色"的核心是差异性,而差异性的最直接的由来则是"地方性"。首先,"地方性"代表着本地的发展基础因素,历史传承越长的本地文化和本地产业,越具有在本地的发展基础;在香川县,代表性的产业包括乌冬面制造业、漆器制造业、团扇手工业等,这些产业和技艺构成了香川县现代手工业的基础,也成为香川县区分于其他地区的文化核心。其次,"地方性"体现着本地文化氛围和产业氛围的完善程度,这是影响文化和产业在本地持续发展的主要因素,是"地方性"文化和产业发展前景的关键影响指标;香川县的艺术文化就是在本地接受度高的情况下逐步发展成产业体系,并成为本地重点战略发展课题的。以"地方性"为出发点构成的差异化,能够顺应本地文化和产业氛围,在较低成本投入的基础上,通过一定程度的外部干预和资本引导,便能够成为本地的"潮流"和"符号",是最为便利的构成本地"特色"的方式。

实际上,"地方性"能够提供的"特色"更多是从历史的角度实现的,包括对历史文化的发掘、历史建筑的新应用和传统产业的本地新发展等;对于很多地区来说,选择这样的战略是从投入产出比的角度来看最优的方式。但是对于一个区域的全面振兴来说,仅依托历史,不足以形成能够在较长的时间跨度中具有长期稳定甚至短期爆发性的产业,比如香川县的传统优势产业发酵食品制造业,以其产业附加值和单一生产规模来说,尚不足以形成对整个区域的全面带动。因此,在这种情况下,需要通过"新产业"或者"新文化"的"地方化",完善本地的文化和产业体系,并对本地的特色化战略形成有效的带动力(见图6-3)。

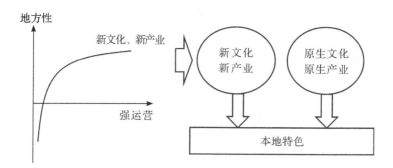

图 6-3　新文化、新产业与本地特色的构成关系

　　新产业与新文化的"地方化"需要有一定的运营能力作为保障,通过成功的运营结果逐渐为本地接受,并成为本地文化和产业的一部分。香川县最有代表意义的濑户内国际艺术节,就是在这样的情况下成为本地特色的。通常这样的过程需要外部专业机构与本地机构紧密配合才能实现,通过香川县的案例可见,现代艺术、二次元文化和体育产业等新兴文化和产业,只有在专业机构的有效运营基础上,通过本地相关机构的全面配合和大力支持,才能够迅速在本地形成"地方化"效果。虽然这样的"地方化"过程需要付出的运营成本较多,但是从这样的"地方化"具有的时效性和面对当代社会文化和产品需求的影响力更具优势,并以此形成了本地特色与时代需求的对应,更容易在短期内获得顾客,并推动本地相关周边产业的共同发展。

　　从"特色化"的战略选择来说,关键就是要抓住"地方性"要素,通过发现本地具有发展优势的文化和产业,重点推广与优势文化相关的本地观光和与优势产业相关的产品销售,通过多种销售和推广的方式打造本地特色在更大范围的影响力,并在影响力的基础上形成品牌效应。从濑户内国际艺术节的成功举办到香川县打造"艺术县"的战略,始终在证明着从发现本地特色到打造本地品牌的重要性。

地域振兴的核心目标,就是要将本地打造成为具有影响力的"品牌化地区",而香川县的经验同时定义了地区品牌的多样性,除了"艺术县"之外,"乌冬县""酱之国""教育县""四国的门扉"等,均是与香川县相关的"标签";而本地特色的产品,"赞岐三畜""小豆岛橄榄油""丸龟团扇""香川漆器""香川稀少糖"等产品,更在世界范围内成为令人瞩目的产品品牌。这些无一不是向世界宣传着香川县的特色。这些"标签"共同组成香川县的形象,也塑造着"香川县"这个品牌化的地区。

在这个过程中,区分于日本其他地区的"历史性""艺术性""健康"和"便利"就成为香川县闻名于世的招牌,这成为香川观光和本地产品推广的重要助力。

第四节　顾客吸引:细分市场逻辑下的需求满足

地方特色战略,是在本地 SWOT 分析的基础上能够进行明确的规划,进而形成类似《香川县产业成长战略》的地域振兴战略规划。而在战略落实方面,则需要针对战略目标,对产业的客户群体进行分析,通过明确不同目标客户的需求,进行有针对性的产品策略和服务策略的选择,进而成为推动战略实施的行动计划。

从消费目的评估的角度来看,与地域振兴直接相关的消费领域,外部消费者的需求主要集中在娱乐体验、文化体验、特色美食等领域;而随着分化的分支逐渐增多,消费者的需求在观光和产品购买方面又产生了更多的分歧,消费需求的个性化和消费支出的理性化,对于地域振兴项目的质量和需求的满足程度的要求日益提升。细分化、低量化甚至定制化的产品和服务成为现在吸引顾客的重要手段。特别是在观光产业方面,随着观光需求的多样化明显提升,观光相关的服务、产品甚至本地的城市面貌均受到了明显的影响。

在针对消费目标的评估方面,除了性别、年龄等传统维度,身份背景、文化接受等也日益成为影响消费者消费需求的重要因素(见图 6-4)。在近年来的日本社会中,二次元文化的影响力日益提升,也因此形成了众多以二次元舞台

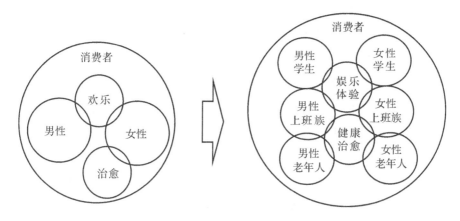

图 6-4 消费者需求评估

为观光目标,同时以二次元作品和周边产品为购买对象的消费者,这样的需求催生出的"舞台探访"也逐渐成为地域振兴项目的主力。香川县观音寺市、茨城县大洗町、青森县弘前市等,均是在"舞台探访"方面取得了一定知名度的地区。与之类似的是,一些经典影视作品的拍摄地,也是"舞台探访"的目标,香川县高松市的庵治地区即是此例。在这样的需求下,相关的产品、特色观光线路等应运而生,针对个性化需求推出的限期活动和限量产品,成为地域振兴项目中不可忽视的选项,以此带来的销售效果,也是推动本地经济发展的重要动力。

随着对消费者需求评估多样化的认识,产业结合和销售模式的创新也是地域振兴项目必须考虑的内容。从产业结合的角度来说,农业的"六次产业化"运动可谓经典,作为将农业生产进行综合性产业化开发的项目,"六次产业化"运动在提升农产品的知名度的同时,进一步提升了农产品原产地的综合开发,对于著名的农牧渔产品产地的地域振兴项目,有明显的推动效果。包括消费者产地观光、体验活动、本地美食消费和产地贩卖和配送等综合性服务,从农业生产衍生出来的多种产业结合,形成对消费者需求的全面满足,成为受到消费者广泛欢迎的产业模式。香川县小豆岛的橄榄产业、引田地区的橄榄鰤鱼产业等,均在"六次产业化"活动中受益颇多。而"六次产业化"也可以延伸至工业生产领域,特别是工艺产品和食品制造方面,香川县著名的漆器制造业、乌冬面制造业等,也在"六次产业化"的活动影响下得到了极大的发展。

此外,近年来在世界范围内产生影响的健康消费理念,对于健康产品和亲近自然的活动方式产生明显的消费推动。在这种理念下,以"健康"和"平衡"为招牌的产品和服务成为消费热点,这样的情况推动了橄榄油产品、降糖类产品的销售,香川县的橄榄油产业和稀少糖产业因此得到了推动。同时,具有"新鲜"和"自然生长"理念的产品和销售模式,也获得了广泛的认同,"地产地销"和"产地直送"方式成为观光和销售的重要方式;JA 推出的网上商城即是在该理念下进行的销售活动,特别是"产地直送"模式,香川县的"赞岐三畜"、小原红早生蜜柑、赞岐姬草莓等本地品牌农产品,均通过 JA 网上商城,以"产地直送"的方式在日本全国推广。在小长谷一之等的著作《地域活性化战略》中,强调了在"产地直送"概念下,以直贩所、网上商城为媒介的销售方式,对于本地健康产品的推广,特别是海外推广,有着极其重要的推动作用(见图 6-5)。

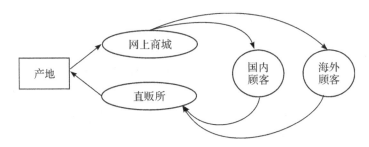

图 6-5 "地产地销"与产品的海外推广

资料来源:小长谷一之,福山直寿,五岛俊彦,等,2012.地域活性化战略[M].晃洋书房:15-20,45-47.

通过直贩所和网上商城的设置,实现了对"六次产业化"的进一步延伸,在海内外游客在本地观光的基础上,通过直贩所形成了在产地的产品体验,进而形成了通过直贩所的销售功能进行产品预订,并通过网上商城的物流管理形式,形成了全国范围和世界范围的发货。这种销售模式在农业、工业等多种产业领域上,均能够形成与观光、餐饮等行业的结合,成为地域振兴项目的有效推动力。

同时,在应对多种需求的同时,应当在本地特色战略的基础上,综合评估推出产品或服务的成本与回报;一方面应当在合理的投入回报比的基础上进行专门产品和服务的运营;另一方面应当尽可能地发挥联携型活动组织的作用,在推广渠道、目的研究、产品和服务设计等方面,进一步进行成本优化。从产业角度来说,建设以观光产业为龙头的产业体系,是推动多种产业的重要路径,无论"六次产业化"还是"地产地销",均是将观光作为最前端产业,通过品牌地域的构造形成对顾客的吸引力,在"体验"的前提下,进行本地产品的推广;并通过观光产业对本地多种产业的附加值进行提升。这些观光产业的积极效果,是在需求满足的基础上,必须考虑的内容。笔者猜想,这恐怕也是日本以"观光立国"为国策的原因之一。

第五节　基础优化:构建产业发展与民生环境的保障

城市的基础保障体系,是构成城市生活体系的关键因素,同时也是促进产业发展的基础。其中交通、医疗、教育和安全基础设施最为重要;上述四个方面直接影响着生产和生活的展开,对本地产业发展和人才维持起到至关重要的作用,因此,作为地域振兴项目的推动基础,应当予以重视并进行持续优化。

交通运输体系,作为城市活动开展的基础体系,直接推动着地域振兴项目的进程。通常,交通运输体系的完善程度,决定着区域物资供应的成本,越便捷的体系对于成本的优化能力越强。在交通运输体系方面,道路运输体系对于供应成本的优化作用最为明显,东京大学的教授大桥弘在 2016 年发表的论文《道路网络的重要性:从地域活性化的观点出发》中明确提出了道路网络的完善能够实现物流时间缩短,物流成本下降的同时,提供更多的物资供应。而鸟取县山阴道"东伯·中山道路"的开通,对于琴浦地区的经济促进效果,也成为该道路修筑的重点任务;特别是道路沿线传统美食的发掘和美食商业街区的建设,均受该道路开通的影响得到了有效的促进(山下一郎,2011)。香川县内的案例则有濑户大桥的强大影响力和以高松市内众多高速公路形成的高速路网在四国地区构成的高速物流圈。

而更进一步的是,铁路、航运和航空运输的完善,将进一步对地域振兴项目的推进提供有效的动力。四国新干线整备促进期成会在其报告《新干线建设活力的四国岛》引用的北陆新干线建成对石川县和富山县的推动效果,也证明着铁路运输体系,特别是高速铁路体系在物流运输和旅客运输方面的促进效果。同时,高松机场则通过自身的运营,证明着廉价、便利的航空运输体系对于本地观光行业的有效促进。

交通运输体系的完善也能够提升本地居民生活的便利度,本地居民的出行获得保障的同时,商业氛围得到有效的提升,对于本地商店街和购物中心的提升效果极其明显。琴平电车和本地巴士对于高松市商店街的发展推动效果,在每周五晚上的居酒屋餐饮热潮中就能够体现;由于便利的交通设施,上班族酒后也可以选择公共交通返回,这促进了其消费的热情,同时也就带动了商店街的夜晚生意。而对于老年人来说,城市交通的便利对于其生活所需的购买活动也能够提供支持,无论是公共交通还是自驾出行,便利的交通体系都是其城市生活的重要支持。

此外,交通体系还能够衍生出更多的收入形态,通过对交通系统特别是道路系统的综合应用,还能够衍生出露天咖啡店、庙会、露天音乐会、时间限定的街道市场等基于町村的营利活动(国土交通省道路局,2016)。

医疗和教育基础设施是直面非核心地区的"高龄化"和"少子化"进行的基础设施建设。医疗体系的完善提供了本地居民生活的健康保障,特别是对于老年人,随着年龄增长,患病概率提升的前提下,医疗体系的完备,为其提供了在本地长期生活的信心;而教育和育儿设施的完善,则对更多的社会中坚阶层的子女养育提供有效的保障,能够将更多的人群从育儿负担中解放出来,在保障子女生活和教育的前提下,促进本地就业人数的增长,特别在职业女性的促进方面,育儿体系的完善有极其重要的作用。

在医疗体系建设方面,除了保障作用之外,良好的医疗体系也能够衍生出新兴产业。香川县邻近的德岛县近年来着重推进的"德岛医疗观光"项目,就是医疗产业与观光产业结合的产物。中央大学的那须野育大教授在其论文《从医疗观光中发现地域活性化的可能性——德岛县的事例分析》中得到"在了解医疗行业的观光经营人士为中心的带动下,医疗观光行业可以在商业基础上持续构筑"的结论,医疗基础设施的商业效果得到了认同。香川县具有的医疗基础设施体系,特别是信息支持体系的优势,也是医疗基础设施建设的关键成果,由此衍生出来的医疗信息行业,也成为医疗基础设施与其他行业结合并衍生成为新行业的代表。

　　同时,教育基础设施的完善,也具有同医疗基础设施完善类似的效果。拥有"教育县"称号的香川县,每年也能够通过教育相关的跨国交流活动,实现观光方面的收入,这也是教育基础设施体系在产业方面的促进效果。

　　安全基础设施则是对于民生基础进行保障的城市关键性保障,特别是对于受到自然灾害威胁的地方,完善的安全基础设施是实现居民安心生活的基础。香川县拥有的应急避难场所、城市绿地、蓄洪池、防波堤等设施构筑起来的城市灾难应对基础设施体系,是本地居民安全生活的基础保障,也是香川县多年来面对自然灾害损失较少的保障。

　　安全基础设施对居民安心生活的保障,对于域外居民也有极强的吸引力,特别是在招揽人才方面,对于本地产业的长期发展具有积极的促进作用。

　　基础设施体系的建设对于本地居民生活和产业发展的影响,阐明了基础设施优化对地域振兴的促进作用。香川县的成功经验进一步证明了上述论断的科学性。从地域振兴的项目进展角度来说,优化基础设施建设,特别是交通、医疗、教育和安全基础设施,对于后续生活和产业氛围的打造均有明显的积极影响,这也是实现地域振兴活动的基础性保障行动,需要予以持续的关注(见图6-6)。

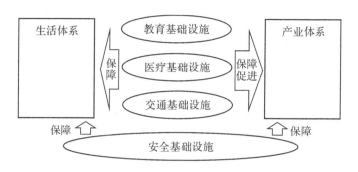

图6-6　基础设施优化的效果示意

第六节　生活氛围:以"宜居性"构成吸引力

　　构成本地的宜居生活氛围,形成生活与职业平衡的本地社会生活面貌,能够实现对外部居民的吸引,在本地形成人才引力,进而推动本地的地域振兴。

从 2005 年开始，日本国土交通省提出"二地域居住"的概念以来，"二地域居住"就被认为是地域振兴的重要手段，包括居民生活模式多样化、促进向非核心地区的移居定居以及灾难发生时的安全保障等（竹内顺子，2006）均为"二地域居住"的积极影响。在此基础上，以首都圈开始"二地域居住"逐渐开展，以"居住型农场"为雏形，引导核心城市居民以亲近自然和体验农耕生活为首选模式（竹内顺子，2006）。在这样的模式推广下，一些相关的基础设施呈现完善，推动众多地区建立了较为适应现代生活需求和应对多种自然灾害的基础设施。同时，"二地域居住"也将非核心地区的生活状态向核心地区居民进行了推介，并产生了吸引力，从而产生了一批"移居"人群。

这样的势头为非核心地区带来的人才和活力，成为非核心地区在一定时期内地域振兴的重要推动力，产业人才加入和新世代人口的出现，对于本地多种产业均起到了发展促进效果。这也可以被认为是各个非核心地区在地域振兴的背景下，进行"移住宣传"的原因。

针对外部居民"移住"，决定性的影响因素是基础设施，便利的交通、保障性强的医疗、覆盖面广的子女教育以及有效的安全防灾应对体系，决定了在一个区域内生活和发展的长期吸引力。综合运用本地资源，在已有基础条件下，完善和优化本地资源，快速构成对于外部人才的吸引力，是本地构成吸引人才基础设施的重要路径。

而在此基础上的针对性建设，进一步提升迁入人群在生活和职业两个方面的发展，提高本地的城市便利性、生活支援性、发展支持性，可以被认为是吸引和稳定人才的重要手段。在众多非核心地区，诸多本地生活支援措施，均指向上述四个方面。在日本内阁统计的 2017 年 18 个移住定居典型成功案例中，有 15 个町村的施政要点体现出了对居民生活和个体发展的关注，而从结果上看，在 5 年内所有被列举的町村人口减少率均有明显的下降；18 个町村中的 14 个均实现了人口的增长（内阁官房城镇·居民·工作创生本部事务局，2018）。

香川县现在人口下降率呈现减缓的趋势，也是在上述区域生活氛围的运营下实现的，特别是高松市，在高松机场、高松港、高松火车站、琴平电车以及高松自动车道的交通体系构筑下，高松市的城市便利性在四国岛内无与伦比，香川县政府还在此基础上进一步推动着交通成本的优化和道路体系的完善，在现有条件下对城市的便利性进行持续提升；而 K-Mix 网络在医疗服务方面的全面应用和认证保育所制度的推行，也在居民生活方面提供了有效的保障；此外，在完善的防灾基础设施的体系上，针对不同类型灾害而进行的多种针对性策略的逐步实施，对于本地生活的安全性又进行了持续的推动。

诸多提升本地"宜居性"和促进"迁入"的政策的实施，从长期来看，是对本地的地域振兴项目提供的持续性支持，特别是在解决"高龄化"和"少子化"问题上，构筑本地宜居性，并吸引外部人才迁入是直接的应对手段，人才的持续供给，将为地域振兴活动的有效进行提供持续的动力。因此，在基础设施建设的基础上，活用基础设施建设成果，通过政策手段和产业手段引导基础设施作用的发挥，是实现地域真正振兴的不可忽视的重要动力。

第七节　无法忽视的观光产业

随着 2007 年 1 月 1 日，日本正式颁布了《观光立国推进基本法》，"观光立国"的战略在日本正式确立；2008 年国土交通省观光厅正式成立，日本的"观光立国"战略正式步入实施阶段。从这个阶段开始，观光产业作为日本近年来发展的最重要的产业，对日本社会影响颇深。根据日本政府观光局（JNTO）的统计，从 2007 年开始，前往日本观光的游客数量基本处于持续增长状态（见图 6-7）。

访日游客数的增长，对日本区域经济的带动效果十分明显，特别是"着地型观光"的发展，对于区域经济的带动效果非常强大。小长谷一之在其论文《关于创建观光町的新概念、观光要素/引领模式》中引用尾家建生和金井万造的定义，提出了"着地型观光，是以本地人为旅游资源的开发主体，通过项目化运作向旅游商品市场推广并吸引游客的观光模式"，即"着地型观光"，是依托于本地资源，并直接推动本地地域振兴的观光项目。作为日本农业和工业发展带动力的"六次产业化"活动也是以观光为先导开展的综合性本地观光项目，属于典型的"着地型观光"。

在"着地型观光"的基础上，渡边公章在其论文《作为产业观光资源的生野银山的评价的相关研究》中，进一步阐明了现代日本"新观光产业"的概念范

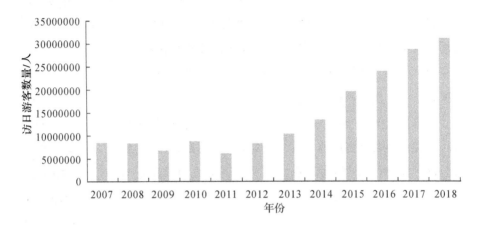

图 6-7　访日游客数量变动

数据来源：根据 JNTO 统计数据整理。

围，即包含产业观光、日式生活体验、健康旅游、生态观光、绿色旅游以及文化观光在内的业务范围，均属于"新观光产业"。

　　在"着地型"的前提下，诸多观光项目与本地的产业氛围、文化氛围甚至生活状态进行了紧密结合，这为本地资源的全面应用提供了机遇。特别是在本地特色战略的基础上，发掘本地资源的特色，打造本地资源的知名度，通过多种营销手段，利用"着地型观光"为本地吸引一定规模的游客，能够在促进本地观光事业发展的前提下推动本地地域振兴活动的进展。特别是在"品牌化"打造的过程中，本地观光基础设施、观光产业服务设施均能获得相应的优化，甚至因为产业观光的存在，一方面需要本地企业提升经营水平成为行业内的标杆；另一方面也通过观光产业的推动使得企业在多方面进行完善；这也成为观光产业在为本地提供收入和知名度打造的支持之外，对本地产业产生的积极影响（见图 6-8）。

　　此外，由于观光产业的发展，大量游客的到访，推动了本地餐饮业、旅馆业、交通运输服务业和零售业的发展；而本地工业、农业和渔业等产品，也因为"观光产业"的推动获得了在世界范围内推广的机会；特别是与"着地型观光"契合的"六次产业化"活动，除了能够提供游客在产地的观光和生产体验之外，还能够通过对产品的体验进行产品推广，可谓一举多得。

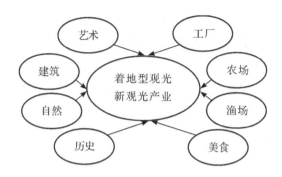

图 6-8 本地资源与着地型观光

　　地域振兴最大要点是"该地区自身推进'活用地域资源的持续性措施'"（柿崎平，2007）。而"着地型观光"正是该持续性措施的代表。在观光产业的影响下，本地政府机构、企业、民间团体、研究机构和本地居民能够形成良性互动，从而形成对本地潜在资源的发掘和对本地显性资源的有效利用（见图 6-9）。

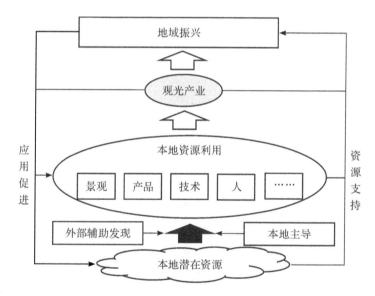

图 6-9 观光产业与本地资源和地域振兴

资料来源：柿崎平，地域资源活用を通したコミュニティ？イノベーション［EB/OL］．（2007-11-19）［2019-04-11］．https://www.jri.co.jp/page.jsp？id＝6989。

近年来香川县在本地观光产业上取得的成功,以及观光产业对本地多个行业的拉动效果也能够证实上述论断。特别是随着濑户内国际艺术节的推动,随之而来的香川县酒店行业的发展以及香川县"艺术县"的战略实施,均证明观光产业对地域振兴的重要影响。可以说,观光产业已经成为地域振兴项目中无法被忽视的产业,其影响力在地域振兴全局中已经具有决定性地位。

参考文献

日语文献

安里昌利,2018.未来经济都市冲绳[M].日本经济新闻出版社:22-23.

大桥弘,2016.道路ネットワークの重要性:地域活性化の観点から[J].道路建设(5):11-14.

渡边公章,2009.産業観光資源としての生野銀山の評価に関する研究[J].日本国际观光学会论文集(第16号):65-74.

那须野育大,2015.医療観光による地域活性化の可能性 一徳島県の事例分析より[J].政策课题研究(3):116-123.

山下一郎,2011.山陰道「東伯? 中山道路」の開通がもたらす 交通環境の改善と地域の活性化について[J].道路建设(6):63-66.

小长谷一之,福山直寿,五岛俊彦,等,2012.地域活性化战略[M].晃洋书房:15-20,45-47.

小长谷一之,竹田义则,2011.観光まちづくりにおける:新しい概念? 観光要素/リーダーモデルについて[J].大阪大学观光学研究所年报《观光研究论集》(第10号):27-37.

中文文献

蔡玉梅,顾林生,李景玉,等,2008.日本六次国土综合开发规划的演变和启示[J].中国土地科学(6):76-80.

杜德彬,智瑞芝,2004.日本首都圈的建设及其经验[J].世界地理研究,13(4):9-16.

毛汉英,2000.日本第五次全国综合开发规划的基本思路及对我国的借鉴意义[J].世界地理研究,9(1):105-112.

孙悦,2011.地方政府破产与财政重建研究:以日本北海道夕张市为个案[J].公共行政评论(1):122-136.

袁也,2019.工业地带的足球奇迹[J].新体育(2):88-91.

游宁龙,沈振江,马妍,等,2017.日本首都圈整备开发和规划制度的变迁极其影响——以广域规划为例[J].城乡规划(2):15-59.

张良,吕斌,2009.日本首都圈规划的主要进程及其历史经验[J].城市发展与研究(12):5-11.

网络文献——日语

柿崎平,2007.地域資源活用を通したコミュニティ？イノベーション[EB/OL].(2007-11-19)[2019-04-11].https://www.jri.co.jp/page.jsp?id=6989.

"四国八十八箇所霊場と遍路道"世界遺産登録推進協議会,2019.協議会について[EB/OL].[2019-03-15].https://88sekaiisan.org/council/.

(公財)瀬戸大橋記念公園管理協会,2019.「アートポート瀬戸大橋」のご紹介[EB/OL].[2019-03-10].http://www.setoohhashi.com/access_spot/artport.html.

(一社)四国八十八ヶ所霊場会,2019.四国遍路の由来[EB/OL].[2019-03-15].http://www.88shikokuhenro.jp/ohenro/.

(一社)四国八十八ヶ所霊場会,2019.各霊場の紹介[EB/OL].[2019-03-15].http://www.88shikokuhenro.jp/shikoku88/.

Antlers Hometown DMO,2018.事業内容[EB/OL].[2019-03-03].https://www.antlers-dmo.com/.

JR四国,2019.観光列車？ご旅行[EB/OL].[2019-03-10].http://www.jr-shikoku.co.jp/01_trainbus/event_train/index.html.

Re;born.K,2017.结城友奈诞生祭[EB/OL].(2017-03-21)[2019-03-03].https://www.facebook.com/reborn.k.jp.

ZOKOKU，2019. 作家紹介［EB/OL］.［2019-03-20］. https://www.kagawashitsugei.jp/challenge/.

大倉工業株式会社，2013. 企業情報［EB/OL］.［2019-03-11］. https://www.okr-ind.co.jp/company/.

大川自動車株式会社（大川バス），2018. 一般路線バスのご案内［EB/OL］.［2019-03-10］. http://www.okawabus.com/local/index.php.

大洗町，2013. 大洗町が舞台のアニメ「ガールズ＆パンツァー」特設サイト［EB/OL］.［2019-03-03］. http://www.oarai-info.jp/page/page000179.html.

帝國製薬株式会社，2015. What's 帝國製薬［EB/OL］.［2019-03-11］ https://www.teikoku.co.jp/what/scale/.

東京都庁，2019. 入驻东京的优势［EB/OL］.［2019-02-10］. https://www.seisakukikaku.metro.tokyo.lg.jp/tokku.html.

东京都庁调整课，2019. 东京都统计年鉴（平成 28 年）［EB/OL］.（2019-04-22）［2019-04-25］. http://www.toukei.metro.tokyo.jp/tnenkan/tn-index. htm♯h21.

発酵食品研究所，2018. 研究開発？ 技術支援 成果事例（食品関係）［EB/OL］.［2019-03-27］. https://www.pref.kagawa.lg.jp/sangi/01/inst_hakkou.html.

高松空港ビル株式会社，2013. 第 26 期报告书［EB/OL］.（2013-05-20）［2019-03-10］. https://www.takamatsu-airport.com/assets/docments/h24_houkoku.pdf.

高松空港ビル株式会社，2014. 第 27 期报告书［EB/OL］.（2014-05-20）［2019-03-10］. https://www.takamatsu-airport.com/assets/docments/h25_houkoku.pdf.

高松空港ビル株式会社，2015. 第 28 期报告书［EB/OL］.（2015-05-21）［2019-03-10］. https://www.takamatsu-airport.com/assets/docments/h26_houkoku.pdf.

高松空港ビル株式会社，2016. 第 29 期报告书［EB/OL］.（2016-05-30）

[2019-03-10]. https：//www. takamatsu-airport. com/assets/docments/h27_houkoku. pdf.

高松空港ビル株式会社,2017. 第 30 期报告书[EB/OL]. (2017-05-22)[2019-03-10]. https：//www. takamatsu-airport. com/assets/docments/h28_houkoku. pdf.

高松空港ビル株式会社,2018. 第 31 期报告书[EB/OL]. (2018-05-18)[2019-03-10]. https：//www. takamatsu-airport. com/assets/docments/h29_houkoku. pdf.

高松空港ビル株式会社,2015. マスタープラン[EB/OL]. [2019-03-10]. https：//www. takamatsu-airport. com/assets/docments/doc _ footer _ 20180327-02. pdf.

高松琴平電気鉄道株式会社,2019. 会社概要[EB/OL]. [2019-03-10]. http：//www. kotoden. co. jp/publichtm/kotoden/company/.

高松市,2019. 観光情報[EB/OL]. [2019-03-16]. https：//www. city. takamatsu. kagawa. jp/kanko/index. html.

高松市市民政策局,2013. 第 2 期高松市中心市街地活性化基本计划(概要版)[EB/OL]. (2013-06-28)[2019-05-26]. http：//www. city. takamatsu. kagawa. jp/kurashi/shinotorikumi/machidukuri/kasseika/chushin/2nd. files/21208_L15_2kigaiyouban. pdf.

高松市商工会議所,2018. 高松市商工会議所平成 31 年度事業计画[EB/OL]. [2019-05-26]. http：//www. takacci. or. jp/about/h31jigyou. pdf.

公益財団法人かがわ産業支援財団,2015. かがわ産業支援財団とは[EB/OL]. [2019-04-20]. https：//www. kagawa-isf. jp/profile/purpose. htm.

公益財団法人かがわ産業支援財団企業振興部海外展開支援室,2012. かがわ産業支援財団支援事業[EB/OL]. [2019-04-20]. http：//www. kagawa-isf. jp/obss/zaidan/index. html.

観音寺市,2019. 観光情報[EB/OL]. [2019-03-17]. https：//www. city. kanonji. kagawa. jp/life/3/.

国土交通省,2015. 国土形成计划(全国计划)[EB/OL]. (2015-08-14)

［2019-02-21］.http：//www.mlit.go.jp/common/001100233.pdf.

国土交通省,2015.国土利用计划（全国计划）［EB/OL］.（2015-08-14）
［2019-02-21］.http：//www.mlit.go.jp/common/001100246.pdf.

国土交通省,2008.环境省国土利用计划（全国计划）第四次［EB/OL］.
（2008-07-04）［2019-02-22］.http：//www.mlit.go.jp/common/001100734.pdf.

国土交通省道路局,2016.道を活用した地域活動の円滑化のための ガ
イドライン［EB/OL］.［2019-03-21］.https：//www.mlit.go.jp/road/sisaku/
senyo/pdf/280331guide.pdf.

国土交通省国土政策局地方振興課,2008.地域づくりの取り組み支援
［EB/OL］.［2019-02-20］.http：//www.mlit.go.jp/kokudoseisaku/chisei/crd
_chisei_tk_000017.html.

弘前市观光协会,2016.「ふらいんぐうぃっち」舞台めぐり［EB/OL］.
［2019-03-03］.https：//www.hirosaki-kanko.or.jp/web/edit.html? id＝fc_
flyingwitch.

厚生劳动省,2018.平成 30 年（2018）人口動態統計の年間推計［EB/
OL］.（2018-12-21）［2019-03-10］.https：//www.mhlw.go.jp/toukei/saikin/
hw/jinkou/suikei18/dl/2018suikei.pdf.

環境庁,国土庁,1976.国土利用计划（全国计划）［EB/OL］.（1976-05-18）
［2019-02-22］.http：//www.mlit.go.jp/common/000020096.pdf.

環境庁,国土庁,1985.国土利用计划（全国计划）第二次［EB/OL］.（1985-
12-17）［2019-02-22］.http：//www.mlit.go.jp/common/000020097.pdf.

環境庁,国土庁,1996.国土利用计划（全国计划）第三次［EB/OL］.（1996-
02-23）［2019-02-22］.http：//www.mlit.go.jp/common/000020098.pdf.

結城友奈は勇者である,2014.ストーリー［EB/OL］.［2019-03-03］.
http：//yuyuyu.tv/season1/story/episode_12.php.

経済産業省,2014.香川県の地域経済分析［EB/OL］.［2019-03-15］.
https：//www.meti.go.jp/policy/local_economy/bunnseki/47bunseki/37kagawa.
pdf.

経済産業省,2018.地域未来牵引企业选定一览［EB/OL］.（2018-12-25）

[2019-03-12]. https：//www. meti. go. jp/policy/sme＿chiiki/chiiki＿kenin＿kigyou/kigyo/chiikimirai_map. pdf.

経済産業省,2018. 地域未来牽引企業への支援策[EB/OL]. [2019-02-20]. https：//www. meti. go. jp/policy/sme＿chiiki/chiiki＿kenin＿kigyou/shiensaku/index. html.

井餘田美知,2016. 高松市中央商店街における老舗店舗の分布とまちの変遷に関する研究[EB/OL]. (2016-06-10)[2019-04-10]. https：//www. ec. kagawa-u. ac. jp/～nishinari/％E5％8D％92％E8％AB％96％E8％A6％81％E6％97％A8％EF％BC％8813E610％E4％BA％95％E9％A4％98％E7％94％B0％EF％BC％89. pdf.

瀬戸内国际艺术节实行委员会,2010. 瀬戸内国际艺术节 2010 总括报告[EB/OL]. (2010-12-20)[2019-02-25]. https：//setouchi-artfest. jp/files/about/archive/general-report2010. pdf.

瀬戸内国际艺术节实行委员会,2013. 瀬戸内国际艺术节 2013 总括报告[EB/OL]. (2013-12-20)[2019-02-25]. https：//setouchi-artfest. jp/files/about/archive/general-report2013. pdf.

瀬戸内国际艺术节实行委员会,2017. 瀬戸内国际艺术节 2016 总括报告[EB/OL]. (2017-01-10)[2019-02-25]. https：//setouchi-artfest. jp/files/about/archive/general-report2016. pdf.

牟礼源平まちづくり协议会,2005. 協議会の目的は…[EB/OL]. [2019-03-03]. http：//www. genpei. org/kyougikai/kyougikai. html.

内阁官房まち・ひと・しごと創生本部事务局,2017. 移住、定住施策好事例集（第 1 弾）[EB/OL]. [2019-03-20]. https：//www. kantei. go. jp/jp/singi/sousei/pdf/ijyu-jirei-1. pdf.

内阁官房まち・ひと・しごと創生本部事务局,2016. 地方創生加速化交付金の交付対象事業の決定について[EB/OL]. (2016-03-18)[2019-03-20]. https：//www. kantei. go. jp/jp/singi/sousei/pdf/h27-kasokuka. pdf.

内阁官房まち・ひと・しごと創生本部事务局,2016. 地方創生関係交付金の概要（イメージ）[EB/OL]. (2016-03-11)[2019-03-20]. https：//www.

kantei. go. jp/jp/singi/sousei/meeting/ccrc/h28-03-11-siryou3-2. pdf.

内閣官房まち・ひと・しごと創生本部事務局, 2019. 地方創生応援税制（企業版ふるさと納税）の概要［EB/OL］．［2019-02-20］．https：//www. kantei. go. jp/jp/singi/tiiki/tiikisaisei/portal/pdf/R010823_gaiyou2. pdf.

農業試験場小豆オリーブ研究所, 2018. 香川県とオリーブ［EB/OL］．(2018-03-24)［2019-03-01］．https：//www. pref. kagawa. lg. jp/content/etc/subsite/noshi_olive/kagawa/index. shtml.

鳥取県庁, 2019. 平成 30 年度『100の指標からみた鳥取県』［EB/OL］．(2019-02-28)［2019-03-11］．https：//www. pref. tottori. lg. jp/282861. htm.

琴平バス株式会社, 2018. コトバスグループについて［EB/OL］．［2019-03-10］．https：//www. kotobus. com/about/.

日本全国農業協同組合, 2019. JAグループとは［EB/OL］．［2019-05-27］．https：//org. ja-group. jp/about.

日本商工会議所, 2018. 商工会議所とは［EB/OL］．［2019-05-26］．https：//www. jcci. or. jp/aboutcci. pdf.

日本商工会議所, 2018. 第 12 回中小企業政策审议会小规模企业基本政策小委员会 日本商工会议所发表资料［EB/OL］．(2018-07-12)［2019-05-26］．https：//www. chusho. meti. go. jp/koukai/shingikai/syoukibokihon/2018/download/180712syoukiboKihon03. pdf.

日本商工会議所, 2005. 地域振興情報［EB/OL］．(2005-11-11)［2019-05-27］．https：//www. jcci. or. jp/region/monodukuri/.

日本政府観光局, 2019. 国籍/月別访日外客数（总数）［EB/OL］．［2019-03-11］．https：//www. jnto. go. jp/jpn/statistics/since2003_visitor_arrivals. pdf.

日本政府観光局, 2019. 事業概要［EB/OL］．［2019-04-30］．https：//www. jnto. go. jp/jpn/about_us/profile/jnto_pamphlet. pdf. pdf.

日本テムズ株式会社, 2019. 庵治石について［EB/OL］．［2019-03-20］．http：//www. ajistone. com/about/index. html.

山陽新聞, 2019. JR 四国、黒字は岡山発着の本四線だけ 収支初公表、苦况が浮き彫りに［EB/OL］.（2019-03-22）［2019-03-23］. https：//www. sanyonews. jp/article/882589.

柿崎平,2007. 地域資源活用を通したコミュニティ？イノベーション ［EB/OL］.（2007-11-19）［2019-04-11］. https：//www. jri. co. jp/page. jsp？id ＝6989.

石丸製麺株式会社,2018. 石丸製麺について［EB/OL］.［2019-03-11］. https：//isimaru. co. jp/business.

四国地方産業競争力協議会,2018. 四国産業競争力強化戦略［EB/OL］.（2018-03-26）［2019-03-20］. https：//www. pref. kagawa. lg. jp/shoko/sikoku_senryaku/senryaku. pdf.

四国新干线整备促进期成会,2018. 新幹線で四国を変えよう！［EB/OL］.［2019-03-22］. http：//www. shikoku-shinkansen. jp/topics/Pressrelease201806. pdf.

四国新干线整备促进期成会,2014.「四国新幹線整備促進期成会」構成員 ［EB/OL］.［2019-03-22］. http：//www. shikoku-shinkansen. jp/topics/member. pdf.

四国新闻,2018. 香川の「平成」変わりゆくふるさと＝第 4 部 地域経済の活性化［EB/OL］.（2018-10-22）［2019-05-25］. https：//www. shikoku-np. co. jp/udon/news/detail. aspx？id＝20181022000102.

穂刈俊彦,2014. 地域再生及び地域活性化における地域金融機関の機能に関する研究［EB/OL］.（2014-03-24）［2019-04-10］. http：//hdl. handle. net/10114/9500.

特定非営利活動法人地域活性化支援機構,2019. 活動内容［EB/OL］.［2019-05-27］. http：//www. wajima-ins. co. jp/npo/contents/activities. html.

五名地区女性部,2016. 活性化プロジェクト［EB/OL］.［2019-02-25］. https：//www. gom-you. com/activate-pt.

西日本高速道路株式会社,2019. 会社案内［EB/OL］.［2019-03-10］. https：//corp. w-nexco. co. jp/corporate/.

香川大学国際稀少糖研究教育机构,2019. 国際希少糖研究教育機構紹介

［EB/OL］. ［2019-03-28］. http：//www. kagawa-u. ac. jp/IIRSRE/introduction. html.

香川県産業技術センター,2019. 概要［EB/OL］.［2019-03-31］. https：// www. pref. kagawa. lg. jp/sangi/01. html.

香川県地域づくり団体協議会,2014. 地域活動の紹介［EB/OL］.［2019-02-25]https：//www. pref. kagawa. lg. jp/chiiki/sanukinowa/group/.

香川県観光協会,2019. 特別名勝栗林公園［EB/OL］.［2019-03-10］. https：//www. my-kagawa. jp/ritsuringarden.

香川県環境森林部環境管理課,2019. かがわの里海づくりとは?［EB/ OL］.［2019-03-30］. https：//www. pref. kagawa. lg. jp/kankyokanri/satoumi/ what. html.

香川県環境森林部環境政策課,2019. 香川の環境［EB/OL］.［2019-03-30］. https：//www. pref. kagawa. lg. jp/content/etc/subsite/kankyo/index. shtml.

香川県環境森林部環境政策課,2019. 省エネ節電所とは［EB/OL］. ［2019-03-30］. https：//www. kagawa-setsuden. jp/shouene/setsuden/.

香川県健康福祉部,2015. 香川県社会的養護推進計画［EB/OL］.［2019-04-11］. https：//kagawa-colorful. com/app-def/S-102/colorfulex/wp-content/ uploads/kagawakenshakaitekiyougosuishinkeikaku. pdf.

香川県教育委員会,2019. 香川県教育基本方針［EB/OL］.［2019-04-16］. https：//www. pref. kagawa. lg. jp/kenkyoui/somu/education. html.

香川県交流推進部県産品振興課,2019. かがわの県産品一覧［EB/OL］. ［2019-04-22］. https：//www. kensanpin. org/products/.

香川県農政水産部農政課,2007. 6 次産業化とは［EB/OL］.［2019-03-03］. https：//www. pref. kagawa. lg. jp/nousei/6jika/index. html.

香川県農政水産部農業生産流通課,2017.「さぬき讃フルーツ」推奨制度実施要綱［EB/OL］.(2017-04-03)［2019-03-03］. https：//www. pref. kagawa. lg. jp/seiryu/sanukisanfruit/files/youkou. pdf? 300209.

香川県農政水産部農政課,2001. 香川の農水産物の紹介［EB/OL］.

(2001-05-10)［2019-03-05］. https：//www. pref. kagawa. lg. jp/nousei/santa/syokuzai/yasai/yasai. htm.

香川県農業試験場,2001. 農試の概要［EB/OL］.［2019-03-03］. https：//www. pref. kagawa. lg. jp/noshi/gaiyou. html.

香川県漆芸研究所,2019. 漆芸の歴史［EB/OL］.［2019-03-20］. https：//www. pref. kagawa. lg. jp/sitsugei/history/index. html.

香川県商工労働部企業立地推進課,2019. 研究？支援機関［EB/OL］.［2019-04-25］. https：//www. pref. kagawa. lg. jp/kigyoritti/research/.

香川県商工労働部経営支援課,1993. 香川県地場産業等振興対策基本計画［EB/OL］.［2019-04-25］. https：//www. pref. kagawa. lg. jp/shoko/jiba/01. html.

香川県商工労働部産業政策課,2019. 稀少糖とは［EB/OL］.［2019-03-28］. https：//www. pref. kagawa. lg. jp/kisyoto/about/whats. html.

香川県商工労働部労働政策課,2017. かがわ働く女性活躍推進計画［EB/OL］.［2019-03-17］. https：//www. pref. kagawa. lg. jp/content/etc/web/upfiles/wtn6mu170117102916_f01. pdf.

香川県水産試験場,2002. 沿革［EB/OL］.［2019-03-05］. https：//www. pref. kagawa. lg. jp/suisanshiken/.

香川県土木部下水道課,2018. 公共下水道の整備状況（平成 30 年度末）［EB/OL］.［2019-03-31］. https：//www. pref. kagawa. lg. jp/gesuido/about/spread/img/data01R1simatigesui. pdf.

香川県危機管理総局危機管理課,2019. 指定緊急避難場所一覧［EB/OL］.（2019-04-01）［2019-04-15］. https：//www. pref. kagawa. lg. jp/content/etc/web/upfiles/w4fl8l161006132245_f10. pdf.

香川県危機管理総局危機管理課,2019. 香川县地域防灾计划［EB/OL］.（2019-02-19）［2019-04-15］. https：//www. pref. kagawa. lg. jp/content/dir8/dir8_1/dir8_1_3/wyn85j190214191136. shtml.

香川県危機管理総局危機管理課,2016. 過去における主な地震一覧［EB/OL］.（2016-02-10）［2019-04-15］. https：//www. pref. kagawa. lg. jp/

bosai/kakosaigai/zisin. pdf.

　香川県畜産試験場, 2015. 畜産試験場の概要［EB/OL］.（2015-03-21）［2019-03-04］. https：//www. pref. kagawa. lg. jp/chikusanshiken/gaiyo. htm.

　香川県政策部文化芸術局, 2018. 文化艺术振興计划［EB/OL］.（2018-05-31）［2019-04-12］. https：//www. pref. kagawa. lg. jp/content/dir4/dir4_3/dir4_3_1/wbfemu180529111952. shtml.

　香川県庁, 2015. 香川県の紹介［EB/OL］.（2015-08-09）［2019-02-10］. https：//www. pref. kagawa. lg. jp/content/koho/kohosonota/shokai. shtml.

　香川県庁, 2018. 香川県産業発展战略［EB/OL］.［2019-02-10］. https：//www. pref. kagawa. lg. jp/shoko/senryaku/sangyo_senryaku_kaitei. pdf.

　香川県庁, 2016. 新？せとうち田園都市創造計画［EB/OL］.［2019-03-12］. https：//www. pref. kagawa. lg. jp/seisaku/sogokeikaku/sogokeikaku2016-1. pdf.

　香川県庁, 2018. 100の指標からみた香川（平成 30 年版）［EB/OL］.［2019-03-17］. https：//www. pref. kagawa. lg. jp/content/etc/subsite/toukei/sogo/100kagawa. shtml.

　香川県庁, 2018. 香川県南海トラフ地震？津波対策行動計画［EB/OL］.（2018-03-20）［2019-03-20］. https：//www. pref. kagawa. lg. jp/content/etc/web/upfiles/wopal9180330144617_f03. pdf.

　香川県庁, 香川県医師会, 2018. かがわ医療情報ネットワーク（k-mix＋）［EB/OL］.（2018-04-01）［2019-04-12］. https：//www. pref. kagawa. lg. jp/imu/soumuiji/index2-3. htm.

　香川県政策部地域活力推進課, 2018. 香川をおすすめする6つの理由［EB/OL］.［2019-02-10］. https：//www. kagawalife. jp/know/reason. html.

　小池百合子, 2018. 女性活躍社会を実現［EB/OL］.（2018-12-19）［2019-02-15］http：//www. yuriko. or. jp/2018result.

　一般社団法人日本観光地域活性化機構, 2018. J-TLACとは［EB/OL］.（2018-04-01）［2019-05-27］. https：//www. j-tlac. jp/about/index. html.

　一般財団法人地域活性機構, 2018. 事業概要［EB/OL］.［2019-05-27］. http：//c-kassei. com/biz_lineup.

一般財団法人地域活性化センター,2018.センターの紹介？アクセス[EB/OL].〔2019-05-27〕.https://www.jcrd.jp/about/.

医疗Netさぬき,2019.あなたのお近くの医療機関をさがす[EB/OL].〔2019-04-15〕.https://www.qq.pref.kagawa.lg.jp/ir37/qqport/kenmintop/hospital/fk9010.php.

引田漁業協同組合,2019.ひけた鰤紹介[EB/OL].〔2019-03-10〕.http://www.kahiketagyokyo.jf-net.ne.jp/index.html.

伊吹漁業協同組合,2019."伊吹いりこ"とは[EB/OL].〔2019-03-10〕.http://kaibuki.jf-net.ne.jp/company1.html.

讃岐三畜銘柄化推进協议会,2019.香川県産銘柄肉「讃岐三畜」とは[EB/OL].〔2019-03-25〕.http://www.sanchiku.gr.jp/whats/.

志度まちぶら探险队,2018.まちぶら探険記録[EB/OL].(2018-10-10)〔2019-02-25〕.http://www.shido-machibura.com/pg22.html.

竹内顺子,2006.「二地域居住」と地域活性化[EB/OL].(2006-12-25)〔2019-04-10〕.https://www.jri.co.jp/page.jsp?id＝6121.

株式会社地域経済活性化支援機構,2009.業務紹介[EB/OL].〔2019-05-27〕.http://www.revic.co.jp/business/index.html.

株式会社伏見製薬所,2017.会社案内[EB/OL].〔2019-03-11〕.http://www.fushimi.co.jp/company/index.html.

株式会社鹿島アントラーズFC,1992.Antlers Hometown[EB/OL].〔2019-03-03〕.http://www.so-net.ne.jp/antlers/contents/hometown/.

株式会社日プラ,2013.会社案内[EB/OL].〔2019-03-11〕http://www.nippura.com/archives/001/201704/58ef1befca16f.pdf.

株式会社稀少糖生产技术研究所,2019.会社概要[EB/OL].〔2019-03-28〕.http://www.izumoring.com/company.html.

株式会社マキタ,2019.会社情報[EB/OL].〔2019-03-11〕.https://www.makita-corp.com/company/.

株式会社タダノ,2019.企業介绍[EB/OL].〔2019-03-11〕.http://www.tadano.co.jp/company/.

株式会社レアスウィート,2019. 会社概要［EB/OL］. ［2019-03-28］. http://
www. raresweet. co. jp/raresweet/htm/contents. cgi? contents_id＝4.

総務省,2019. 地域経済好循環推進プロジェクト［EB/OL］. ［2019-02-
20］. http://www. soumu. go. jp/main_sosiki/jichi_gyousei/c-gyousei/chiiki_
genki. html.

総務省地域力創造グループ過疎対策室,2017. 過疎地域自立促進特別措
置法の制定? 改正［EB/OL］. ［2019-02-16］. http://www. soumu. go. jp/main
_content/000476764. pdf.

総務省地域力創造グループ過疎対策室,2017. 过疏地域市町村一覧
［EB/OL］. （2017-04-01）［2019-02-16］. http://www. soumu. go. jp/main_
content/000491490. pdf.

総務省地域力創造グループ過疎対策室,2012. 過疎地域における集落対
策及び ソフト事業の実施状況に関する調査報告書［EB/OL］. ［2019-02-16］.
http://www. soumu. go. jp/main_content/000161239. pdf.

総務省統計局,2018. 2018 日本の統計［EB/OL］. ［2019-02-15］. https://
www. stat. go. jp/data/nihon/pdf/18nihon. pdf.

かがわ女性の輝き応援団,2019. 推進企業表彰［EB/OL］. （2019-04-04）
［2019-04-25］. http://kagayaku-kagawa. jp/promotion_companies/.

ことでんバス株式会社,2019. 会社概要［EB/OL］. ［2019-03-10］. http://
www. kotoden. co. jp/publichtm/bus/gaikyo/index. html.

まちづくり推進队诧间,2019. イベント［EB/OL］. ［2019-02-25］. http://
takumatai. ashita-sanuki. jp/c20219. html.

カマタマーレ讃岐,2013. クラブ概要［EB/OL］. （2013-05-01）［2019-03-
03］. https://www. kamatamare. jp/club/about. php.

网络文献——中文

Anitama,2017. 动画"圣地"的形态:《结城友奈是勇者》的舞台观音寺市研
究报告(上)［EB/OL］. （2017-05-19）［2019-03-07］. http://www. sohu. com/a/
141874499_523011.

Anitama,2017.动画"圣地"的形态:《结城友奈是勇者》的舞台观音寺市研究报告(下)[EB/OL].(2017-05-26)[2019-03-07]. http://www. sohu. com/a/143762327_523011.

航空圈 admin,2017. 2017 年全球最佳机场 100 强中国 11 家机场上榜[EB/OL].(2017-03-15)[2019-04-23]. http://www. air66. cn/hkyw/9/7155-1. html.

李娜,2017.日本的百家隐形冠军企业之 52:NIPPURA[EB/OL].(2017-12-09)[2018-12-10]. https://mp. weixin. qq. com/s/tt077VNI _ ax7XR-BKfINrg?.

罗燕,2019.2018 年 31 省区 GDP"成绩单"出炉:仅 5 省总量未破万亿[EB/OL].(2019-02-02)[2019-03-23]. http://m. ce. cn/rd/201902/02/t20190202_31419194. shtml.

每日头条,2016.战车少女粉丝战力惊人政府准备为移居者介绍工作[EB/OL].(2016-09-11)[2019-04-20]. https://kknews. cc/comic/8qqjpq. html.

日经中文网,2016.2016 年访日外国游客最爱去哪?[EB/OL].(2016-12-20)[2019-04-20]. https://cn. nikkei. com/industry/tradingretail/22905-2016-12-20-09-30-14. html.

杨倩倩,2018.日本香川县的投资魅力[EB/OL].(2018-07-27)[2018-12-10]. https://mp. weixin. qq. com/s? src＝11&timestamp＝1570765458&ver＝1905&signature＝uVRwOpMaEm34hlmxpvt9JZKK4jWTdb13GFfFRr8B3vROb4jm8oVu3F3x4MPJN3ihKwanfISkwPzVw3gtTm5ou7aHNQEL2RaRhBJ9liRTgG2oJlTAWIAwcCneWQkLRw5Q&new＝1.

中华网,2018.一个日本工业城市的兴衰:永久产权房屋 3 万一套无人买[EB/OL].(2018-11-05)[2019-04-20]. https://economy. china. com/global/11173292/20181105/34349538. html.

中华人民共和国财政部,2006.日本的财政体制[EB/OL].[2019-02-21]. http://www. mof. gov. cn/zhengwuxinxi/guojijiejian/200806/t20080623 _ 47848. html.

后　记

　　本书写作的目标,在于通过对香川县地域振兴活动的研究,将其近年来地域振兴取得成果的经验进行介绍。在今天的中国,地域发展不平衡的问题在一定程度上成为影响收入平衡和经济平衡的严重问题;而在各地选择的发展路线上,也出现了众多大量区域一致性的问题。从平衡的角度来说,中国欠发达的地区需要快速发展;从发展路径的角度来说,各地则需要根据自身的情况找到属于自身的发展道路。从结果的角度来说,实现了平衡化的发展,将对中国社会存在的一些问题产生缓解的效果;而各地找到了适应自身发展的道路,则能够在一定程度上减少竞争压力,更快地实现多地区的平衡发展。

　　从经验上看,香川县带来的六大类型的经验,在现阶段的中国区域经济发展方面,也具有显著的借鉴意义。

　　一是组织借鉴。通过政府牵头的行动组织体系,在构成多种类社会机构联动的前提下,以极其强大的推动力,促进了地区经济的发展和地区战略的落地。

　　二是特色战略。香川县通过对本地资源状况、经济发展情况进行分析,引导出了具有产业基础、行业优势和文化认同的个性化发展战略,在不热衷热点也不放弃热点的前提下,发现本地与热点行业结合发展的关键要点并进行着力发展。这种战略形成的可实现性,是保障本地经济发展的关键。

　　三是成长模式。香川县的战略落地,依托于对顾客的吸引,无论是本地的产品还是本地服务,均在本地能够实现的情况下,在细分市场的分析前提下进行有针对性的规划。香川县的成长模式带来的借鉴意义在于战略落地过程中的精细化和针对性。

　　四是基础构造。经济发展的前提是基础设施优化,如同中国俗话所说的

"要致富先修路",香川县的成功也是在交通运输体系成熟的基础上,同时在医疗、教育和安全保障设施到位的前提下才实现的;对于大多数地区来说,这些基础设施的完善也是推动经济发展的重要因素。

五是民生氛围。对基础设施的运营以及在此基础上进行的人才招揽计划,都是保障本地经济持续发展的重要动作,香川县对人才的吸引带来的借鉴意义,超越了单纯的吸引,更注重人才迁入之后的生活融入和个人发展,这也是保障人才长期可用的重要手段。

六是关键产业。作为"观光立国"的日本,观光产业的拉动效果不可被忽视;香川县打造了本地观光特色,形成了"艺术县"的观光品牌,这是香川县抓住关键产业带动全局发展的关键。其根本在于将本地的资源进行全面的应用,这也是对中国大部分地区提出的挑战;只有深度发掘本地资源,全面应用本地资源,将本地资源的各个方面都进行了深度打磨之后,才能够形成具有本地特色的产业发展模式。

可以明显地发现,日本的区域发展模式是以国家引导,地方主导的方式进行的;其具有明显的区域主导性和本地特色,同时也极大程度地发动了本地居民在项目中发挥能力。在中国,已经形成的国家引导和地方主导的框架是中国相应地区发展的上层引导力,在战略执行过程中,仍需要持续关注的,是上述提到的六项内容。

希望笔者对香川县经验的介绍,能够对中国区域经济发展起到一些作用,特别在地区行业战略选择中,如果本书中提到的内容能够起到一些帮助,笔者也会感到非常开心。

袁 也

2019 年 6 月 1 日

图书在版编目(CIP)数据

中小城镇发展与区域振兴成功之路：以日本香川县
为例 / 袁也著. —杭州：浙江大学出版社，2020.6
ISBN 978-7-308-19689-5

Ⅰ.①中… Ⅱ.①袁… Ⅲ.①城镇－发展－关系－区
域经济发展－研究－日本 Ⅳ.①F299.313.1②F131.37

中国版本图书馆 CIP 数据核字(2019)第 243169 号

中小城镇发展与区域振兴成功之路
以日本香川县为例
袁　也　著

责任编辑	吴伟伟	
文字编辑	严　莹	
责任校对	高士吟	
封面设计	雷建军	
出版发行	浙江大学出版社	
	（杭州市天目山路 148 号　邮政编码 310007）	
	（网址：http://www.zjupress.com）	
排　　版	浙江时代出版服务有限公司	
印　　刷	虎彩印艺股份有限公司	
开　　本	710mm×1000mm　1/16	
印　　张	16.5	
字　　数	261 千	
版 印 次	2020 年 6 月第 1 版　2020 年 6 月第 1 次印刷	
书　　号	ISBN 978-7-308-19689-5	
定　　价	68.00 元	